JN415540

# 부부관계 회복을 위한
# 정서 중심 워크북
## – 우리 두 사람 –

Veronica Kallos-Lilly · Jennifer Fitzgerald 지음

서미아 옮김

박학사

**An Emotionally Focused Workbook For Couples: The Two of Us**

by Veronica Kallos-Lilly & Jennifer Fitzgerald

© 2015 Taylor and Francis

All rights reserved. The purchase of this copyright material confers the right on the purchasing institution to photocopy pages which bear the photocopy icon and copyright line at the bottom or utilised in any form or by any electronic, mechanical, or other means, now known of hereafter invented, including photocopying and recording, or in any information storage or retrieval system, without permission in writing from the publishers.

Published by arrangement with The Marsh Agency Ltd. and Taylor & Francis LLC through Agency-One, Seoul.

Korean Translation Copyright © 2016 by Pak Hak Sa., Seoul, Korea

Printed in Korea

ISBN 978-89-98521-58-5

이 책의 한국어판 저작권은 에이전시 원을 통해 저작권자와의 독점 계약으로 도서출판 **박학사**에 있습니다. 신저작권법에 의해 한국 내에서 보호를 받는 저작물이므로 무단전재와 무단복제를 금합니다.

# 역자 서문

이 책의 저자 중 하나인 베로니카 캘로스는 국제정서중심상담학회 슈퍼바이저이자 밴쿠버 정서중심상담센터 센터장으로 정서중심상담 영역에서 교육자로, 슈퍼바이저로, 부부상담사로 적극적으로 활동하고 있는 전문가이다. 역자는 2015년 여름에 뉴욕에서 개최된 정서중심상담 컨퍼런스에 갔다가 이 책의 저자인 베로니카 캘로스를 만나 번역을 의뢰받게 되었는데, 마침 불화 부부들을 위한 마땅한 안내서가 국내에 없던 터라 기꺼이 책의 번역을 수락하였다.

오랫동안 부부상담을 하면서 지속되는 갈등과 불화로 인해 두려움과 절망 가운데 살아가는 많은 부부들을 만나게 된다. 대부분의 부부들은 서로 함께 하고 싶은 내면의 진실한 욕구는 숨겨둔 채, 분노에 찬 공격과 싸우지 않기 위한 위축이라는 관계 방식에 고착되어 살아간다. 이 관계 방식은 부부의 관계를 지배하게 되고 결국 부부는 공격과 위축이라는 악순환의 고리 속에서 해결점을 찾지 못한 채 살아가게 된다. 둘 사이에 깊어진 갈등의 골과 얽힌 매듭이 풀리지 않을 것 같은 부부관계를 회복시키는 상담사로서 정서중심상담 모델이 아니었다면 어떻게 부부 불화를 상담해 나갔을까 싶을 정도로 정서중심상담 모델은 불화 부부를 상담하는 효율적인 지침들을 제공하고 있다.

부부는 애착을 기반으로 한 정서적 결합관계이다. 이는 곧 부부관계가 이성이나 논리로 이루어지는 것이 아님을 의미한다. 중요한 사람과 함께하고 싶고 의존하고 싶은 바람은 인간에게 타고난 욕구이다. 내가 필요로 할 때 배우자가 나에게 달려와 주는 것, 나를 존중하고 이해해주는 것, 사랑하고 사랑받는 것 등은 우리의 기본 욕구이다. 이러한 욕구가 충족되지 않으면 우리는 소외감, 외로움, 버림받은 느낌 등의 부정적인 정서를 경험하게 된다.

정서는 우리를 행동하게 만든다. 배우자에게 화를 내며 공격하는 행동과 공격하는 배우자를 회피하여 침묵하는 행동 등은 모두 내면의 정서와 관련되어 나타난다. 정서중심 상담에서는 불화하는 부부에게도 끊임없이 작동하고 있는 애착욕구와 숨겨진 정서, 행동으로 나타내어지는 부정적인 관계 방식에 개입한다. 이 과정에서 부부는 서로의 표현되지 못한 숨겨진 욕구와 정서를 알게 되고 결국 이는 부부를 변화시키는 중요한 기회로 작용한다.

정서중심상담을 기반으로 저술된 이 책을 번역하는 과정에서 무엇보다도 애착과 정서에 대한 내용들이 이해하기 쉽게 쓰였다는 점과 제시된 사례들, 부부 각자에게 적용해 볼 수 있는 예제들이 마음에 들었다. 각 장에 기술된 내용들은 부부관계에 대한 본질적인 이해를 돕도록 하고, 33개로 구성된 '성찰하기'의 질문들은 자신과 부부관계를 되돌아보도록 하여 깨닫지 못했던 점들을 깨닫도록 하고, 표현하지 못했던 것들을 표현하도록 하여 부부간의 안전한 유대감을 형성해 나갈 수 있도록 돕고 있다. 이러한 점에서 이 책은 불화하는 부부를 포함하여 부부관계를 증진시키기를 원하는 부부들, 상담현장에서 부부상담을 수행하는 전문 상담사들, 부부관계 증진 프로그램을 적용하는 다양한 기관의 전문가들에게 유용하게 사용될 것이다.

역서를 출판하면서 많은 분들께 깊은 감사를 드린다. 늘 따듯한 격려로 교육자의 길을 가게 해 주시는 단국대학교 장충식 이사장님, 출판과 편집을 맡아 주신 박학사 김민철 선생님, 김재석 선생님, 신현경 선생님, 교정을 함께 해준 남기훈, 최하나 선생님, 부부가족 상담사례를 나누며 전문가로서의 견해를 나누는 동료들과 부부가족 상담사들께 감사를 드린다. 또한 애착이 무엇인지 그 힘이 삶에 어떤 영향을 주는지 늘 느끼게 해 주는 사랑하는 가족, 남편, 현아, 일주에게 고마운 마음을 전한다.

마지막으로 부부 불화로 고통스러워하며 관계를 회복하고자 애쓰는 많은 부부들에게 이 책을 전하고 싶다.

2016년 10월

역자 서미아

# 저자 서문

이 워크북은 정서적인 연결을 강화하고, 관계 불화를 극복하고자 하는 부부들을 위해서 쓰였습니다. 이 책을 정서중심상담을 받고자 하는 커플과 부부들에게 추천하고 싶습니다. 이 책은 실제 상담 과정을 따르고 있으며, 상담사들이 쉽게 사용할 수 있도록 되어 있고, 읽기, 성찰하기, 논의하기 형식으로 구성되어 있습니다. 이 책을 통하여 애착을 기반으로 한 관계를 돌아보고, 더욱 안정적인 관계를 위한 단계를 차근차근 밟아 가도록 도움을 받을 수 있을 것입니다. 이 책에 제시된 33개의 '성찰하기'는 여러분의 개인적 경험과 연결 짓고, 스스로의 시각을 넓히며 상대에게 더욱 집중할 수 있도록 합니다. '대화하기' 부분은 도움이 될 만한 사례들과 관계 형성을 위한 연습, 안전, 마음의 개방, 결합을 촉진하는 틀을 갖추고 있습니다. EFT를 이용하는 상담사들은 상담 효과를 높이기 위해 각 상담 세션들 사이에 이 책을 활용할 수 있습니다. EFT 수련 중인 상담사에게 이 책은 EFT 로드맵에 초점을 두고 변화 과정이 어떻게 일어나는지 알려 줄 것입니다.

**베로니카 칼로스-릴리**Veronica Kallos-Lilly 박사는 국가 공인 심리학자이며, 밴쿠버 & 가족 상담 센터, 캐나다 브리티시콜롬비아 주의 EFT 밴쿠버 센터의 공동 창립자이자 책임자입니다. 그녀는 또한 공인 EFT 관리자이자 교육 담당자입니다.

**제니퍼 피츠제럴드**Jennifer Fitzgerald 박사는 임상 심리학자이며 오스트레일리아 브리즈번, 퀸즐랜드 대학교의 부교수입니다. 또한 공인 EFT 관리자이자 교육 담당자로 활동하고 있습니다.

# 추천사

독자들께

『부부관계 회복을 위한 정서 중심 워크북—우리 두 사람』을 사용하시게 된 걸 축하합니다. 이 책이 부부 상담사들이 진행하는 정서중심상담 세션에서 여러분의 부부관계에 도움이 되기를 바랍니다. 아마 당신은 배우자와의 결합이나 이를 증진시키는 방법만을 배우고 싶을지도 모릅니다.

이 책의 저자들은 부부 상담 전문가들이며, 수백 쌍의 부부들이 관계를 개선할 수 있도록 도운 사람들입니다. 그들은 정서중심상담의 장점들을 이용하여, 30년간 부부들과 일했던 경험을 살렸고, 또한 수많은 연구 프로젝트를 통해 정서중심상담의 유용성을 입증했습니다. 이 책은 여러분이 직접 집에서 활용할 수 있는 형식으로 만들어졌습니다.

이 책에 나타난 EFT의 기본을 형성하고 있는 부부관계에 대한 접근 방식은 20년간 수행된, 부부들 간의 애착 결합에 관한 연구를 기반으로 하고 있습니다. 이 책에 실려 있는 여러 관점과 연습문제들은 애정관계에 대한 이해를 돕고 이러한 요소들이 부부관계에 어떻게 영향을 미치는지 이해하도록 도울 것입니다. 사랑은 수수께끼가 아니며 우리가 이해할 수 있고 만들어 갈 수 있는 것입니다. 이 책이 여러분의 소중한 관계를 더욱 만족스럽고 지속적인 결합으로 만들어 나갈 수 있게 되기를 바랍니다.

수전 존슨 박사

(Drsuejohnson.com)

# 차례

# 그림과 표 차례

# 성찰하기 차례

# 제1장

## 서론: 누구를 위한 책인가?

만족스러운 부부관계를 원하는 경우나 현재 부부관계에 도움이 필요한 경우, 또는 이미 끝났다고 생각되는 부부관계를 회복하고 싶은 많은 부부들에게 이 책이 도움이 될 것이라고 생각한다. 이 책은 배우자와의 안정적 결합을 이루는 법을 이해하고 그것을 경험하고 싶은 사람들을 위한 것이다. 이 책의 저자인 우리는 전문적 부부 상담사이다. 부부 상담사로서 우리는 많은 부부들의 삶의 세계로 초대되어 깨어진 관계의 고뇌와 관계 회복을 위한 노력 및 회복된 관계의 기쁨을 볼 수 있었다. 우리는 최대한 여러분의 부부관계를 행복하고 안정적인 관계가 되도록 돕고 싶다.

우리는 모든 연령대의 부부관계를 다루고 있다. 남자와 여자는 태생적으로 다르고, 심지어는 다른 행성에서 왔다고도 이야기하지만, 우리는 남자와 여자가 비슷하다고 생각한다. 지구라는 행성 전체에 살고 있는 남성과 여성은 대부분 사랑, 친밀감, 편안함과 지지를 받기 위해 애정의 상대를 찾는다. 사랑과 수용에 대한 욕구는 성별과 관계가 없다. 다만 남성과 여성은 자신의 핵심 정서를 다루는 면에서 차이가 있다. 대개 소녀들과 여성들은 연약한 모습을 드러내도 되지만, 소년들과 남성들은 그 감정들을 차단하고, 연약한 것을 부끄러워하도록 양육되었다. 만족스러운 부부관계에서는, 부부 모두 자신과 배우자의 정서와 욕구를 존중하며 적절한 반응을 보인다. 그러한 점에서 이제 막 시작한 결혼이든, 아니면 오래 지속된 부부관계이든, 이성애자이든, 동성애자이든, 관계에 만족하고 있든 그렇지 않든 간에 이 책이 유익하기를 바란다.

당신의 문제가 돈, 인척, 자녀, 성관계, 그 무엇이든 간에 이 책은 당신에게 금전 관리나 인척들을 대하는 법 또는 자녀 양육 및 성적 욕구를 충족시키는 법에 대한 충고를 주지는 않을 것이다. 하지만 당신 자신과 당신의 배우자를 더 깊이 이해할 수 있도록, 또 문제가 생길 때 부부관계에서 어떤 일이 일어나는지 이해할 수 있도록 도울 것이다. 이 책은 당신이 관계 역동을 이해하고 관리하여, 현재나 미래에 어떤 문제가 있더라도 관계를 지켜 낼 수 있도록 도울 것이다.

만일 여러분이 부부관계에 만족하고는 있지만, 배우자가 이전처럼 매력적으로 느껴지지 않는다면, 이 워크북을 이용하여 부부관계를 개선할 수 있을 것이다. 당신은 이미 부부 상담사에게 상담을 받고 있으며, 이 책을 추천받았을 수도 있다. 당신의 부부관계가 문제에 빠졌다면, 부부들을 위한 정서중심상담에 대해 훈련받은 상담사에게 상담을 받으면서, 상담 과정을 이 워크북으로 보완하는 것이 가장 좋은 방법일 것이다.

## 부부들을 위한 정서중심상담(EFT)이란 무엇인가?

이 책에서 소개할 원리들은 정서중심상담, 줄여서 EFT(Emotion Focused Therapy)라고 하는 부부 상담을 토대로 하고 있다. EFT는 수전 존슨Susan Johnson 교수(오타와 대학교, 오타와 부부 및 가족 연구소의 창립자, EFT 국제 센터 창립자)와 레슬리 그린버그Leslie Greenberg 교수(토론토 요크 대학교)가 1980년대에 개발한 것이다. 이들은 수많은 부부들의 상담 세션들을 녹화하여, 오랜 시간 시청하고 분석하며 변화 과정에 대한 질문을 끊임없이 던졌다. 현재 정서중심상담과 관련된 많은 연구와 훈련이 전 세계적으로 진행 중이며, 부부들의 불화 관계를 안정적이고 안전한 것으로 변화할 수 있도록 EFT 원리의 지평들을 넓혀 가고 있다.

부부 상담이 실시되던 초기에 어떤 접근법들은 배우자의 행동이나 사고를 바꾸는 데 초점을 맞추고 있는 반면, 또 다른 접근법들은 부부간의 상호작용을 중심적으로 다루었다. 그동안 개인 상담의 접근 방식은 종종 개인적인 정서나 욕구를 다루었다. 그러나 수전 존슨과 레슬리 그린버그는 부부간의 상호작용에 초점을 두면서 개인의 정서적 경험을 통합하는 접근법을 제시했다. 즉, EFT는 배우자들이 그들의 핵심 정서와 욕구에 집중할 수 있도록 돕고, 그것들을 상대 배우자에게 전달하여 긍정적인 반응을 이끌어 낼 수 있도록 하는 접근법이다.

EFT는 효과가 좋은 부부 상담 접근법이다. 부부들이 이 접근을 선호할 뿐만 아니라, 엄청난 심적 고통을 가진 관계라고 할지라도 EFT를 통해 실질적인 변화를 경험하기도 한다. 연구 결과를 통해 EFT를 받은 86~90%의 부부들이 눈에 띄는 변화를 경험했으며, 70~75%의 부부들이 불화 관계에서 벗어났다는 점을 알 수 있었다. 이러한 변화들은 심각한 병을 앓고 있는 아이 및 외도나 배신과 같은 심한 스트레스 상황에 있는 부부들에게도 일어나는 것을 볼 수 있었다. EFT는 한 배우자가 우울증을 앓고 있는 부부, 또는 성적인 문제를 겪고 있는 부부 등 다양한 대상에게 시도되었고, 그 효과가 입증되고 있다.

EFT의 모델은 수전 존슨의 '친밀한 관계에서의 애착과 결합에 대한 연구'를 바탕으로 제시되었다. 친밀 관계에 대한 EFT 모델은 이 책을 통해 더욱 자세히 설명될 것이다. 정서는 더 이상 숨겨야 할 것이 아니다. EFT를 통해 각 배우자의 정서적 경험을 존중하고, 이해하고 해결해 나갈 수 있을 것이다. 부부들은 관계 속에서 살아 나가는 법을 배우며, 그들이 원하는 친밀감과 안정감을 만들 수 있게 될 것이다. 그들은 안전과 연결에 대한 정서적 욕구를 자각하는 법을 배우고, 부드럽고 비난하지 않는 투로 배우자에게 도움을 요청하는 법을 배울 것이다. EFT 창시자 수전 존슨이 말하듯, 정서는 '애착으로 추는 춤을 위한 음악'이다. 자신의 정서를 이해받고 적절한 반응을 얻는다면, 그 춤은 바뀌게 된다. 부부들은 고통과 노력이라는 춤의 무대에서 벗어나 우아함, 조화, 친밀함을 향하게 될 것이다.

## 이 책이 어떠한 도움이 되는가?

우리는 수년간의 상담과, 수많은 불화 부부들을 대하면서 행복하거나 행복하지 않은 부부들에 대한 깊이 있는 연구를 해 왔다. 우리의 목적은 여러분이 다음 세 가지 중요한 단계를 통해 성공적인 부부관계를 맺을 수 있도록 돕는 것이다. 첫째, 자신과 배우자가 관계에서 중요한 욕구를 충족시키지 못할 때 어떻게 서로에게 반응하는지 알 수 있도록 도울 것이다. 둘째, 자신과 배우자의 정서를 더 깊이 이해할 수 있도록 도울 것이다. 셋째, 부부관계를 강화하기 위해 서로에게 자신의 정서, 욕구, 희망, 열망에 대해 대화할 수 있도록 도울 것이다.

이 책은 개인적인 반영과 배우자와 의미 있는 대화를 나누기 위한 틀을 제공하는 셈이다. 이 반영과 대화들은 과거 상처들을 치유하고, 신뢰를 강화하며 고통스러운 관계를 새롭게 바라볼 수 있도록 도울 것이다.

## 이 책을 어떻게 이용할 것인가?<br>당신의 부부관계를 어떻게 도울 수 있는가?

이 책은 읽기, 성찰하기, 대화하기라는 간단한 양식으로 구성되어 있다. 배우자와 대화를 나누기 전에, 각 문제들을 읽어 보고 성찰해 보기 바란다. 공책에 써 보거나 각 장들을 서로에게 소리 내어 읽어 주며, 부부의 문제들을 조용히 비추어 보고, 이미 과거에 나누었던 이야기라 할지라도 서로에게 다시 진심 어린 질문들을 던져 볼 수도 있다. 성찰의 시간은 대화 전에 차분히 생각을 정리하는 데 도움을 주고 감정을 분명하게 할 시간을 준다.

감정, 실망, 욕구, 희망, 열망 등 부부관계에서 중요한 요소들에 대해서 이야기를 하는 것은 많은 정서들을 휘저어 놓을 가능성이 높다. 이렇게 자극받은 정서들은 조심스럽게 다루어져야 한다. 이 책을 부부가 함께 이용하기로 결정했다면, 상대방과 새로운 방식으로 연결되도록 돕는 부분들을 기반으로 자기 성찰에 대하여 함께 이야기를 나눌 수 있다.

## L-O-V-E 대화

애정 관계를 위해서는, 민감하고 사랑하는 방식으로 서로 의사소통을 해야 한다. 현재는 그것을 실천하기 어렵다고 해도, 안정감을 가질 수 있는 발판으로서 L-O-V-E 대화라는 대화법을 소개한다. L-O-V-E 대화법에 집중하기 위한 작은 공책을 만드는 것도 도움이 될 수 있다.

서로 대화를 나눌 때, 우리는 다음에 주의해야 한다.

L—*Listen*, 듣고

O—*Open*, 열린 자세를 가지며

V—*Validate*, 서로를 소중히 여기고

E—*Express*, 우리의 사고와 감정을 부드럽고 간단하게 천천히 표현한다.

L-O-V-E 대화법을 조금 더 자세히 살펴보자.

**L**—*Listen*: 귀를 기울여라. L-O-V-E 대화는 듣기에서부터 시작된다. 우리는 종종 대화를 할 때 자기 말만 하고, 비판하고, 상대를 지배하고 싶어 한다. 우리의 감정과 관점을 표현하는 것은 반드시 필요하지만, 효과적인 대화는 상대의 말을 들어 주는 자세에서 시작된다. 듣는 사람은 단어나 문장뿐만 아니라 표정 또는 몸짓에서 드러나는 감정에도 집중한다. 배우자에게 귀와 마음을 열고, 배우자의 얼굴 표정에도 관심을 기울여라. 이미 배우자의 말에 귀를 기울이지 않는다는 지적을 받은 사람들은 괴로울 수도 있다. 그런 당신에게 우리는 "포기하지 말자. 우리는 간단한 과정을 통해 당신보다 자신과 배우자의 감정을 이해하는 데 능숙하다는 것을 깨닫도록 돕고 싶다. 그러니 계속 읽어 보라."라고 말하고 싶

다. 배우자가 말할 때 끼어들고 싶은 생각이 들 수도 있겠지만, 그 충동을 참아 보라고 권하고 싶다. 끼어들지 않고 듣기만 하는 것은 존중과 배우자의 관점을 이해하고자 하는 노력이기 때문이다.

**O**—*Open*: 열린 자세는 "당신에 대한 아무런 부정적인 선입견 없이 당신의 말을 들을 것"이라는 자세를 취하는 것이다. 이는 관계를 위험에 빠뜨리는 어떠한 판단이나 편견을 최대한 내려놓는 것을 의미한다. 이는 당신의 말을 새로운 자세로 듣는다면, 내가 새로운 것을 깨달을 수 있을 것이라는 겸손한 태도를 갖는 것을 말하기도 한다. 열린 마음은 상대방의 말을 받아들이고, 상대방의 말과 경험이 나를 움직일 수 있도록 하는 것을 의미한다.

**V**—*Validate*: 당신이 배우자의 말에 즉각 대답하기 전에, 잠시 시간을 가지고 상대의 말을 인정하고 존중하라고 말해 주고 싶다. 자기방어적인 말들과 반사적인 행동들에 일시 정지 버튼이나 삭제 버튼을 눌러 보자. 방금 배우자가 말한 것은 배우자에게 정당한 경험이었다는 것을 이해하려고 노력해 보자. 이는 배우자의 세계관이 당신과는 다를지라도 그에 대한 존중을 표현하는 방식이다.

상대방이 이해되지 않는다고 하더라도 솔직하고도 지지적인 방식으로 표현해야 한다. 단순히 "말도 안 돼!" 또는 "당신 말을 듣고 싶지 않아."라는 식으로 상대방의 입장을 우습게 만드는 것보다는, "당신이 말하는 것을 이해하고 싶지만, 나는 지금 매우 혼란스러워요."라고 말할 수도 있을 것이다. 만약 배우자가 말하는 것을 이해했으나 그에 동의하지 않는다면, 이를 솔직하게 표현하고 인정하는 태도를 갖추어야 한다. 예를 들면 "당신 말에 동의하지는 않지만, 당신이 나를 도우려고 하는 건 알겠어요."라고 말하는 것이다. 배우자의 말에 기분이 나쁘다면, 배우자가 하는 말에 당신이 어떤 영향을 받았는지 말할 수도 있다. 예를 들면 "당신이 감정을 이야기할 때면 기분이 좋지 않고 당황스러워요. 하지만 당신의 감정을 솔직히 말해 줘서 고마워요."라고 말하는 것이다.

**E**—*Express*: 만족스러운 관계에서는 대부분 감정, 희망, 꿈, 실망들에 대한 대화를 나눈다. 한 배우자가 그들의 '내면'에 대해 이야기하고 싶어 한다면, 상대 배우자는 이를 듣고 존중하며 그 과정에서 부부간의 결합은 더욱 강화된다. 그래서 솔직하게 속마음을 이야기하는 것이 중요하며, 이는 상대방에게 "나는 내 속마음을 말할 정도로 당신을 신뢰한다. 당신을 내 마음속에 들이게 할 정도로 당신이 중요하다."라고 말하는 방법이다. 때로 속마음의 개방은 무서울 수 있다. 따라서 폭력이 있거나 서로 무시하는 관계에서는 속마음을 개방하지 않는 것이 더 나을 수도 있다. 속마음을 개방하는 것은 상대방이 관심을 표현하고, 열린 자세와 적절한 반응을 갖추었을 때 가장 효과적이다. 때로 대화를 나누기 전에, "물의 온도를 먼저 확인"해 볼 필요도 있다. 예를 들어 "지난번에 우리가 싸웠던 것에 대해 내가 어떻게 생각하는지 들어 보고 싶어요?"라든지, "내 걱정에 대해서 당신에게 말하고 싶었어요. 지금 당신에게 말해도 괜찮을까요?" 같은 질문들로 시작하는 것이다.

듣는 사람이 상대방이 말하는 것에 꼭 동의를 할 필요가 없는 것처럼, 말하는 사람도 항상 상대방이 바로 들어 줄 준비가 되어 있는지를 기대할 수는 없다. 어린아이가 울고 있거나, 업무 전화가 왔을 때처럼 여러 가지 역할을 맡고 있는 경우에는 서로가 대화를 나누기 편한 시간을 정하는 것이 더 도움이 될 것이다. 오스트레일리아 브리즈번에 있는 수백 명의 행복한 부부들 중 60%가 부부관계에서 불행한 일이 일어났을 때 그 사건이 그들에게 어떤 의미를 가지는지 말할 적절한 시간을 찾는다고 답했다. 부부들에게 이는 서두르지 않고 기다린다는 것을 뜻했고, 또 어떤 사람들에게는 "분노를 간직한 채 하루가 지나게 두면 안 돼요."라는 말처럼 둘의 대화에 우선순위를 두는 것을 의미했다.

당신과 당신의 배우자는 이 책에 소개된 성찰하기에 대해 이야기를 나눌 가장 편안한 시간을 정할 필요가 있다. 어떤 부부들은 성찰하기와 대화하기를 실행하기 위해 매주 일정한 시간을 정할 수도 있을 것이다. '약속'을 지킨다는 것은 배우자에게 둘의 관계가 중요하고, 둘이 함께하는 삶을 발전시켜 나가고 싶다는 신호를 보내는 좋은 방법이 될 수도 있다.

배우자에게 속마음을 드러낼 때, 배우자의 가치와 중요성을 무시하지 않는 방식으로 이야기를 할 필요가 있다. 냉정한 어조보다는 부드러운 어조로 이야기할 것을 제안하고 싶다. 욕설을 하거나 서로를 모욕하지 않도록 노력하자. 부정적인 의사소통 방식은 서로 간의 벽을 더 높이 쌓게 만든다. 이 책의 목표는 당신이 새롭고 더 나은 상호작용 방식을 찾도록 도와주는 것이다.

단순한 단어를 사용하자. 당신이 느끼고 전달하고 싶은 감정의 본질에 초점을 두어야 한다. 너무 많은 추상적 생각이나 배우자의 성격에 대한 분석으로 배우자를 혼란스럽게 하지 않도록 하자. 말하는 속도를 늦추어 명료하게 표현하고, 당신이 전달하고자 하는 중요한 생각들을 잘 이해할 수 있도록 말해야 한다. 부드럽고, 간단하고, 천천히 말하는 것은 배우자가 비방어적 자세로 들을 수 있도록 도와준다. 만약 당신이 부드럽고, 간단하게, 천천히 말하는 것에 어려움이 있다면, 그것은 당신이 강한 정서에 휘말려 있다는 것을 의미한다. 그렇다면 일단 멈추고, 깊은 숨을 들이쉬자. 깊은 숨을 내쉬면서 몸속의 스트레스가 함께 빠져 나가는 것을 상상해 보자. 스스로에게 "천천히, 서두르지 말고 깊은 숨을 내쉬자. 배우자의 잘못을 지적하는 것이 아니라 나 자신의 감정을 이야기하자"와 같은 말을 자신에게 해 보자.

## 성찰하기 1.1 L-O-V-E 대화를 나눌 준비가 되었는가?

L-O-V-E 대화를 시작해 보자. 당신이 마지막으로 배우자와 가졌던 좋은 시간에 대한 기억, 친밀감이나 안정감을 느꼈던 기억, 함께했던 즐거운 활동이나 배우자에게 감사한 마음을 가지게 되었던 기억을 떠올려 보자. 그 상황이 가져오는 좋은 감정을 다음에 기술해 보자. 서로 돌아가면서 좋은 기억을 나누어 보자.

(다음 쪽에 계속)

좋았던 순간: ..............................................................................................
..............................................................................................
..............................................................................................
..............................................................................................

그때 좋았던 감정: ..............................................................................................
..............................................................................................
..............................................................................................
..............................................................................................

함께 나누기: 서로에게 좋은 순간들과 감정을 나누는 것에 대해 어떤 감정이 드는가? 그 순간 서로에게 어떤 감정이 드는가? (더욱 가까워짐, 더욱 친밀함, 부끄러움, 조심스러움, 행복함, 침착함, 안심) ..............................................................................................
..............................................................................................
..............................................................................................
..............................................................................................

성찰하기가 어렵다면, 대화를 멈추고 자신과 배우자에게 노력한 점을 인정해 주고 이는 오랜 시간이 걸릴 수도 있는 방법임을 되새겨 보자. "로마는 하루 아침에 이루어지지 않았다."라는 옛말도 있다. 어려운 주제에 대해 이야기하려면 오랜 시간과 노력이 필요할 수 있다. 조만간 다시 시도해 볼 것을 약속하면서 상대방을 지지해 주고, EFT 상담사에게 도움을 받을 수도 있다. 작은 발전들이 모여 큰 발전을 이루는 법이다. 부부간의 결합을 강화하기 위하여 자신의 감정과 걱정들을 나누는 법을 점점 더 발전시켜 나가게 될 것이다.

## 이 책의 한계점

부부관계에서 신체적 폭력이나 성적 폭력이 나타난다면, 전문적 도움을 받는 것이 절대적으로 중요하다. 심각한 언어폭력, 적대감 또는 비웃음이나 경멸의 경우도 마찬가지이다. 당신이나 배우자가 중독, 도박 또는 심각한 우울증, 외상 후 스트레스 장애나 정신장애 등 문제가 있을 때에도, 전문적인 도움을 받아 당신의 부부관계에 집중할 수 있도록 우선 건강과 안정을 찾는 것이 중요하다. 이런 문제들은 부부관계에 악영향을 줄 수 있고, 고통스러운 관계를 지속하는 것 역시 이러한 문제를 악화시키기는 매한가지이다. 도움을 받을 수 있고 변화도 역시 가능하다. 당신이 살고 있는 지역에서 도움을 받고자 한다면, 의사의 조언에 따라 적절한 전문가를 찾을 수 있다.

이 책에서 제시된 연습문제들이 갈등의 심화, 격앙된 목소리, 결론이 나지 않는 끝없는 대화, 서로를 더욱 멀어지게 하는 대화 등과 같이 계속 어렵게 느껴지고 문제가 된다면 전문적인 도움을 받는 것이 중요하다.

이 책은 당신과 배우자에게 스스로의 관계를 돌아보고 자신의 걱정이나 두려움, 희망, 열망에 대해 대화를 나눌 수 있도록 도와줄 과정들을 제시하고 있다. 이 책은 수전 존슨 교수의 최근 저서『나를 꼭 안아 주세요』에서 소개했듯이, 부부간의 관계를 증진시키고 싶은 부부나, 결합을 강화시키거나 관계를 다시 시작해 보고 싶어 EFT 상담을 받고 있는 부부들을 위한 자료들을 제공하고 있다. 상담 과정 동안 이 책을 지침서로 활용할 수도 있고, 상담이 종결된 후 실생활에서 변화를 지속시키기 위한 방법으로도 사용할 수 있으며, 미래를 위한 참고서로 읽을 수도 있을 것이다.

우리는 이 책이 당신의 '관계의 춤'을 바꿀 수 있는 음악을 제공할 기회가 되기를 바란다. 만약 당신이 지금까지 부부관계라는 무대에서 외롭고 화가 나고 슬프거나 두려웠다면, 우리는 당신이 잠시 뒤로 물러서서 무슨 일이 일어나는지 알 수 있도록 돕고 싶다. 만약 새로운 것을 시도할 준비가 되어 있고, 새로운 음악을 틀고 새로운 춤을 만들어 낼 의향이 있다면, 당신은 충분히 그렇게 할 수 있다.

# 제2장

# 우리에게 무슨 일이 일어났는가?

## 불화 관계에서 나타나는 세 가지 고리

대부분의 부부들이 처음 관계를 시작할 때는 서로에 대한 끌림과 이해, 친밀감을 경험한다. 관계의 초기 단계에 어떤 점에서 서로에게 끌렸는지, 어떻게 관계가 발전해 나갔는지 생각하는 것은 당신의 관계가 어떻게 이렇게 불화하게 되었는지 이해하기 힘들어지게 할 수도 있다. 모든 부부들이 좋고 나쁜 다양한 정서들을 경험하고, 행복하고 힘든 시간들을 함께 보낸다. 어떤 부부들은 문제들을 비교적 쉽게 해결하며 힘든 순간들을 이겨 내고 다시 '일어서지만', 다른 부부들은 오해에 '사로잡히고', 부부간의 다툼으로 이어진다. 이런 부정적인 상호작용은 점점 습관이 되어 경직된 패턴이 된다. 몇 년에 걸쳐 오해와 논쟁들, 의견 차이에 계속 사로잡히게 되면, 부부 결속에 영향을 미치며, 혼란스럽고 실망하게 만들며, 마음에 상처를 입힐 수 있다. 어떻게 해서 이런 상황에 이르렀든 간에, 이 장에서는 당신이 당신의 관계를 새로운 시각으로 볼 수 있도록 도울 것이다. 이 장에서는 불화하는 부부의 관계 역동에 대해 설명하고, 이를 통해 당신의 관계를 직접 돌아볼 수 있도록 도울 것이다.

배우자와 갈등이 있거나 의사소통에 어려움을 느끼는 경우, 당신이 나누는 대화들은 특별한 형태를 띠고 있는가? 그렇다면, 다른 부부들이 그러하듯 당신도 논쟁이나 긴장된 대화들이 대화의 주제(집안일이나 금전 문제, 결정들)와 상관없이 반복적인 패턴을 가지고 있을 것이다. 무엇이 이를 시작되게 하는지는 몰라도, 이런 대화들이 다분히 감정적이라는 것을 당신도 알고 있을 것이다. 대화가 어떻게 진행되고 어떻게 정서적으로 반응하는지가 대화의 주제보다 더욱 중요하다. 우리는 어떻게 대화가 이루어지고 왜 그것들이 힘들게 느껴지는지 살펴볼 것이다. 그 순간에 부부들이 서로에게 반응하는 방식은 그 상황을 대처하기 위한 최선의 노력일 수 있으나, 이는 결과적으로 서로를 더욱 멀어지게 할 수도 있다. 부정적 상호작용으로 점점 치달아서 불편함과 거리감을 느끼는 것이 얼마나 불행한 일인지 당신도 잘 알고 있을 것이다. 만약 당신이 배우자와 대화를 나눌 때 어떤 단계를 거치는지 주의 깊게 살펴본다면 특정 패턴을 찾을 수 있을 것이다.

당신과 배우자 사이에 변화를 필요로 하는 갈등이나 상호작용이 이루어지고 있다면, 관계를 저해하는 패턴을 파악하는 것이 변화의 첫 번째 단계가 된다. 전문가들은 위기의 관계를 세 가지 패턴 또는 '춤'에 비유하여 설명해 왔다. 우리는 이를 '함께하기 위한 공격-위축', '의사를 전달하기 위한 목소리 높이기', '어떤 경우에도 갈등을 피하기' 세 가지로 나누었다. 이러한 부정적인 상호작용 방식은 기분이 안 좋다거나 바쁘다는 사소한 이유들과 관계에 대해 의심을 가지게 되었다는 중대한 이유들로 인해 나타날 수 있다. 가장 일반적인 경우는 다음에 소개할 퍼트리샤와 윌리엄의 경우처럼 공격-위축의 패턴이다. 이 세 가지 패턴들에 대해 읽어 보면서, 어떤 패턴이 당신의 관계를 가장 잘 설명하는지, 이 이야기에서 누구에게 가장 공감이 되는지 살펴보자.

## 함께하기 위한 공격-위축: 퍼트리샤와 윌리엄

의상 디자이너인 퍼트리샤와 고등학교 역사 교사인 윌리엄은 최근에 집을 구입하여 둘을 더욱 가깝게 만들어 줄 즐거운 일을 막 시작하고 있었다. 그건 바로 집을 꾸미는 일이었다. 오늘 그들은 거실에 놓을 소파를 사러 다니고 있었다. 하지만 세 번째 가구점에 도착할 즈음에 둘의 의견이 매우 다르다는 것이 분명해졌다. 소파의 색을 고르는 일에서 그들은 의견이 맞지 않았다. 윌리엄은 장식이 있는 천으로 된 소파를 원했지만 퍼트리샤는 깔끔한 줄이 있는 가죽 소파를 좋아했다. 타협점을 찾을 수 없던 그들은 점점 지치기 시작했고 소파를 사고자 하는 의욕도 점점 사라졌다. 퍼트리샤는 윌리엄에게 그녀의 취향이 요즘 유행에 걸맞은 것임을 확신시키기 위해 고집을 부리기 시작했다. 무시당한 느낌을 받은 윌리엄은 지지 않고 논리적이고 실용적인 이유를 들며 자신의 취향을 주장했다. 퍼트리샤의 목소리가 점점 격해졌고 윌리엄은 한 발 물러서며 말다툼을 피하려고 했다.

마지막에 그들은 소파에 대해 합의점을 찾기는 했지만, 기분이 좋지는 않았다. 퍼트리샤는 마음이 불편했고, 윌리엄은 우울하고 위축된 기분이 들었다. 퍼트리샤가 윌리엄의 기분을 알아챘을 때 퍼트리샤는 더욱 초조해졌다. 그녀는 윌리엄에게 몇 번이나 자신이 고른 소파가 '진짜로 괜찮은지' 물어보려고 했다. 퍼트리샤는 윌리엄을 안심시키려 했지만 윌리엄은 계속 거리를 두었다.

이 부부의 상호작용을 자세히 살펴보면, 퍼트리샤와 윌리엄이 각자 서로를 단절시키게 만든 단계들을 알 수 있다. 퍼트리샤는 윌리엄과의 의견 차이를 좁히려는 노력을 하는 대신에, 그가 자신의 의견에 동의하게 만들려고 했다. 이 노력이 실패하자, 그녀는 이 문제를 상대방에게 계속 요구함으로써 해결하려고 했다(그녀는 윌리엄에게 둘의 차이점이 얼마나 불안하고 불편한지 말하지 않았다). 대신 퍼트리샤는 상대를 설득시키고 직면하면서, '더 강한' 사람이 되려고 했다. 그녀의 행동이 상황을 해결하기 위한 노력이기도 하지만 그러한 행동은 결국 둘이 다르다는 위협감에서 나오는 것이었다. 그녀의 목표는 둘 사이의 거리감을 줄이는 것이고, 그녀가 아는 유일한 방법은 고집을 부리는 것뿐이었다.

윌리엄은 퍼트리샤가 자신의 디자인 감각을 무시하는 것을 듣고 처음에는 자신의 입장을 주장했다. 그는 자신이 감정이 상했다는 사실을 억누르고 거리감을 두며 논리적으로 반박했다. 결국 퍼트리샤와의 언쟁은 그를 지치게 했다. 윌리엄은 자신의 생각을 제쳐 두고 충돌을 피하기 위해 퍼트리샤의 말을 들었다. 그러나 전반적인 상호작용에서 기분이 상한 윌리엄은 퍼트리샤와 거리감을 두었다. 우리는 윌리엄의 행동이 스스로를 상처받지 않도록, 그리고 그들의 관계를 보호하기 위해 위축된 것이라고 이해할 수 있다. 문제는 그들의 해결방식이 "아무것"도 없다는 점과 그들 사이의 관계에 영향을 미치고 있는 것으로 보인다는 점이다. 퍼트리샤는 안심을 하고 윌리엄과 다시 연결되기 위해 노력하지만 윌리엄은 별로 내키지 않는 투로 반응할 뿐이었다.

그날 오후에 윌리엄은 아들에게 축구 경기를 가르치러 축구장에 가기로 되어 있었다. 윌리엄은 항상 운동장에 먼저 가곤 했고 퍼트리샤는 아들과 함께 늦게 왔다. 그런데 오늘 아들의 팀은 다른 운동장에서 연습하기로 되어 있었고 윌리엄은 퍼트리샤에게 이 사실을 알려 주는 것을 깜빡하고 말았다. 그는 퍼트리샤에게 휴대전화로 연락을 하려 했지만, 그녀는 전화를 받지 않았다. 그동안 퍼트리샤는 평소 연습하던 운동장에 왔는데 아무도 없어서 깜짝 놀랐다. 퍼트리샤는 휴대전화를 집에서 충전하고 있었기 때문에 누구에게도 연락을 할 수 없었고, 우연히 다른 아이의 부모와 마주쳐서 경기가 다른 곳에서 진행된다는 것을 알 수 있었다. 그들이 도착했을 때 경기는 이미 시작된 상태였고 퍼트리샤는 매우 당황했다. 그녀는 윌리엄에게 말을 걸었으나 그는 귀찮다는 투로 대답했고 경기를 코칭하는 것에 집중하려 했다. 퍼트리샤는 자신이 "아무 잘못도 없는데" 모욕당한 느낌이 들었다. 경기 내내 윌리엄은 퍼트리샤를 무시하는 것처럼 보였다. 퍼트리샤는 겉으로는 침착한 척했지만, 속으로는 몹시 화가 났다.

저녁 식사 시간에는 아들이 있어서 서로 잘 대하려고 노력했다. 하지만 아들이 잠자리에 들자, 퍼트리샤는 윌리엄에게 그날 하루 동안 있었던 일과 그의 행동에 대해 그녀가 상처받았다는 사실을 말했다. 윌리엄은 자신이 그런 '어투'로 말했다는 것을 인정하지 않았고 그녀가 별것도 아닌 일을 크게 해석하고 있다고 대꾸했다. 윌리엄에게 이해 받고 싶은 마음에 퍼트리샤는 더욱 고집을 부리면서 그가 너무 둔감하다고 비난했다. 윌리엄은 코치를 하는 동안 그녀에게 집중할 수 없었다고 설명했으며 화가 난 기색으로 자리를 떴다. 그들은 나머지 저녁 시간 동안 각자 다른 방에 있었다.

퍼트리샤와 윌리엄 간의 상호작용 방식에 나타난 패턴을 알 수 있는가? 퍼트리샤는 자신의 의견이 윌리엄에게 전달되지 않는다고 생각할 때 더욱 고압적인 태도를 취하는 경향이 있다. 그녀는 자신의 불안을 해소하기 위하여 그가 반응하도록 강요한다. 반면, 윌리엄 또한 자신의 의견과 퍼트리샤의 의견이 맞지 않을 때 불편함을 느낀다. 윌리엄은 퍼트리샤를 만족시키지 못할까 봐 걱정하며 그런 일이 벌어질 때에는 실패자가 된 것 같은 기분이 든다. 그러나 윌리엄은 그런 불편한 감정들을 논리적으로 설명하고, 문제를 축소하고 감정을 차단하면서 침착한 태도를 유지함으로써 해결하려 한다. 윌리엄이 더욱 배타적으로 행동할수록, 퍼트리샤는 소통을 위해 더욱 고압적으로 나오곤 한다. 퍼트리샤가 더욱 압력을 넣을수록, 윌리엄은 더욱 거리를 두려고 한다. 이런 상호작용의 고리는 악순환의 형태를 띤다. 관계가 회복되기 전까지는 부부는 둘 다 불안을 느낄 것이다. 그림 2.1은 부부가 서로에게 어떤 영향을 미치는지 설명하는 '고리(loop)'이다.

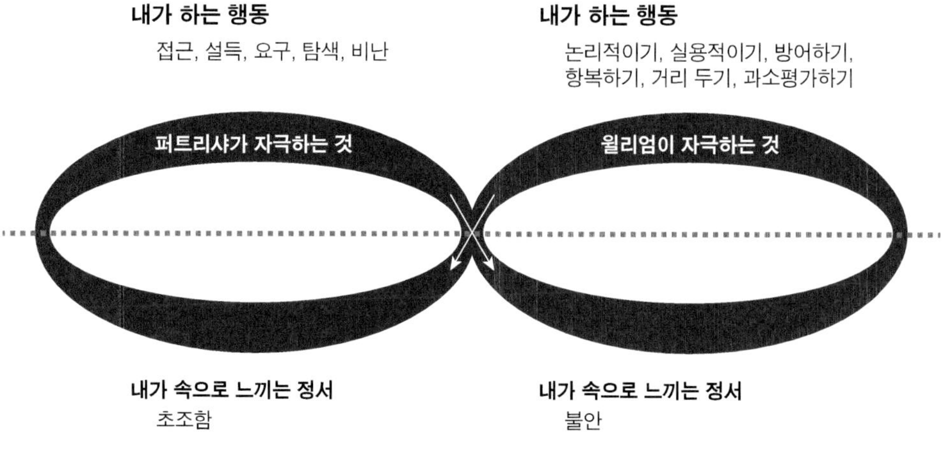


**그림 2.1 행동과 정서를 통한 퍼트리샤와 윌리엄의 관계 분석**

퍼트리샤와 윌리엄의 부정적 상호작용 고리를 예시로 들었다. '고리'는 스콧 울리Scott Wooley 교수가 불화 부부들의 상호작용 방식에 있는 다층 구조를 설명하기 위해 처음 고안한 것을 부부들에게 더욱 친숙하게 다가올 수 있도록 변형한 것이다. 여기서 첫 번째 층, 즉 겉으로 드러나는 패턴을 퍼트리샤와 윌리엄이 서로에게 어떻게 행동했는지를 통해 살펴볼 것이다.

이는 부정적인 상호작용과 결부된 관계 역동을 이해할 수 있도록 도울 것이다. **그림 2.1**처럼, 정서의 층이 확실하지 않다면 그냥 불분명한 채로 두어도 된다. 이후의 장들은 당신의 정서적 경험을 발견하고 분명히 할 수 있도록 도와줄 수 있을 것이다. 지금 당장은 당신이 고리의 화살표들을 따라가고 있는지 알아보는 것이 우선이다. 퍼트리샤가 관계에서 나타나는 자신의 괴로움(초조함, 무서움, 상처)에 대해 하는 일들이 윌리엄에게 괴로움(불안, 걱정)으로 나타났고, 나아가 그가 자신의 불안감에 대처하는 행동들이 퍼트리샤의 초조함을 가중시킬 것이다.

> 부정적인 고리는 스스로 증폭된다. 불편한 정서들에 대처하는 방식들은 위협에 대한 반응이자, 배우자에게는 또 다른 자극이 된다.

앞서 설명된 퍼트리샤와 윌리엄의 부정적인 고리는 함께 사는 동안 반복되는 일련의 단계로 만들어져 있고, 이는 패턴으로 발전했다. EFT 부부 상담사는 이 고리를 부부가 관계에서 위협을 느끼거나, 스트레스를 받거나, 지치거나, 상처를 입었을 때 만들어 내는 춤으로 생각한다. 관계에서 불안하거나 위협감을 느끼면 우리는 기본적인 반응을 하도록 되어 있다. 스트레스는 우리가 맞서 싸우거나 도망가거나 마비 상태가 되도록 하는데, 이런 반응들은 상호 간의 추적(싸움), 또는 회피(도망과 마비)로 해석될 수 있다. 불화하는 시기에 어느 한쪽 배우자는 다시 소통을 시작하거나 상대 배우자로부터 반응을 이끌어 내려고 노력하기 마련이다. 이 배우자는 비판, 불평, 비난, 자극을 하거나 상황을 통제하려 들 수도 있다. 또 다른 반응은 위축되고, 마음을 닫고, 회유하고, 회피함으로써 부부관계와 상호작용을 보호하려는 것이다.

한 배우자가 상대를 부정적으로 추적하려 들 때에는, 부부관계에서 사라진 친밀감에 대해 "싸우고" 있는 경우가 많다. 싸우는 배우자가 내키는 대로 말하지만 속마음은 다음과 같다.

> "제발 마음을 닫지 말아요. 그건 나한테는 너무 외로운 일이에요. 나와 함께 있고, 반응해 줘요. 당신이 내 옆에 있어야 해요!"

이러한 신호는 배우자에게 명확히 전달될 것이다. 그러나 많은 부부들에게 이것은 "마음을 보이지 말라", "어른들은 자립할 줄 알아야 한다" 또는 "스스로에 대해 슬퍼하거나, 확신이 서지 않거나 불안하게 느끼는 것은 나약한 것이다"라는 식의 가족, 사회, 문화의 영향 등 여러 가지 이유로 인하여 표현하기 힘든 것이다. 부부관계에서 부정적인 고리가 반복되기 시작하면, 속마음을 여는 것은 위험하고 위협적으로 생각될 수 있다. 속마음을 여는 대신에, 공격적인 배우자는 불평이나 비난, 요구를 할 수 있으며, 이런 불화의 신호들은 분명하게 전달되지 않는 경우가 많다. "당신과 대화하고 싶어요."라고 전달이 되는 대신, "어떻게 당신은 내 말을 한 번도 안 들을 수 있어!"라거나 "당신은 당신 자신 외에는 누구에게도 신경 쓰지 않아!", "나한테 사과해!"라고 들릴 수 있는 것이다.

다음 표현이 익숙하게 느껴진다고 해도, 너무 실망하지 말자. 배우자에 대한 공격은 안전하지 않을 때, 개방적이 될 수 없을 때, 약한 면을 보일 수 없을 때, 솔직하거나 약해져도 된다고 생각하지 않을 때 나타나는 자연스러운 행동이다. 하지만 부부가 함께 이면의 정서와 욕구에 대하여 표현할 수 있는 계기를 만들어서 이러한 행동을 변화시킬 수 있다. 다음은 배우자의 관심이나 반응을 절박하게 이끌어 내고 싶을 때 보이는 행동들이다.

공격 행동들

| | |
|---|---|
| 캐묻기, 자극하기 | 불평하기 |
| 질문하기 | 대면하기 |

탓하기
요구하기
매달리기
잔소리하기
비난하기
비판하기
말싸움 걸기
지배하려 들기
공격하기
상대를 무시하기
심문하기
내 말을 전달하려고 소리 지르기
집 안에서 쫓아다니기
계속 전화하거나 문자하기
판단하기
못마땅해하기

공격-위축에서 한 발 물러서거나 어려운 대화를 피하려고 하는 성향이 있는 부부는 조용히 갈등과 불화에 저항하는데, 이것이 어떤 사람들에게는 매우 불편할 수 있다. 긴장된 대화 속에서 억압하고, 회유적이거나, 방어적이고 거리를 두려고 하거나, 감정을 차단하려는 사람들은 부부관계 속에서 일어나는 갈등을 최소화하려고 애쓰면서 배우자를 실망시키는 것을 피하려고 한다. 그들은 배우자를 실망시켰을 때 느끼는 고통으로부터 스스로를 보호하려고 그렇게 행동할 수도 있다. 그들은 감정적으로 마비되고, 거리를 두거나 심지어는 대화에서 아무 영향을 받지 않는 것처럼 보일 수 있다. 하지만 연구에 따르면, 그들의 신체 반응은 심장이 뛰거나 손에서 땀을 흘리는 등 매우 긴장된 상태이다. 이는 그들이 갈등 상황에서 신체적인 불편감과 정신적 고통을 겪고 있음을 의미한다. 위축된 배우자가 긴장 상황에서 자신의 고통을 분명히 전달할 수 있다면, 그 내용은 다음과 같은 것이다.

> "평화를 지키자. 당신이 불행하거나 우리 관계에 불화가 생기면 나는 긴장이 돼. 내가 우리 사이의 문제를 고칠 수 있다면 좋겠어. 나는 이 문제에 신경을 많이 쓰고 있거든."

당신은 위축된 사람의 입장에 더 공감이 될 수도 있다. 삶은 아마도 당신의 감정을 보호하라고 가르쳤을 것이다. 감정은 상황을 더 악화시키기 때문에 이를 차단하는 것이 낫다고 말이다. 아니면 당신의 감정을 돌아볼 수 있도록 도와주는 사람을 만난 적이 없을 수도 있다. 당신의 마음을 조절할 수 없을 때 정서를 표현하는 것은 어려운 일이다. 다음은 사람들이 상황을 진전시키기 위해 보이는 전형적인 위축 행동들이다.

위축 행동들

| | |
|---|---|
| 합리화 | 달래기 |
| 방어하기 | 회유하기 |
| 마음의 문을 닫기 | 갈등 정리하기 |
| 문제 넘기기 | 관심을 돌리기 |
| 문제를 과소평가하기 | 역비난하기 |
| 충고하기 | 비판하기 |
| 농담하기 | 위축되어 방을 나가 버리기 |
| 반복되는 생각을 떨쳐버리기 | 멍하게 있기 |
| 회피하기 | |
| 반응하지 않기 | |
| 감정 차단하기 | |
| 대화를 그만두려 소리 지르기 | |

공격-위축이 익숙하게 느껴지지 않는다면 다른 두 가지 패턴들을 살펴볼 수 있다. 이 패턴들은 공격과 위축 행동들을 기반으로 하지만 다른 방식으로도 표현될 수 있다.

## 의사를 전달하기 위한 목소리 높이기: 앤절라와 데니스

'배우자에게 의사를 전달하기 위한 목소리 높이기'에서는 부부가 서로 소통을 하기 위해 요구하기, 불평하기, 비난하기 식의 대립적 방식을 사용하는 경향이 있다. 부부관계에서 위협감을 느끼면 부부는 모두 그 위협에서 느끼는 연약한 감정들을 나누기보다는 서로를 더욱 가혹하게 대한다. 이 패턴은 점점 악화되어 부부는 화를 더 잘 내며 더 잦은 말다툼을 하게 된다. 중년의 동성 부부인 앤절라와 데니스는 그들의 부정적인 상호작용 고리를 '비난 게임'이라고 부른다. 부부싸움의 주요 계기는 데니스의 성적 취향을 알고 있으면서도 이를 부정하려 드는 데니스의 원가족과의 관계이다. 데니스는 20년 동안 자신의 성적 취향을 숨기지 않았지만, 앤절라는 데니스가 자신의 가족들과 있을 때에는 동성애 관계를 숨기려는 것처럼 느꼈으며, 이는 곧 자신을 소중히 여기지 않는다는 기분을 느끼게 했다. 가족 모임에서 앤절라는 최대한 조용히 있지만, 나중에 그녀는 자신이 데니스의 관심을 끌 수 있는지 확인하고 싶어서 싸움을 걸곤 했다. 그녀는 자신이 데니스의 반응을 이끌어 낼 만큼 중요한 존재라는 것을 재확인받으며 위로를 얻기도 한다. 하지만 시간이 지나면서, 앤절라는 자신이 데니스의 가족들한테 인정받지 못하고 있는데, 데니스는 그것을 방관한다고 여겨 점점 가족 행사에 참여하는 것을 거부하기 시작했다. 데니스는 앤절라에게 같이 가자고 애원하거나, 계속 조르거나, 결국에는 "당신이 가족 모임에 가지 않으면 우리 관계도 끝이야!"라고 말하면서 버림받는 느낌을 피하려고 했다. 앤절라는 위협적인 분위기를 인지하고, 데니스가 자신의 편을 들지 않았다고 비난하며 화를 냈다. 이런 식으로 부정적 고리가 깨졌다가 다시 작동되는 과정이 반복되었다.

이 패턴이 당신에게 익숙하게 느껴지면, 아마도 상대 배우자의 반응을 얻기 위해 소리를 크게 지르는 식의 패턴이 부부가 서로에게 느끼는 감정의 강도와 깊은 관련이 있다는 것을 알 수 있을 것이다. 이제 서로를 사랑하는 방식으로 반응하는 방법을 찾고 애정의 감정을 관계의 강점으로 변화시켜 나가자.

## 어떤 경우에도 갈등을 피하기: 웬디와 윈스턴

세 번째 패턴인 '어떤 경우에도 갈등을 피하기'는 서로에게 신체적으로, 감정적으로 위축되어서 힘들고 위협적인 상황을 회피하려고 하는 성향을 보인다. 웬디와 윈스턴은 상담을 받으러 온 60대 부부이다. 웬디는 도서관

사서이고 윈스턴은 대학 교수로 일하고 있다. 상담사가 처음 만났을 때, 그들 사이에는 어색하고 공허한 침묵이 흐르고 있었다. 웬디는 부부관계에 대한 확신이 없어 보였으며 윈스턴의 반응을 살피면서 그의 의견을 자주 물었다. 그녀는 윈스턴과 대화가 잘 되지 않을 때에는 자신의 감정과 욕구를 억압하면서 갈등을 피하려고 한다고 말하면서 '바람을 일으키는 것'에 대한 두려움으로 그저 '흘러가는 대로' 행동하려는 경향을 보였다. 웬디는 감정을 억압할 때 비록 우울하지만, 윈스턴을 만족시킨다는 것으로 위로를 삼으면서 참아 낸다고 말했다.

윈스턴은 웬디가 원하는 것이 무엇인지 모를 때 좌절감을 느낀다고 말했다. 그는 웬디가 자신을 달래려고 하면 자신이 좋은 사람으로 느껴지지 않았고, 그것은 곧 그에게 고통스러운 일이었다. 그는 또한 웬디의 우울증을 걱정하고 있었다. 윈스턴은 웬디에게 자신의 걱정을 곧잘 표현했고, 이것은 가끔 불만스러운 말투로 드러났다. 하지만 윈스턴의 말에 따르면 이러한 대화는 '방향성'이 없었다. 사실 이는 웬디가 자신을 더욱 숨기도록 만들어 버리는 것 같았다.

요즘 윈스턴은 이러한 감정들을 혼자 참고 있으며 스포츠나 다른 활동으로 바쁘게 지내며 이것들을 잊으려 한다고 말했다. 그는 바쁘게 지내는 것이 웬디가 그를 신뢰하지 않는 데서 오는 고통과 공허함을 잊게 된다고 했다. 윈스턴은 또 자신의 감정을 웬디에게 말할 때면 그녀가 비난받았다고 느끼며 더욱 거리를 두려고 해서 자신의 감정을 말하는 것이 웬디에게 도움이 되지 않는다고 생각했다. 그는 한편으로는 그녀를 지키려는 마음이 있지만, 다른 한편에서는 웬디를 닫힌 내면 밖으로 나오게 하는 것에 지쳤다고 말했다. 그러나 윈스턴이 더 많은 외부 활동을 할수록 웬디는 점점 더 무시당하는 느낌을 받았다. 웬디가 감정을 더 억압하고 거리를 둘수록 윈스턴은 더욱 멀어지는 느낌을 받았고, 윈스턴은 결국 밖에서 다른 것으로 공허감을 채우려고 했다.

'어떤 경우에도 갈등을 피하기' 패턴에 당신이 공감한다면, 이는 불편한 감정들에 대해 이야기를 나누는 것에 대해 부부가 두려움과 조심스러움을 느끼고 있다는 뜻이다. 이 책에 제시된 연습문제를 천천히 풀어 보며 서로 해결할 수 있는 작은 일들을 해 나가기를 바란다.

## 성찰하기 2.1 우리 관계는 어떤 패턴을 띠고 있는가?

어떤 관계 패턴이 부부의 상호작용을 가장 잘 표현하는지 배우자와 토론하며 알아보자. 최근에 있었던 상호작용이나 대화를 떠올려 보는 것이 도움이 될 것이다. 패턴에 맞는 상호작용의 예를 찾는 것이 아니라, 패턴 자체를 알아내는 것이 핵심이다. 공격 행동과 위축 행동에 제시된 목록을 자세히 읽어 보자. 부부관계에서 익숙하게 나타나는 행동에 체크해 보자. 갈등 상황에서 배우자가 당신에게 무슨 말을 했는지 생각해 보자. 배우자의 말을 무시하거나, 그 말에 의해 자극되거나, 스스로를 방어하고 싶다는 유혹에 저항하라. 최근에 있었던 불화에서 어떤 행동을 보였는지 하나하나 떠올려 보고 이를 적어 볼 수 있다.

다음 문장을 완성하라.

나는 .......................................................................................... 할 때 위협을 느끼며,
그래서 나는 이를 해결하기 위해 ................................................... 을 한다.

지금 현재 갈등 상황에 있는 것이 아니라면, 당신이 깨달은 것을 배우자와 함께 나눈다.

당신의 상황이 세 가지 패턴에 정확히 들어맞지 않는다고 해도 괜찮다. 부부가 함께 추는 춤에서 또 다른 단계들이 있었는지 살펴보라. 이를테면 위축자는 벽 뒤로 숨기 전에 선수를 치는 경우가 있다. 보통 공격자도 배우자가 문제를 바로잡으려 할 때 냉담한 반응을 보일 때도 있다. 오랫동안 추적자의 위치에 있느라 지치고 힘이 빠져서 그런 노력들을 그만두게 될 수도 있다. 당신의 고리를 명확히 하기 위해 최대한 솔직하고 열린 태도로 부부의 고리를 확인할 때까지 단계들을 하나하나 거슬러 가 보자.

당신의 고리가 문제에 따라 바뀌는지에도 주의를 기울일 필요가 있다. 예를 들어 어떤 사람들은 정서적 측면이나 의사결정, 집안일보다는 성적인 측면에 집중하기도 한다. 보통 우리는 남성은 성관계를 원하고 여성은 정서적 친밀함을 원한다는 식의 성역할 고정관념을 가지지만, 그것이 항상 옳은 것은 아니다. 만약 이것이 당신에게 일어나는 일이라면, 당신의 관계는 일차적인 주요 고리와 이차적 고리가 있는 것일지도 모른다. 우선 **그림**

**그림 2.2** 우리의 행동과 정서를 통한 관계 분석

2.2와 함께 이 책의 연습문제들에서는 일차적 고리를 살펴보는 것을 권한다. 특정 상황에서만 나타나는 이차적 고리 역시 중요하며, 이는 제12장에서 살펴볼 것이다.

## 성찰하기 2.2 우리의 고리는 어떻게 유지되고 있는가?

다음의 문장을 함께 완성해 보자. 이는『나를 꼭 안아 주세요(*Hold Me Tight*)』에서 나타난 대화 1에서의 활동과 비슷하다. 예: 내가 당신을 비판하고 불평할수록 당신은 점점 더 위축되고 침묵하면서 나를 피한다.

이름: .................................
내가 당신에게 ........................................................................................할수록,
당신은 점점 더 ................................................................하며 나를 피한다.

이름: .................................
내가 당신에게 ........................................................................................할수록,
당신은 점점 더 ................................................................하며 나를 피한다.

내가 (이름).................. 당신과 안정적인 관계(안정된, 연결된)를 가지지 못할 때, 나는

(다음 쪽에 계속)

……………………………………………………………………하게 행동하고, 그러면 당신은 ……………………………………………………………………로 반응한다.

내가 (이름) …………… 당신과 안정적인 관계(안정된, 연결된)를 가지지 못할 때, 나는 ……………………………………………………………………하게 행동하고, 그러면 당신은 ……………………………………………………………………로 반응한다.

관계 고리가 어떤 것이든, 당신은 불화의 춤이 추는 영향을 이미 깨닫고 있을 것이다.

> 상처받고, 외롭고, 부족하고 또는 불안정에 대응하는 방식들은 배우자에게 두려움을 줄 수도 있다. 그 두려움을 다루는 방식이 서로의 민감한 부분을 건드려, 불화의 고리를 지속시키는 것이다.

이런 행동들이 어떻게 서로 들어맞고 악화시키는지 알겠는가?

만약 그렇다면 당신은 관계의 춤을 찾아낸 것이다. 이것은 관계의 변화를 위한 아주 중요한 단계이다. 수전 존슨은 이 춤에 별명을 붙이는 것을 제안하고 있다. 이것을 부를 이름을 만들고, 이것이 어떻게 생겼고, 어떻게 들리는지 이해하는 것은 공통적인 목표, 즉 순간적으로 부정적인 고리를 알아차리는 것에 도움을 준다. 내담자들이 부정적인 고리에 붙인 별칭들에는 '코끼리', '낡은 패턴', '민감한 폭풍', '덫', '허공' 등이 있었다.

우리 고리의 별명은 ……………………………………………………………이다.

당신의 고리를 깨닫는 여정을 시작할 때 우선 고리부터 알아차리려고 노력해 보라. 목록에 적힌 위의 행동들이 나타날 때 우선 이를 깨닫는 것은 변화의 시작이 될 것이다. 초기 단계에서부터 새로운 춤으로 변화될 가능성은 적지만, 부정적인 고리를 알아차리는 것("우리 방금 덫에 걸렸어요!"), 그리고 이를 피하고 싶은 마음을 표현하는 것("거기 들어가지 맙시다!")만으로도 그것을 멈추고 고리에서 벗어나는 빗장을 여는 셈이다.

행동 목록들이 보기에 좋지 않을 수도 있지만, 이것이 필요한 이유는 결국 배우자와의 접촉을 위해서이며, 당신 자신과 부부관계를 안전하게 하기 위해서이다.

둘 다 모두 중요한 목표들이다. 적극적으로 공격하는 사람들은 대개 상대방에게 접근하고 배우자의 반응을 이끌어 내려는 욕구를 가지고 있다. 회피하거나 위축되는 사람들이 상호작용을 끝내려는 이유는 상황을 악화시키지 않기 위함이다. 또한 부부가 공격하고 위축되는 이유는 상처받거나 약해지지 않기 위해서이기도 하다. 당신이 관계에 대한 위협을 느낄 때 공격자가 되든 위축자가 되든, 배우자에게 기댈 수 없어서 느끼는 외로움과 불안감은 당연한 것이다. 그러나 당신이 서로에게, 즉 당신 자신과 배우자에게 어떻게 영향을 미치는지 인식하는 것은 당신의 행동의 영향을 인식하는 첫 번째 단계이다. 당신의 춤을 인식하고 이 춤에 이름을 붙이는 것은 고리를 깰 수 있는 도구를 가지고 있다는 것이다. 고리를 멈출 수 없다고 해서 낙심할 필요는 없다. 한 번씩 고리를 조절할 수 있음을 인식하는 것은 고리를 다르게 대할 수 있다는 희망을 가지는 것이다. 다음 장들을 통해 무엇이 부정적 상호작용 고리를 만드는지 이해함으로써 당신 자신을 표현하는 다른 방식들을 알게 될 것이다.

제3장

# 애착 결합

## 살아남기 위한 최선의 선택

낯선 장소, 아마도 어둠 속에 혼자 있을 때, 낯선 인기척이나 소음을 느낄 때 두려움을 느끼지 않을 사람은 없을 것이다. 하지만 우리 곁에 듬직한 동료가 있다면 우리는 더 빨리 용기를 되찾을 수 있을 것이다. 혼자가 된다는 것은, "우리 모두를 겁쟁이가 되게 한다."

당신은 이 책이 부부들을 위한 책이라고 해서 아마도 '사랑에 빠지고', '사랑을 나누거나', '어떻게 소통하는지'에 대한 설명으로 시작할 것이라고 기대했는지도 모르겠다. 하지만 우리는 사람들을 하나로 엮어 주는 핵심 요소들을 짚으면서 시작하고자 한다! 위의 인용문에서, 런던 타비스토크 클리닉(Tavistock Clinic)의 아동심리학자 존 보울비John Bowlby는 동시대의 많은 연구자들이 말을 꺼내기 두려워하던 것, 즉 인간은 다른 인간을 필요로 한다는 것을 선언했다. 우리는 자연적으로 동료, 친밀감, 삶의 어려움과 기쁨, 슬픔을 함께할 사람들을 필요로 한다. 이는 당신이 여성이든, 남성이든, 어떤 사회나 국가에 속해 있든 간에 마찬가지이다. 이런 친밀감에 대한 욕구를 아는 것은 안도감을 줄 수도 있다. 혹 어떤 이들은 다른 사람에게 의지하는 것이 정상적이고 건강한 일이라는 것을 이상하게 느낄 수도 있다. 또 어떤 사람들은 다른 사람에게 기대거나, 다른 사람이 자신에게 의지한다는 생각에 두려움을 느낄 수도 있다. 당신은 혼자 있는 상태에 익숙해져 있을 수도 있다.

인간으로서 우리는 다른 사람을 필요로 하는데 이때 우리는 그냥 아무나가 아닌 중요한 사람을 필요로 한다. 그러므로 우리는 의사소통, 정서, 상호작용, 성관계, 부부관계에 중요한 다른 주제들에 대해 말하기 전에 기본적인 요소부터 언급하겠다. 초기의 상담사들은 이미 다 성장한 성인이 다른 사람을 필요로 한다는 것이 유치하다고 주장했지만, 보울비는 어린아이와 양육자 간에서, 그리고 성인과 배우자, 친인척과 친구들 간에서 나타나는 결합이 가지는 절대적 중요성을 이해했다. 자신에게 중요한 사람이 신경 써 준다는 사실을 인식하는 것은 나이와 상관없이 안정감을 찾기 위해 필수적인 요소이다. 보울비는 관계 결합은 우리가 '요람에서 무덤까지' 필요로 하는 것이라고 주장했다. 이 새로운 생각은 의학, 교육, 심리학계를 변화시켰다.

요즘 고통스러운 의학적 치료 과정을 기다리거나, 중요한 검사 결과나 큰 수술을 앞두고 있는 환자들은 사랑하는 사람들의 병문안을 받는다. 아픈 아이들을 위해 병원 침대 옆의 소파 위에서 잠드는 부모들, 아이를 낳는 여성의 옆자리를 지키는 배우자나 사랑하는 사람들, 그리고 환자들의 건강을 위해 그들의 대인관계를 조심스럽게 살펴보는 아동심리학자들과 임상심리학자들이 그들이다. 이렇듯 우리의 생리-심리-사회적 건강을 위해 친밀한 관계들을 중요시하는 습관들은 요즈음 당연한 것으로 생각되지만, 그렇다고 항상 그런 것도 아니다.

## 애착의 역사

제2차 세계대전 이후, 존 보울비는 세계보건기구의 요청으로 어린아이들에게 모성 박탈이 미치는 영향에 대해 연구했다. 그는 고아들과, 병원에 몇 주 또는 몇 달간 홀로 남겨져 부모와 접촉을 하지 못하는 아이들, 그리고 오랜 기간 입원한 어머니와 떨어져 지낸 아이들을 대상으로 연구를 진행했다. 보울비의 연구는 어린아이들과 양육자들 간의 정서적 결합이 가지는 중요성을 밝혀냈다. 보울비는 이것을 **정서적 애착 결합**(emotional tie attachment)이라고 불렀다. 아이와 주요 양육자들 사이의 정서적 연결이야말로 아이의 성장과 생존에 가장 중요한 토대가 된다.

보울비는 아동이 양육자에게 근접성을 찾는 것은 인간의 뇌에 고정되어 있으며 생존 확률을 높이기 위한 것이라고 주장했다. 양육자와의 장기적 분리는 공격, 절망 행동을 야기한다.

보울비 이후 후대 연구자들은 양육자와 유아 사이에서 나타나는 여러 측면들을 심도 있게 연구했다. 흥미로운 점은 아이가 태어난 후 첫 해 동안 보이는 양육자의 민감함과 반응들이, 아이가 일생 동안 느끼게 될, 미래에도 욕구가 충족될 것이라는 심리적 안정감에 중대한 영향을 미친다는 것이다. 이러한 민감함에서 중요한 요소들은 다음과 같다. 첫째, 아이의 불만에 양육자가 얼마나 빨리 대처하는가? 둘째, 그 대처법이 실제로 얼마나 효과가 있는가? 셋째, 신체적 접촉이 부드럽고 위로가 되는 것인가?

## 안식처와 안전기지

애착 이론은 어린아이들이 애착의 대상을 두 가지 중요한 대상으로 이용한다는 것을 보여 준다. 첫째, 애착의 대상은 그들이 두려움을 느낄 때, 아플 때, 피곤할 때, 지루할 때 의지할 수 있는 안전한 피난처로 인식이 된다. 안전한 피난처는 집중, 사랑, 보살핌을 받을 수 있는 곳이다. 둘째, 애착 대상은 안정적인 토대로서 아이들이 안전하게 세상을 접할 수 있도록 해 준다. 안전은 호기심을 격려하고, 그렇기에 안정적인 토대는 아이가 자신감을 가지고 새로운 것에 도전하고 세상을 탐험해 볼 수 있도록 도와준다. 보울비는 애착관계가 긍정적일 때 두려움을 느낄 때 양육자를 찾는다거나, 양육자와 떨어질 때 공격적인 행동을 하거나, 안전함이 보장될 때 새로운 영역을 탐구하는 등의 애착 행동이 편안하게 유지된다고 지적했다. 즉,

안정적인 애착은 친밀감과 자율성을 증진시키며, 이 둘 사이를 유연하게 조정한다.

공원이나 놀이터에서 아이의 애착 행동을 주목해 보자. 어린아이들은 의자에 부모가 앉아서 지켜볼 때에 달리고, 기어오르고, 웃고, 놀 수 있다. 아이가 노는 곳에 짖는 개가 다가온다면, 어린아이들은 즉시 앉아 있는 부모 쪽으로 달려가거나, 이미 그들을 향해 움직이고 있는 부모를 찾을 것이다. 아이와 부모는 안전하다는 것을 재확인시켜 주는 포옹을 할 것이며, 이는 위험이 처음 생각했던 것보다 크지 않다는 것을 인지시켜 줄 것이다. 일정 시간이 지나면 아이는 다시 부모의 품을 벗어나 뛰놀러 가고, 부모는 다시 의자에 앉을 것이다. 시간이 흘러가면서 자신에게 반응을 보이는 확실한 양육자를 찾는 것은 더욱 안정적인 애착을 촉진시킬 것이다. 이 애착 결합은 오직 어린아이의 안전과 생존을 보호하는 것이 아니다. 연령과 상관없이 모든 사람들은 지지, 도움, 격려를 위해 타인에게 기댈 수 있으며, 세상을 계속 살아가기 위해 신뢰할 만한 사람들의 존재가 있을 때 더욱 안전감을 느낀다.

## 낭만적 감정으로서의 애착

최근 연구자들은 낭만적 감정 역시 애착 결합으로 여겨질 수 있다고 지적했다. 연애 상대들은 서로가 필요할 때 안전한 피난처와, 자신의 잠재 가능성을 탐구하고 발달시킬 수 있는 안전기지를 제공한다. 나이에 상관없이 정서적 필요에 따라 특별한 대상을 찾거나, 여러 친밀한 사람들에게 지지와 편안함을 기대하는 것은 본능적인 생존 전략이다. 그 무엇으로도 대체할 수 없는 중요한 사람들을 찾고 그들과의 관계를 유지하는 것은 우리 모두에게 동기를 부여하는 것들이다.

보울비가 설명했듯이, 사람들이 전혀 의심하지 않는 것은, 자신이 필요로 할 때 배우자가 '든든한 동반자'가 되어 줄 것이라는 점과, 일관성 있게 배우자가 반응하는 경우에는 안정적인 결합이 생기고 유지된다는 점이다. 즉, 애정 관계에서 안전감을 느끼는 경우, 이것은 관계의 질을 높이며, 긍정적인 정서와 더욱 많은 정서 표현, 부정적인 정서를 해결하는 건설적인 방법들, 더 큰 호기심과 애매함을 참는 능력, 스트레스를 참는 정신적인 자원이 되어 준다는 것이다. 과학자들은 힘을 주는 중요한 관계는 심장병 발병 확률을 줄이고, 면역력을 높이며, 통증에 대한 대처를 잘하도록 하는 등, 신체적 건강을 증진시킨다는 점을 밝혀내고 있다.

초기 발달 단계에 양육자에게 의지할 수 있는 아동들은 더욱 자신감을 가지고 독립적으로 행동할 수 있도록 자라는 것이 밝혀졌다. 마찬가지로 안정적인 부부관계에서 배우자에게 의존하는 것은 자율성과 자신감을 높이고, 부부간의 상호 의존성으로 이어진다. 부부관계에서의 안전한 피난처와 안정적인 토대 덕분에, 두 사람은 사회에서 더욱 강하고, 자신감 있고, 일상생활에서 마주치는 문제들에 더욱 잘 대처할 수 있게 된다. 이러한 안정감은 자녀, 동료, 지역 사회에 좋은 영향을 주게 된다.

## 성찰하기 3.1 안정 애착의 렌즈를 통해 부부관계를 되돌아보기

### 안식처

부부는 여러 가지 방법을 통해 서로에게 지지와 위로를 제공한다. 이러한 예는 다음과 같다.

- 배우자의 걱정을 들어 주기
- 아플 때 돌봐 주기
- 피곤할 때 도움을 주기
- 서로의 감정에 대해 질문하기
- 상대방이 이해를 하지 못할 때 참을성을 가지고 대화하기
- 하루 동안 무슨 일이 있었는지 같이 이야기해 보기
- 걱정을 표현하고 서로 아프고 상처받았을 때 위로해 주기

어떻게 내 배우자가 지지, 위로, 용기를 주는가? (시간을 가지고 생각해 보자. 이 질문에 대답하기 위해 최소한 한 가지 긍정적인 답변을 생각해 보자.)

.............................................................................................................

.............................................................................................................

.............................................................................................................

(다음 쪽에 계속)

……………………………………………………………………………………………

만약 긍정적인 답변을 생각해 낼 수 없다면, 배우자의 결점을 찾아내려고 하기보다는 생각이 나지 않는다는 점을 우선 인지하자. 때로는 과거의 상처와 현재의 분노가 배우자에 대한 긍정적인 점을 찾아내는 것을 어렵게 할 때도 있다.

나는 힘들 때 어떻게 배우자에게 안전기지를 제공할 수 있을까? 당신이 하는 것 또는 할 수 있는 것들을 구체적으로 생각해 보자.

……………………………………………………………………………………………

……………………………………………………………………………………………

……………………………………………………………………………………………

……………………………………………………………………………………………

## 안전기지

부부는 다음과 같은 방법을 통해서 서로의 성장과 발달을 격려한다.

- 서로의 일과 활동을 지지해 주기
- 상대의 의견에 대한 호기심을 표현하는 질문들을 하기
- 서로의 희망과 꿈에 대해 들어 보기
- 서로의 공부, 지역 활동, 취미에 관심 갖기
- 서로의 능력과 성장 가능성을 인식하기
- 서로의 자신감에 용기를 북돋아 주기("당신은 할 수 있어요.")

내 배우자는 어떻게 나를 성장하고 발달하도록 격려해 주었는가?(최소한 한 가지 긍정적인 답변을 생각해 보자.)

……………………………………………………………………………………………

……………………………………………………………………………………………

……………………………………………………………………………………………

……………………………………………………………………………………………

나는 어떻게 내 배우자의 꿈과 바람들이 성장하고 발달할 수 있도록 도울 수 있을까?

……………………………………………………………………………………………

……………………………………………………………………………………………

……………………………………………………………………………………………

……………………………………………………………………………………………

## 부부가 서로에게 진심으로 요구하는 것

애정 관계에서는 대부분 인정과 친밀감, 이해를 바라며, 또한 사랑과 감사, 자기 존재의 중요성을 느끼기를 원한다. 이런 욕구들은 정상적인 것이며, 이를 건강하고 만족스러운 방식으로 충족시키는 것은 신체적, 정신적 건강 및 부부 모두의 삶의 질을 향상시킨다.

> 서로 애착에 대한 요구를 할 때 건강하지 못한 방법을 쓸 수도 있지만, 안전함과 사랑에 대한 기본 욕구 자체는 건강한 것이다.

애착은 기본적으로 안전과 생존에 대한 것이다. 당신의 애착 욕구가 충족되지 못한다면, 두려움, 불확실감, 불안을 느끼는 것은 당연한 일이다. 이런 감정에 대해 배우자로부터 이해, 동정, 확신을 받는다면 당신은 위로받고 안정감을 되찾을 수 있을 것이다. 『나를 꼭 안아 주세요』에서 수전 존슨Susan Johnson은 정서의 본질을 A, R, E라는 줄임말로 제시하였다.

**A**—*Accessibility*(접근성): 접근성은 내가 필요할 때 배우자의 관심과 지지를 받을 수 있고 배우자가 곁에 있어 줄 수 있다는 의미이다. 다음 질문에 대한 답을 생각해 보라. 내가 배우자에게 신체적으로, 정서적으로 다가갈 수 있는가? 내가 배우자의 주의를 끌 수 있는가? 내가 배우자를 찾을 때, 배우자가 옆에 있어 줄 것인가? 배우자는 나의 감정에 개방되고 수용적인 태도를 보일 것인가? 배우자가 나를 우선순위로 둘 것이라고 기대할 수 있는가?

**R**—*Responsiveness*(반응성): 반응성은 배우자가 나의 신호와 기대에 반응하리라는 것을 기대할 수 있다는 의미이다. 다음의 질문에 대한 답을 생각해 보자. 배우자는 내 감정에 주의를 기울일 것인가? 나에게 공감을 해 줄 것인가? 나에게 세심함과 공감을 표현해 줄 것인가? 내가 필요할 때 나를 위로해 줄 것인가?

**E**—*Engagement*(교감): 교감은 배우자가 나와 가까이 지내고 배우자

의 삶에서 중요한 위치를 차지하는 사람으로 소중히 여겨 줄 것이라는 의미이다. 다음 질문에 대한 답을 생각해 보자. 배우자는 나에게 의지할 것인가? 나를 가까이 두며 나와 당신의 약점, 의심과 걱정을 함께 나눌 것인가? 나의 감정에 귀 기울여 주며 그것에 영향을 받을 것인가? 나에게 홍미, 호기심, 매력을 느끼는가? 나의 욕구와 신호에 집중할 것인가? 배우자의 말과 행동이, 배우자가 나를 바라볼 때 애정을 표현할 것인가? 내가 표현한 애정을 받아들일 것인가?

## 성찰하기 3.2 우리의 정서는 어떠한가?

당신이 배우자에게 다가갈 수 있었던 최근의 경험을 설명해 보라.

............................................................................................................

............................................................................................................

............................................................................................................

............................................................................................................

위의 상황에서 당신은 배우자에게 어떻게 반응했는가?

............................................................................................................

............................................................................................................

............................................................................................................

............................................................................................................

당신의 교감의 수준을 어떻게 묘사할 수 있는가?

............................................................................................................

............................................................................................................

............................................................................................................

............................................................................................................

제삼자의 입장에서 이러한 부부간의 교감의 질을 어떻게 설명하겠는가?

............................................................................................................

............................................................................................................

............................................................................................................

............................................................................................................

(다음 쪽에 계속)

이제 배우자가 당신에게 다가갈 수 있었던 최근의 경험을 설명해 보라.

..................................................

..................................................

..................................................

..................................................

위의 상황에서 배우자는 당신에게 어떻게 반응했는가?

..................................................

..................................................

..................................................

..................................................

배우자의 교감의 수준을 어떻게 묘사할 수 있는가?

..................................................

..................................................

..................................................

..................................................

제삼자의 입장에서 이러한 부부간의 교감의 질을 어떻게 설명하겠는가?

..................................................

..................................................

..................................................

..................................................

## 정서적 결합을 발달시키기

배우자 간의 정서적 안정감은 아주 신중하게 발달되어야 한다. 이는 자동적으로 얻어지는 것이 아니며, 우연히 일어나는 일도 아니다. 당신이 위로, 격려, 보살핌 등을 필요로 할 때에 배우자가 곁에 없거나 반응을 해 주지 않을 때, 외롭고 무섭고 상처받거나 화를 내는 것은 당연하다. 순간적인 의구심이 반복적으로 무시당하거나 묵살되는 등, 해결되지 않으면 이것들은 확장되어 결국에는 더 극심한 두려움과 불안으로 발전될 수 있다.

거부당하거나, 버림받거나 실패자라고 여겨지고 인정받지 못하거나, 소중하게 여겨지지 않는 것에 대한 두려움과 통제받는 것에 대한 두려움은 일반적으로 경험되는 것들이다.

관계에서 가장 자주 나타나는 두려움은 다음과 같다.

"배우자가 내 곁에 있는지 잘 모르겠어요."
"우리 관계에서 나는 보이지 않는 존재예요."
"내가 얼마나 노력하든 간에 배우자를 만족시킬 수 없는 것 같아요."
"내 의견은 별로 중요하지 않게 여겨져요."
"나를 원하지 않는 것 같아요."
"배우자가 나를 매력적으로 느끼지 않는 것 같아요."
"내 감정을 이해받을 수 없어요."
"나는 아무런 영향도 줄 수 없어요."
"우리 관계에서는 내 욕구를 충족할 수가 없어요."

관계에서의 불안정감은 자신의 두려움을 털어놓을 수 없고 그래서 위로받을 수 없거나, 당신이 배우자를 가장 필요로 한 순간(예를 들어 심각한 질병을 앓는다든가, 아이의 탄생이나 부모님의 죽음 등을 겪을 때)에 배우자가 당신 곁에 있지 않은 상황에서 생겨난다. 이로 인해 관계 결합이 불안정하다고 느낄 수도 있다. 즉, 필요한 순간에 당신은 배우자와의 관계에서 지지받지 못한다고 생각하게 되는 것이다. 비슷하게 당신이 배우자의 요구를 계속해서 무시하거나 반응을 한다면, 배우자는 자연스럽게 부정적인 영향을 받을 것이다. 불안정한 관계 결합은 당신, 배우자, 당신의 부부관계에 고통이 될 것이다.

## 성찰하기 3.3 불안감은 두려움과 불화를 만들어 낸다

아마도 당신이나 당신 배우자는 위에 제시된 문장들을 말한 적이 있을 것이다. 다시 문장들을 천천히 소리 내어 읽어 보면서 당신에게 가장 공감되는 것이 있는지 찾아보라. 그것들을 말하고 느끼는 것이 당신에게 어떤 영향을 주는지 생각해 보고 적어 보자. 위의 문장에서 고통을 느끼는가? 그 고통을 어떻게 표현할 것인가? 감정이나 몸에서 무엇이 느껴지는가?

............................................................................................................................

............................................................................................................................

............................................................................................................................

............................................................................................................................

당신이 어떤 영향을 받았는지 배우자와 이야기를 나누어 보자. 이것이 L-O-V-E 대화라는 것을 기억하자.

이런 고통들은 불안정한 관계에 따르는 당연한 반응이다. 불안할 때에는 여러 가지 부정적인 정서들이 나타날 수 있다. 예를 들어 당신은 상처를 받고, 화가 나고, 두렵고, 슬프거나 부끄러워질 수도 있다. 이러한 감정들은 제2장에서 찾아냈던 패턴들을 바탕으로 당신이 해 왔던 여러 의사소통을 통해 익숙하게 느껴질 수도 있다. 이러한 반응들이 안정감에 대한 내면의 욕구가 위험에 처했을 때 나타나는 공격이라고 여길 수도 있다. 나아가 당신은 배우자의 부정적인 정서를 자극하는 공격성을 나타냈을 수도 있다. 그래서 배우자 역시 두려움, 상처, 분노, 슬픔 또는 수치심을 느꼈을 수도 있다. 이때 공격성의 강도는 이 관계가 당신에게 얼마나 중요한지를 나타내 주는 척도라고도 볼 수 있을 것이다.

워싱턴 대학교의 존 가트먼John Gottman 교수는 수십 년간의 부부관계에 대한 연구를 통해, 불화 관계의 핵심은 부부가 부정적인 정서에 압도당하는 것과 부정적인 상호작용 고리에 갇히는 것이라고 지적했다. 위에 제시된 두려움과 불확실성에 공감한다면, 당신은 절망할지도 모른다. 하지만 이런 식의 고통스러운 불화 관계의 경험들은 불안정한 관계 결합의 증거이며, 이는 치료될 수 있음을 아는 것이 중요하다.

우리의 목표는 부정적인 정서와 상호작용이 변화하는 과정을 통하여 배우자와 안정적인 애착 결합을 회복할 수 있도록 돕는 것이다. 이 워크북 과정을 혼자서 또는 배우자와 함께 해볼 수도 있고, 정서중심상담 전문가와 함께 해 나갈 수도 있다. 다음 장은 당신과 배우자의 애착 욕구를 더욱 잘 이해할 수 있도록 도울 것이다.

# 제4장

# 배우자와 나

## 무엇이 지금 우리를 만들었고 어떻게 우리가 가까운 관계를 맺었는가?

현재의 당신은 유전자, 양육, 교육, 삶의 전반적인 경험들과 친밀한 관계에서 얻어지는 경험 등 여러 가지 요소들이 합쳐져서 만들어진 것이다. 그 모든 것들이 당신이 어떤 사람이 되는가에 영향을 미치는 것들이다. 당신의 배우자도 마찬가지이다. 그런 특별한 영향력들이 또한 부부로서의 정체성을 형성하는 데 기여한다. 때로는 '만나고 결합하는' 것이 원활하게 진행되지만, 또 때로는 혼란스럽고 고통스럽고 어려운 과정일 수도 있다. 이 장에서는 당신의 애착관계의 역사에 집중하게 될 것이다. 초기 삶의 관계와 경험들은 당신 스스로에 대한 믿음, 친밀한 다른 사람들에 대한 믿음, 가까운 관계에서의 욕구에 영향을 미쳤을 가능성이 크다. 이러한 주제가 흥미롭고 재미있게 느껴질 수도 있지만, 한편으로는 불편하고 위협적으로 느껴질 수도 있다. 차근차근 과정을 밟아 나가자. 우선 당신이 가까운 관계 속에서 보통 어떤 감정을 느끼는지 되돌아볼 시간을 갖는 것부터 시작해 보자.

## 애착에 대한 믿음과 기대

비록 인식하지 못한다 할지라도, 우리는 삶의 경험을 통해 스스로에 대한 정체성, 가치관, 사랑하는 법을 배운다. 당신의 부모와 당신을 사랑했던 사람들이 상냥하고 당신에게 관심을 기울였다면, 당신은 스스로를 사랑받을 만하고, 보살핌을 받을 만한 사람이라고 정의 내릴 가능성이 크다. 의미 있는 중요한 사람들이 당신을 돌아보고 가치 있게 여겨 주는 경험들을 통해, 당신은 스스로의 생각, 감정, 욕구들을 중요한 것으로 생각할 수 있게 된다. 이것은 자신의 모습에 주의를 기울이고 중요한 다른 이들에게 표현하는 것으로 이어진다. 만약 이러한 경험들이 없어서 스스로를 존중하는 것에 어려움을 겪고 있다면, 자신의 의견, 감정, 욕구들을 타당하게 받아들이는 것은 더욱 힘든 일이 될 것이며, 다른 사람들에게 이를 표현하는 것 역시 어려워질 것이다.

타인에 대한 믿음은 우리의 바람, 두려움, 욕구를 배우자에게 표현하면 배우자가 우리 곁에 있을 것이라는 신뢰를 토대로 하고 있다. 우리가 몇 년간 봐 온 내담자들은 이를 "착륙할 수 있는 부드러운 곳", "기댈 수 있는 누군가를 가지는 것", "내 뒤를 누군가가 봐주는 것", "내 지친 머리를 쉴 수 있는 안전한 곳"으로 표현했다. 다른 사람들이 내 곁에 있을 것이라는 확신이 있을 때면, 우리는 배우자를 "내 쪽으로 끌어당겨서" 인정, 동정심, 실질적인 도움 등의 보살핌을 받을 수 있기를 기대한다. 이때 여기서 말하는 것은 건강하고 현실적인 기대감(예를 들어, 아플 때 도움을 요청하는 것 또는 두려울 때 위로 받기를 원하는 것)을 말하는 것이지, 말도 안 되는 과도한 권리 의식에서 나오는 높은 기대치(예를 들어 다른 친구나 가족을 빼고 오로지 혼자 사랑받고자 하는 것)를 말하는 것이 아니다. 당신 주변의 사람이 의지할 만하지 않거나 반응이 없다면, 당신이 내면의 감정과 욕구를 숨기는 것은 당연하다.

성찰하기 4.1에 나타나는 질문들은, 다른 사람들이 당신의 곁에 있어 줄 것이라고 얼마나 확신하는지, 다른 사람들과 친해지고 다른 사람이 당신에게 다가가는 것에 얼마나 편안함을 느끼는지를 살펴보는 것들이다.

## 성찰하기 4.1 애착에 대한 믿음과 기대

배우자 및 가까운 사람들이 나를 얼마나 받아 줄 것이라고 자신하는가? 1(전혀 아니다)부터 10(아주 그렇다)까지를 나타낸 줄에 표시하시오.

배우자와 다른 중요한 사람들이 내가 필요할 때에 내 곁에 있어 줄 것이라고 얼마나 확신하는가?

1 2 3 4 5 6 7 8 9 10

필요할 때 나는 얼마나 보살핌과 격려를 받을 만한 사람이라고 여기고 있는가?

1 2 3 4 5 6 7 8 9 10

배우자와 다른 친밀한 사람들이 나에게 다가올 수 있도록 하는 것에 얼마나 편안함을 느끼는가?

1 2 3 4 5 6 7 8 9 10

타인에게 도움이나 친밀함을 부탁하는 것에 얼마나 자신감을 느끼는가?

1 2 3 4 5 6 7 8 9 10

배우자와 중요한 타인들에게 지지를 하는 것에 얼마나 편안함을 느끼는가?

1 2 3 4 5 6 7 8 9 10

당신의 답변은 1점에서 10점 사이에 어디쯤 위치하고 있는가? 각 질문들은 '만나고 연결되는 것'이 친밀한 관계 속에서 어떻게 형성되고 있는지에 대한 다음 두 가지 요소를 나타내고 있다.

- 당신이 주의가 집중되고 보살핌을 받을 만한 사람인지에 대한 믿음
- 다른 사람들이 당신의 곁에 있어 줄 것이라는 신뢰

타인과의 관계에서 당신이 긍정적이고 보살핌을 받은 경험들이 있다면 당신은 스스로를 사랑받을 만한 가치가 있다고 여길 것이며, 당신의 요구에 따라 애정이 담긴 반응을 기대할 것이다. 또한 당신은 친밀한 관계에서 자신이 원하는 것을 요구하는 것에도 어려움을 느끼지 않을 가능성이 크다. 이러한 요청들은 당신이 필요한 것이 무엇인지 알리는 신호이면서 애정이

드러나는 방식으로 전달될 것이다. 당신은 배우자의 비슷한 표현들에도 열린 마음으로 대답할 것이다.

배우자에게 하는 요청들은 다음과 같다.

"내일 대장 검사에 같이 가 줄래요? 검사과정이 너무 긴장돼요."
"내일 직장에서 있을 발표 때문에 너무 불안해요. 같이 한번 검토해 주세요."
"오늘 기분이 좋지 않은 일이 있었는데, 당신에게 말하고 싶어요."
"지난 몇 주간 굉장히 바빴는데, 당신이 보고 싶었어요. 주말에는 같이 꼭 시간을 보내요."
"잠깐 스트레스를 풀 시간이 필요해요. 그러고 나면 당신과 함께 있을게요."

## 무엇이 두 가지 기본 질문들에 대한 답변을 결정하는가?

친밀한 관계에서는 누구든 두 가지 기본적인 질문들을 가지기 마련이다. 첫째, "나는 사랑스럽고 보살핌을 받을 만한 사람인가?", 둘째, "필요한 경우에 내 배우자에게 의지할 수 있을까?"이다. 자신에 대한 사랑스러움과 가치를 의심하는 것은 고통스러운 일이며, 배우자가 의지할 만한지, 관심이 있는지에 대해 확신이 없는 것도 마찬가지이다. "맞아, 나는 보살핌을 받을 만해!"와, "맞아, 내 배우자는 내 곁에 있어 줄 거야!"라고 자신 있게 대답할 수 있는 것은 다음 세 가지 요인의 영향을 받는다.

- 부모와의 관계의 질
- 성장 과정에서 애착 대상으로부터 받았던 보살핌의 질
- 이성 파트너와의 애정 관계의 질

이러한 경험들은 잊혀지지 않는 흔적을 남겨, 자기 자신이나 친밀한 관계에 대한 믿음을 형성하는 데 영향을 준다.

우리가 자라면서 지속적이고 지지적인 보살핌을 받아 왔다면, 좋은 관계를 유지하는 부모님이 있는 가정환경에서 자랐고, 배우자가 지지적이고 신뢰된다면 우리는 자기가치감을 가지고 친밀한 관계를 맺는 것에 대해 긍정적인 믿음을 가질 확률이 매우 높다. 이 세 가지는 안정적인 애착을 맺는 성인들이 대체로 가진 배경들이다.

하지만 우리가 어린 시절 받은 보살핌이 일정하지 않고, 신뢰할 수 없거나, 충돌이 심하고, 무섭고, 예측할 수 없고, 폭력적이거나 방관하는 환경처럼 건강한 삶을 영위하는 데 도움을 주지 못했고 이전에 사귀었던 이성 상대로 실망했거나 '상처'를 입었다면, 우리는 스스로의 가치에 대해 확신이 서지 않고 친밀한 관계를 가지는 것이 안전하지 않게 느껴질 수도 있다. 또한, 부모가 계속 싸우는 것을 보고 자랐다면 이는 우리가 관계에 가지는 기대에 영향을 줄 것이다. 이러한 경험은 성인이 되었을 때, 친밀한 관계 속에서 불안정감을 느끼는 사람들이 이야기하는 것이다.

## 성찰하기 4.2 나의 애착 역사

자신의 애착 역사를 돌아보는 시간을 갖자.

### 아동기

어린 시절 기분이 상했을 때, 당신을 안아 주고 위로해 줄 수 있는 '품'이 있었는가? 만약 있었다면, 누구에게 위로를 받았는가?

..........................................................................................

..........................................................................................

..........................................................................................

..........................................................................................

그 사람은 당신에게 어떤 반응을 보였는가?

..........................................................................................

..........................................................................................

..........................................................................................

..........................................................................................

(다음 쪽에 계속)

그 사람의 반응은 얼마나 한결같았는가?

이런 경험들을 통해 당신은 위로와 안정을 요구하는 것에 대해 무엇을 배웠는가?

만약 당신의 첫 번째 답변이 '아니요'였다면, 당신은 스스로를 어떻게 위로했는가?

위로받기 위해 상대방에게 기대지 않는 법을 어떻게 배웠는가?

## 부모님의 관계에 대한 관찰

부모님의 관계를 설명하는 형용사 세 가지를 적어 보자.

부모님의 관계를 바탕으로, 당신은 관계 결합에 대해 무엇을 배웠는가?

(다음 쪽에 계속)

**성인기**

배우자에게 속마음을 털어놓고 위로를 받을 수 있었던 적이 있는가? 그 경험을 설명해 보자.

..................................................................................................................................

..................................................................................................................................

..................................................................................................................................

..................................................................................................................................

당신은 보통 관심과 접촉을 위해 배우자에게 어떻게 접근하는가?

..................................................................................................................................

..................................................................................................................................

..................................................................................................................................

..................................................................................................................................

심리적인 위로를 받기 위해 술, 마약, 성관계 또는 다른 방법을 찾은 적이 있는가? 있다면 무엇이었는지 설명해 보자.

..................................................................................................................................

..................................................................................................................................

..................................................................................................................................

..................................................................................................................................

이전의 이성 관계에서의 충격을 받은 일로 인하여 배우자에게 다가가기가 힘든가?

..................................................................................................................................

..................................................................................................................................

..................................................................................................................................

..................................................................................................................................

만약 아동기에 애착에 대한 긍정적인 경험들을 가지고 있다면, 성인이 되어서 이를 애정 관계로 연장시키고 싶어 하는 것은 당연한 일이다. 애착관계를 형성하기 힘든 환경에서 자라났다면, 결핍된 것을 원하는 것 역시 당연한 일이다. 우리는 부부관계를 처음부터 다시 시작해서, 친밀한 관계가 안식처가 될 수 있는 경험을 제공하는 기회로서 생각한다. 이는 이전에 안정적인 관계를 경험해 본 적이 전혀 없는 배우자와도 성취할 수 있는 것이다. 지금 배우자가 안식처로 느껴지지 않는다고 하더라도 변화할 수 있다.

우리는 이러한 일들이 일어나는 것을 여러 번 보았다.

개인적인 성찰이 여러 불편한 감정들을 자극했을 수도 있다. 하지만 이것들은 현재 당신의 관계에서 도움을 주고받는 것에 대한 경험들을 깨닫게 도와줄 수 있는 것들이다. 당신의 배우자도 마찬가지이며, 당신이 열린 마음으로 대화하고 반응한다면, 상대 배우자에 대한 이해와 서로 의지하고 힘이 되어 주는 경험을 할 수 있을 것이다.

나아가 어려운 상호작용에서 나타나는 당신과 배우자의 반응들이 경험, 상처, 실망과 관련된 지표가 될 수도 있다. 긴장된 순간에 분노, 거부, 의견 무시, 마음의 차단과 같은 반응들은 개인적으로는 큰일로 다가올 수도 있다. 하지만 지금 일어나고 있는 일들은 당신이나 배우자가 과거에 입은 상처들의 흔적이며 대처 방식이다. 서로의 이야기를 나누는 것은 더 넓은 관점을 가지도록 하는 것이다.

## '기대에 못 미치는' 것에 대처하기

인간의 정신은 바람직하지 못한 상황을 참아 낼 만큼 강인하다. 연구자들은 애착 결핍 환경에 대처하는 방법을 밝혀냈다. 우리 안에 내재된 생존에 대한 욕구는 상대방의 여유나 거부에 대한 신호를 잡아 낼 수 있도록 주의력을 상승시키거나, 친밀함과 격려에 대한 욕구를 차단시키도록 한다. 애착 '안테나'를 켜고 높은 경계심을 가지는 사람들은 타인한테 거부당하거나 상대방이 친밀한 관계를 원하지 않을까 봐 불안해하고 초조해한다. 사람들은 배우자가 곁에 있어 주지 않는다는 느낌을 자주 받는다고 말한다. 그들은 배우자에게 집착하거나, 배우자를 감시하고 조종하려 드는 것처럼 보이는 경향이 있다.

그 반면, 애착 안테나를 끄는 사람들은 과도한 친밀감에 불편함을 호소하며, 스스로를 자립심이 강하다고 여기고 타인에게 그다지 의존하려 들지 않는다. 이런 반응들은 모두 과거의 충족되지 못했던 양육 환경이나 안전하지 못했던 애정 관계의 맥락에서 이해할 수 있는 것들이다. 하지만 그 당시 관계들에서는 생존에 도움을 주었던 것들이, 현재의 애정 관계에서는 큰 도움을 주지 못하고 있는 것이다.

**성찰하기** 4.3에 나열한 행동들과 앞서 제2장에서 살펴본 공격 행동들과 위축 행동들 간의 공통점이 보이는가?

## 성찰하기 4.3 얼마나 많은 과거가 영향을 미치는가?

당신의 아동기와 성인기 애착관계가, 타인이 당신의 욕구에 관심을 기울일 것이라는 신뢰에 어떠한 영향을 주었는가?

각각 당신에게 알맞은 문장을 골라 완성하시오.

내 안테나가 켜져 있을 때, 나는 다음과 같은 행동을 보인다.

내 안테나가 꺼져 있을 때, 나는 다음과 같은 행동을 보인다.

> 부정적 상호작용 고리를 형성하는 행동은, 불안을 느끼거나 애착 결합이 위협받고 있다고 생각할 때 느껴지는 고통에 대처하고자 하는 최선의 시도이다.

당신이 거부당하거나 거절당하는 것에 대해 불안감을 느끼는 것을 깨닫는 것이 당신이 불행해지거나 성공적이지 못한 애정 관계를 가지거나, 또는 결함이 있는 존재로밖에 있을 수 없다는 것을 의미하지는 않는다. 당신과 배우자가 친밀한 관계에서 주로 어떤 감정을 느끼는지 이해하는 것은 서로를 더 잘 이해하고, 어떠한 영향을 상대에게 미치는지 깨달을 수 있는 기회를 준다. 상대방에 대한 이해는 곧 치유와 변화를 의미하기도 한다. 관계는 더 좋아질 수 있으며, 그 결과 자신과 배우자에 대한 인식 역시 변화할 수 있다. 불안감을 느끼는 배우자는 자신이 사랑스러운 존재이고 그들의 배우자도 신뢰할만하고 반응을 보이는 사람이라는 것을 깨닫게 될 것이다. 회피하는 배우자는 자신의 배우자가 개인적인 공간과 개별성에 대한 자신의 욕구를 존중해 줄 수 있는 사람이라는 것을 알게 될 것이다. 중요한 것은 부부가 함께 노력하여 서로의 민감한 점들을 이해하고 존중하고 더욱 안정감을 느낄 수 있도록 하는 것이다.

배우자와 성찰하기 내용에 대해 이야기 나누는 시간을 가지자. 서두르거나 동시에 다른 일을 하지 않고, 둘의 대화가 우선순위가 되는 시간을 만들어야 한다. 각자의 이야기를 조금씩 번갈아 가며 해 보자. 상대방의 이야기를 들을 때에는, 그저 최선을 다해 주의를 기울여 준다. 배우자가 하는 말에 감동을 받아도 좋지만, 해결책을 제시해 주어야 한다는 의무감은 가질 필요가 없다. 대화하고 듣는 것을 통해 무엇을 느꼈는지 표현하는 것으로 L-O-V-E 대화를 마무리하자. 자신의 말을 전달하고 서로를 더욱 가깝게 느낄 수 있도록 도와준 것이 무엇이었는지 생각해 보고 나누어 보자.

# 제5장

## 정서: 어떻게 이해할 것인가?

사랑에 빠지고, 연인을 알아 가고, 부부관계를 유지하며, 가족을 꾸려 가고, 나이가 들어 배우자를 보살피는 등의 부부와 가족생활의 모든 단계들은 여러 가지 정서적인 경험들과 관련이 있다. 행복하고, 위로받고, 신나거나 흥미로운 감정과 같이 긍정적인 정서 경험을 할 때 우리는 기분이 좋다. 하지만 외롭거나, 상처를 받거나, 화나거나, 두렵거나, 질투가 날 때처럼 부정적인 정서 경험을 할 때 우리는 고통스럽거나 기분이 좋지 않다. 긍정적 정서나 부정적 정서들은 우리를 행동하게 만들며 배우자에게 영향을 미친다. 우리가 느끼는 것들은 우리의 행동에 영향을 주며, 배우자가 우리의 행동에 대하여 느끼는 감정들 역시 그들의 행동에 영향을 준다. 성공적인 관계에서 이러한 상호작용은 듣기, 반응하기, 그리고 털어놓기의 성공적인 고리를 형성하는 반면, 위기의 관계에서는 이러한 상호작용은 굉장히 불쾌하고 때로는 제2장에서 나타난 부정적인 고리의 상황으로 흘러가기도 한다.

당신이 정서에 대해 더욱 깊이 탐색하기를 바라는데, 그 이유는 정서적 경험이 모든 친밀한 관계에서 매우 중요한 역할을 하기 때문이다. 제5장은 당신의 부정적인 고리에서 소용돌이치는 정서의 바다를 소개하고 있다. 당신이 '스노클링'을 하는가, '스쿠버다이빙'을 하는가에 따라 다른 바다를 경험하게 될 것인데, 이는 정서의 세계에서도 마찬가지이다. 만약 당신이 어려운 상호작용의 표면 바로 밑에서 얼굴을 담그고 스노클링을 한다면, 당신은 부정적인 고리에서 가장 뚜렷하게 드러나는 정서들(예를 들어, 당황함, 분노, 무력감, 자포자기 등)을 대면하게 될 것이다. 이 장은 정서의 세계에서 스노클링과 스쿠버다이빙을 구분하는 것에 집중하여, 당신과 배우자 사이의 고리에서 어떤 것이 나타나는지 볼 수 있도록 도울 것이다. 나아가 제6장은 몇몇 주요한 핵심 정서들을 구분하고 더욱 깊이 잠수하여, 부정적인 의사소통에서 나타나는 두려움, 약점, 불안정감을 발견할 수 있도록 도울 것이다. 배우자와 안정적 결합을 맺는 것은 자신과 배우자의 더 깊은 정서와 욕구들을 살펴보는 것을 필요로 한다. 스스로의 정서적 욕구를 탐색하고, 이를 공유하며 서로에게 다가가는 것은 관계의 어려움을 헤쳐 나가는 데 도움이 될 것이다. 제7장은 정말로 관계를 어렵게 하는 것들, 예를 들어 경멸, 수치심, 죄책감 그리고 질투와 같은 정서들을 이해하는 데 도움을 줄 것이다.

정서들이 중요한 정보들을 어떻게 주는지 살펴보며 이에 대한 논의를 시작해 보자.

## 정서는 생존에 어떻게 도움이 되는가?

정서는 생존에 도움을 주는데, 이는 정서가 환경 변화에 대한 중요한 정보들을 주고, 의식적인 생각보다 훨씬 빠른 속도로 조치를 취하도록 하기 때문이다. 예를 들어, 숲에서 뱀을 닮은 물체를 힐끗 보는 것만으로도 등산객은 반사적으로 걸음을 멈추고 자리에서 물러서게 된다. 등산객이 "저게 뱀인가?" 하고 생각해 보기도 전에, 발이 먼저 위험으로부터 도피하고 있는 것이다. 등산객은 의식적으로 "저건 뱀이다."라고 말하기 전에 두려움이라는 정서로 반응하고 자기방어를 하게 된다. 그 순간이 지나고 나면 등산객의 뇌는 신중하게 물체를 판단하여, 그 물체의 색깔과 모양은 뱀과 비슷하지만 사실은 막대기나 두꺼운 나무줄기일 뿐이라는 것을 깨닫는 추가적인 절차를 거치게 된다. 등산객의 정서적 반응은 생존 가능성을 높이는 즉각적 행동을 불러일으키는 것이다.

정서는 또한 얼굴 표정이나 음성적 표현을 통해 상대에게 유용한 정보를 전달하기도 한다. 문화를 막론하고 사람들은 인위적이거나 자연스러운 사진들 속에서 공통적인 정서들을 인식할 수 있는 것으로 나타났는데, 이는 찰스 다윈Charles Darwin이 정서는 얼굴 표정으로 드러난다고 주장했던 것을 뒷받침하는 것이다. 친밀한 관계에서, 특히 얼굴 표정을 통해서 정서적 상태를 표현하고 인식하는 것은 상호작용에 대한 정보를 주며 방향을 제시한다. 배우자의 정서를 인식하고 이에 반응하는 것은 배우자가 보살핌을 받는다고 느끼며, 문제가 생기는 것을 막는다. 반대로 배우자의 욕구를 무시하는 것은 관심이 없다는 느낌을 불러일으킬 수 있다.

정서는 타인과 우리 자신에게 정보를 전달하는 것뿐만 아니라 어떠한 행동을 취하도록 만들기도 한다. 상황이 변화함으로써 특정 정서가 자극되는 경우, 예를 들어 배우자가 크게 소리 내어 울고 있고 갑작스럽게 어떤 고통을 느낀다면, 어떤 나쁜 일이 일어났다는 처음의 인식에 생리적 반응을 보이는 것이다. 이 경우, 배우자의 울음소리는 당신의 몸속에서 두려움의 홍수(예를 들어, 심장 박동 수의 상승, 창백해진 피부, 확장된 동공 등)를 이룰 것이며, 이는 배우자가 "넘어졌을까?"라는 생각으로 이어질 것이다. 결국 아주 짧은 순간의 감각, 느낌, 생각의 과정을 통해 당신은 행동을 하게 된다. 이때 두려움은 당신이 배우자를 도울 수 있도록 재빨리 움직이게 하는 것이다.

다음은 기본적인 핵심 정서의 예들과, 그것들이 어떻게 다른 행동들을 유발하는지 보여 준다.

- **두려움**은 우리 자신과 다른 사람을 보호하도록 한다.
- **놀람**은 새로운 순간을 인식할 수 있도록 눈을 크게 뜨고 멈추도록 한다.
- **분노**는 인식한 위협에 맞서도록 한다.

- 슬픔은 위로를 찾도록 한다.
- 수치심은 숨어서 타인에게 보이지 않도록 하게 만든다.
- 기쁨과 관계 행복은 우리가 타인을 긍정적인 에너지(예를 들어 느긋하고, 유쾌하고, 애정 어린 태도 등)로 대할 수 있도록 한다.

> 정서는 행동과는 구분된다. 짜증(느낌)과 공격(행동)은 다른 것이다. 정서는 우리가 어떤 행동을 취하도록 준비시켜 주지만, 아울러 자신의 정서를 조절하는 것은 적절한 행동을 하도록 한다.

신경과학자 자크 판크셉Jaak Panksepp은 정서를 "물려받은 고대의 도구들"이라고 표현하며 정서의 중요성을 말했다. 그는 핵심 정서는 우리가 생존하도록 돕는다고 설명하는데, 정서는 곧 우리가 놀고, 탐험하고, 번식하고, 타인을 돌보고, 스스로를 위험으로부터 보호하고, 슬퍼하며 타인과 관계를 맺을 수 있도록 돕기 때문이다.

## 정서적 경험과 표현에서의 성별 차이

당신은 배우자가 화가 나서 "왜 여자들은 꼭 감정적으로 굴어야 하는 거야!"라거나, "어떻게 남자들은 감정에 대해 이야기할 줄을 모르는 거야!"라고 중얼거리는 것을 들은 적이 있을 것이다. 어떤 경우든, 배우자와 안전한 정서적 교류를 하는 것은 매우 어렵게 느껴질 수 있다. 어쩌면 당신은 관계에서 중요한 쟁점들이나 문제를 해결하려고 할 때 배우자가 너무 과도하거나 너무 부족한 정서를 표현할까 봐 두려운지도 모른다.

정서적 경험과 표현에서 나타나는 성별의 문제는 과학자들과 상담사들 그리고 대중들의 흥미를 끌어냈다. 연구에 따르면 여성들은 남성들에 비해 정서 표현을 더 잘한다는 점과, 정서를 표현하는 데 더욱 큰 자신감을 드러낸다는 점이 입증되었다.

여성이 남성에 비해 정서를 자유롭게 표현한다는 점에서 어느 정도 성별의 차이가 나타나지만, 정서적으로 표현이 풍부한 남성들과 그렇지 않은 여성들도 분명히 존재한다. 상실, 위협, 폭력, 사랑과 보살핌에 반응하는 기본적인 정서는 남성과 여성이 똑같이 경험한다. 정서적 경험과 표현에서 나타나는 성별 차이는 사회화 과정의 직접적인 결과인 것이다. 부모, 교육자, 우리 사회는 소년과 남성들이 양육 과정에서부터 약한 감정들로부터 멀어지도록, 그리고 친밀한 관계에서 사랑을 표현하고 경험할 수 있는 능력을 접하지 못하도록 조장하고 있다. 이와 비슷하게 많은 소녀와 여성들도 분노를 표현하는 것과 자신감을 나타내는 것을 부끄러워하도록 양육되어 왔다.

다행히도 오늘날 서구 사회의 부모들과 교육자들은 양육 과정에서 그런 식의 성차별적인 접근법을 하지 않는다. 소년들과 남성들이 스스로의 연약한 정서를 인식하고 표현할 수 있도록 해 주는 것과, 소녀들과 여성들이 자기주장을 하고 자신감을 가지며 적절한 분노를 표출하도록 하는 것은 이제 사회적으로 잘 받아들여지고 있으며, 이는 미래 세대의 정신적 · 사회적 건강에 도움이 될 것이다. 특히 친밀한 관계에서, 남성과 여성이 다양한 감정을 인식하고, 이해하고, 이에 대해 이야기할 수 있는 능력은 배우자에게 소중한 것이며 환영받는 것이다. 이제 당신의 관계 속에서 나타나는 나 자신의 정서를 이해할 수 있도록 해 보자.

## 정서는 '관계라는 춤'의 핵심이다

친밀한 부부는 정서를 경험하고 이를 기반으로 행동한다. 어느 순간이든, 한 배우자의 행동은 상대 배우자의 정서적 반응을 이끌어 내기 마련이다. 제2장에서 제시된 윌리엄과 퍼트리샤의 경우를 살펴보자. 윌리엄이 퍼트리샤의 얼굴이 어두워지며 인상이 찌푸려지는 것을 보고 무언가가 잘못되었다는 불편한 감정을 느낄 것이며, 이는 "오, 안 돼, 내가 무슨 말을 했길래 그녀가 화가 났지?"라는 생각으로 이어질 것이고, 그 결과로 그는 조용히 다른 방으로 자리를 뜰 것이다. 윌리엄이 떠나는 모습은 퍼트리샤에게 새로운 정서들을 자극할 것이다. 그녀는 상처를 받고 불만을 느끼며, "왜 그는 항상 중요한 할 말이 있을 때마다 자리를 옮기는 거야?"라고 생각하는데, 이는 "그럼 그렇지. 항상 일이 어려워질 때마다 도망가는 식이지."라고 외치는 공격 행동으로 이어질 수 있다. 그녀의 화난 목소리는 윌리엄에게 새로운 반응을 불러일으키고, 일련의 자극들, 감정들, 생각들과 행동들은 서로 왔다 갔다 하며 긴 연쇄 반응을 만들어 낸다.

이제 당신 관계의 정서적 경험들에 대해 생각해 보라. 배우자에 대해 생각해 보고, 배우자가 당신의 감정적 반응들을 자극하며 지었던 얼굴 표정, 말투, 행동을 떠올려 보자. 천천히 시간을 가지고 그 순간들을 떠올려 보라. 그 순간 몸에서 느꼈던 것들에 집중해 보고, 성찰하기 5.1에 제시된 시나리오 상황에 처한다면 어떻게 느낄지 생각해 보자.

이 시나리오들은 기쁨, 놀라움, 관심, 슬픔, 두려움, 분노와 상처 등 여러 가지 다양한 핵심 정서들에 대한 기억들을 떠올리도록 했을 것이다. 당신이 실제 있었던 일을 기억해 냈거나 가상의 시나리오에서 상상했던 반응의 강도는 사람에 따라 다를 수도 있다.

우리의 반응은 관계의 분위기에 따라, 개인으로서의 우리 모습에 따라 형성되는 것이다. 예를 들어 깊은 신뢰가 있고, 애정 넘치는 관계에서는 배우자의 언짢은 표정은 "무슨 일이에요, 여보?"라는 질문을 할 수 있을 것이다. 그 반면, 갈등과 불화로 가득 찬 관계에서는 배우자의 찡그린 얼굴이 "다음엔 무슨 일이 일어날까?"라는 경계심 어린 생각을 자극할 것이다. 우리의 정서적 반응은 배우자와의 상호작용 속에서 만들어지지만, 제4장에서 설명했듯이 친밀한 관계에서 타인과의 상호작용에 의해서도 영향을 받는다.

## 핵심 정서를 무시하면 어떤 일이 일어나는가?

기본적 핵심 정서가 생존에 도움이 되므로 그런 기본적인 정서들을 무시했을 때 생기는 일을 탐색해 보는 것이 필요하다. 어떤 상황에서 핵심 정서는 별로 도움이 되지 않는 방향으로 강해질 수 있다. 예를 들어 두려움

## 성찰하기 5.1 정서의 추적

| 만약 내 배우자가 ... | 보통 내 몸에서 느껴지는 것은... | 대개 내가 느끼는 것은 ... | 보통 내가 생각하는 것은... | 보통 내가 하는 것들은... |
|---|---|---|---|---|
| 예시: 행복한 모습으로 일찍 퇴근했다 | 눈이 크게 떠지고, 나는 놀라기도 하고 흥미를 느끼기도 해서 눈썹을 치켜뜬다. 내 관심은 배우자가 귀가하는 것에 있다. | 나는 놀라고 호기심을 느낀다. | 배우자가 집에 이렇게 일찍 와서 뭘 하는 걸까? 흠. 무슨 일이 일어난 게 틀림없어. | 내가 하던 일을 멈추고 배우자에게 다가가 무슨 일인지 물어본다. |
| 나를 잔뜩 찌푸린 얼굴로 본다. | | | | |
| 내가 한 무심한 말들에 상처받아 운다. | | | | |
| 화난 목소리로 내 이름을 부른다. | | | | |
| 유쾌한 목소리로 내 이름을 부른다. | | | | |
| 나에 대해서, 또는 내가 사랑하는 사람에 대해서 비판적인 말들을 한다. | | | | |
| 내가 내게 중요한 것들에 대해 이야기하면 도망친다. | | | | |

은 공황 상태로 전개될 수 있고, 분노는 격노나 분개심, 그리고 슬픔은 우울로 이어져서 건설적인 행동을 불가능하게 만들어 버릴 것이다. 이런 상황에서 정서의 강도는 도움이 되지 않는 것이다. 우리는 그 강도에 압도당하게 될지도 모른다.

이렇게 현재의 불화에서 발생하는, '급작스럽게' 나타나거나 '과도한' 반응들은 현재 관계의 불화에서 부정적인 경험들과 연결되어 있을지도 모른다. 예를 들어, 여러 차례의 해결되지 못한 말다툼들과 오랜 시간에 걸친 부정적인 상호작용을 통해 누적된 감정들, 또는 이전의 친밀한 관계에서 겪었던 트라우마나 버림받은 경험 등이 그것들이다. 그 예로, 아내와 갈등 상황이 생기면 항상 우울함을 느끼는 어떤 남성의 경우, 알고 보니 그는 충분한 관심을 받을 수 없었던 대가족의 일원이었다. 어린 시절 경험에서 그는 자신의 욕구나 상처에 대해 말해 봤자 소용없다는 것을 배웠고, 그것들을 속에 억누르고 무력감을 느낀 결과, 이는 우울과 패배감으로 이어졌다. 그는 아내가 강한 주장을 펼칠 때마다 아내의 강압적 태도라는 그늘에 다시 한 번 가려졌다고 느꼈고, 그래서 마음을 닫고 과거에 익숙했던 절망적인 자리로 되돌아갔다. 과거에 쓸모 있었던 대처 방식들이 현재 그의 행동에 영향을 미치고 있는 것이다. 그의 삶의 경험을 이해하고 탐구하는 것은 이 부부가 더 나은 상호작용을 할 수 있도록 해 주었다.

우리가 핵심 정서에 신경을 쓰지 않는다면, 그것들은 강화될 뿐만 아니라 핵심 정서를 가리고 애매하게 하는 다른 정서들로 전환될 수도 있다. 상처로 인한 연약한 감정들은 분노나 냉담한 거리감으로 바뀔 수 있다. 어떤 사람들의 경우 불안한 회유나 수동성은 자신을 표현하는 것이 거부당할까 봐서 가지는 두려움이다. 마찬가지로 우리 스스로의 고통이나 불안전감이 타인의 고통을 즐기는 것, 또는 타인의 성공에 대한 극심한 질투로 변한다면 이러한 정서들은 도움이 된다고 볼 수 없는 것이다. 우리는 이 장의 나머지 부분에서 **반응성 정서**들에 집중할 것이고, 제6장에서는 당신의 부정적인 춤에서 경험되어지는 핵심 정서를 다룰 것이다.

어떤 사람들에게는 정서에 대한 다음의 질문들이 어렵게 느껴질 수도 있을 것이다. 어쩌면 당신은 정서를 느끼는 자체가 문제이고, 정서에 귀를 기울이거나, 정서를 믿거나 표현하면 안 된다고 배워 왔을지도 모른다. 만약 가족이나 이전의 관계에서 정서적으로 힘들거나 표현하기 어려운 경험을 했다면, 당신은 아마 정서들을 최소화하거나 차단하는 법을 배웠을 것이다. 때로는 엄청 어려운 환경에서, 감정을 차단하는 것은 생존을 위한 필수 요소였을 것이다. 반대로 당신의 어린 시절 경험들은, 상대방에게 감정을 전달하기 위해서는 목소리를 크게 내고, 고집을 부리고 심지어는 얼굴을 맞대어야 한다고 가르쳤을 수도 있다. 하지만 현재 관계에서는, 감정을 차단하고, 배우자로부터 위축되거나, 정서들을 격렬하고 강압적으로 표현하는 것은 더 이상 도움이 되지 않을 것이며 배우자가 당신을 가까이 대하기 힘들게 만들 것이다.

만약 이것이 당신이 느끼는 감정들이라면, 우리는 당신이 새로운 것을 시도하고 다음 성찰하기 문제들을 풀어 보길 권한다. 문제들을 천천히, 조금씩 나누어서 생각해 보고 자신과 배우자에 대해 무엇을 발견했는지 살펴보라.

## 성찰하기 5.2 나의 정서

나의 원가족 또는 다른 사람과의 관계에서...

정서를 경험하고 표현하는 것에 대해 배웠는가?

..............................

..............................

..............................

어떤 정서들은 받아들이고, 어떤 정서들은 받아들이지 못했는가?

..............................

..............................

..............................

나의 정서에 대해 가족들은 어떻게 반응했는가?

..............................

..............................

..............................

이전의 이성 관계에서 나의 정서들에 대해 내가 느낀 점은 무엇인가?

..............................

..............................

..............................

(다음 쪽에 계속)

이전의 이성 배우자는 나의 정서에 어떻게 반응했는가?

.............................................................................................................

.............................................................................................................

.............................................................................................................

## 성찰하기 5.3 도움이 되지 않는 부정적인 정서들의 강도

나는 때로 격해진 정서를 경험해서, 내가 느끼는 부정적인 정서의 강도를 제어하기 힘들어지거나, 내가 무엇을 느끼는지 알 수 없을 정도로 정서 결핍을 경험하는가? 만약 그렇다면, 내게 벌어지는 일은 대체로 다음과 같다.

.............................................................................................................

.............................................................................................................

.............................................................................................................

나는 어떻게 그것을 해결하려고 하는가?

.............................................................................................................

.............................................................................................................

.............................................................................................................

타인이 상처받거나 조롱당하는 것을 보고 기쁨을 느끼는 것과 같은, 내가 말하기 어려운 정서적 반응을 경험했던 적이 있는가?

.............................................................................................................

.............................................................................................................

.............................................................................................................

그 기억을 살펴볼 때, 말하기 어려운 정서들을 설명하는 다른 정서들을 발견했는가? (예를 들어, 내 스스로의 불안정감에 대한 두려움 또는 내 자신의 실수와 실패에 대한 수치심 등)

.............................................................................................................

.............................................................................................................

.............................................................................................................

## 반응성 정서

말다툼과 긴장된 대화에서 당신은 다음과 같은 느낌을 받은 적이 있는가?

- 슬픔(핵심 정서)을 느낀 다음 당황하거나 분노(반응성 정서)를 느낀 적이 있는가?
- 거부당하거나 실패자로 보이는 것에 대한 두려움(핵심 정서)에 대해 불안(반응성 정서)을 느낀 적이 있는가?
- 자신이 화(핵심 정서)가 났다는 사실을 타인이 알아버려서 무력감(반응성 정서)을 느낀 적이 있는가?

때로 당신이 경험하는 정서는 핵심 정서나 일차적 정서에 대한 반응성 정서인 경우가 있다. 위에 제시된 이차적 또는 반응성 정서들은 정서에 대한 정서이다. 처음에 떨쳐버린 핵심 정서들은 강렬하고 두렵게 느껴질 수 있기에, 반응성 정서들은 당신이 너무 연약해지거나 숨기고 싶은 정서가 노출되지 않도록 하기 위해서 나타나는 것이다. 보통 당신은 말다툼이나 긴장된 대화를 나눌 때 반응성 정서들을 접하게 된다. 당신이 바다 표면에서 스노클링을 할 때처럼, 그것들은 불안정감 아래 숨어 있는 상처, 슬픔, 두려움, 불안과 같은 불편한 감정들을 피할 수 있도록 보호해 줄 수도 있다. 어떤 정서가 핵심적이고 어떤 것이 반응성인지 구분하는 것은 어려울 수 있지만, 스스로를 돌아보고, 호흡을 늦추며 어떤 정서들이 먼저 나타나고 나중에 나타났는지 인식하는 것이 도움이 될 수 있다. 나아가 핵심 정서들은 반응성 정서들보다 더 부드럽고 연약하며, 타인의 반응을 잘 이끌어 낸다는 것을 아는 것이 도움이 된다. 분노의 경우에도, 반응적이고 방어적으로 나타나는 것처럼 보이지만, 핵심 정서일 때에는 자기주장적인 모습으로 나타난다. 표 5.1은 반응성 정서와 핵심 정서의 차이를 비교하고 있다.

양육 환경과 문화적 배경이 핵심 정서들에 영향을 미친다. 많은 남성들이 두려움(핵심 정서)을 느끼는 것에 대한 반응으로 방어적 분노(반응성 정서)를 표현하며, 많은 여성들이 일차적 정서로 분노(핵심 정서)를 느낄

**표 5.1 반응성 정서와 핵심 정서 구분하기**

| 반응성 정서 | 핵심 정서 |
|---|---|
| 다음에 대한 반응이다.<br>1) 당신 내면의 연약하거나 불편한 핵심 정서에 대한 것<br>2) 배우자의 반응성 정서들 | 당신 내면의 가장 깊은 곳에서 느껴진다.<br>대개 몸의 중요한 부분, 예를 들어 심장이나 뱃속에서 느껴진다. |
| 당신의 기본적 기능, 방패막이, 기묘한 수법 또는 적절한 수법으로 느껴진다 | 날 것, 새로운 것, 연약하고, 부드럽고 종종 새롭게 발견된 것으로 느껴진다. |
| 예: "나는 상처를 받았을 때 화가 나고 비난하게 된다." | 예: "나는 버림받을까 봐 내심 극심한 공포를 느낀다." |
| "말해 봤자 소용이 없기 때문에 나는 무력해서 손을 휘저어 버린다." | "나는 당신을 실망시켜서 너무 슬프다." |
| 당신의 부정적인 춤 주변을 헤엄치고, 파동을 만든다. | 속도를 늦추고 스스로와 배우자의 내면에 주의를 집중할 때 발견된다. |
| '스노클링'을 통해 발견되며, 말다툼과 긴장된 대화의 표면에서 나타나는 정서들이다 | 스쿠버 장치를 차고 "깊게 다이빙해야 한다." 질문할 것: 무엇이 정말로 나를 고통스럽게 했는가? 호기심을 가질 것: 당신에게 이것은 진심으로 어떤 의미를 갖는가? |
| 더 많은 반응성 정서들이 나타난다: 분노, 좌절감, 희망 없음, 짜증, 포기 | 반응을 낳는다: 사랑하는 마음, 보살핌, 동정심, 공감, 위로, 보호 |
| 당신의 부정적인 춤을 다음 단계로 증폭시켜 버린다. | 방어를 늦추고, 안심하게 만들며, 당신의 춤을 부드럽게 만든다. |

때 운다(반응성 정서). 과거 몇 년 동안 교통사고로 인해 원가족이 죽거나 부상을 당한 경험이 있는 어떤 남편은 아내가 연락도 없이 집에 늦게 들어올 때마다 두려움을 느끼게 되었다고 말했다. 그는 아내가 무사히 집에 도착하는 모습을 보고 그녀에게 화가 나서 소리를 지른 적이 있다고 말했다. 아내는 그의 분노만 보았을 뿐 내면에 있는 공포에 대해서는 알지 못했다. 당연히 남편의 분노하는 겉모습에 아내는 매우 놀라고 상처를 받았다.

이 부부는 나중에야 있었던 일에 대해 이야기를 나눌 수 있었다. 남편은 그가 갑작스럽게 화를 낸 점에 대해 사과하고는 아내를 교통사고로 잃는 것에 대한 두려움을 고백했다. 이는 아내가 남편의 분노를 다른 시각에서 이해할 수 있도록 도왔으며, 상처 대신에 관심을 불러일으켰다. 대화를 나눈 후 부부는 향후에는 귀가가 늦어지면 미리 알려 주기로 약속했다. 표면에 나타나는 분노와 비생산적인 반응에 거리를 두고 내면에 있는 연약한 정서적 경험에 대해 이야기를 하는 것이 서로를 더욱 이해하고 지지하도록 도운 것이다.

위의 예시처럼, 깊은 내면의 연약한 정서로부터 자신을 '보호'하는 반응성 정서들은 관계에서는 그다지 유용하지 않으며, 파괴적인 행동으로 이어질 수 있다.

> 연약함을 보이지 않으려는 자기방어는, 상대 배우자가 나의 진실한 내면을 보지 못하도록 하고 반응하지 못하게 한다.

관계를 개선하기 위해 상담에 오는 많은 부부들은 한쪽 배우자가 자주 비난하는 태도를 내보이거나 화를 낸다는 문제점을 가지고 있다. 비난하는 배우자의 내면에 숨어 있는 정서를 알고 나면, 핵심적인 슬픔과 외로움이 나타난다. 관계에서 나타나는 외로움은 매우 고통스러울 수 있다. "당신은 이제 일요일을 나와 함께 보내지 않아. 우리는 이전처럼 같이 지내질 않는다고!"와 같이 깊은 외로움이 분노에 찬 공격으로 이어질 때, 그 결과는 이미 거리를 두고 있는 상대 배우자를 더욱 멀어지게 하는 것이다. 마찬가지로 위축된 배우자는 실망하거나 실패하는 것에 대한 두려움을 드러내며, 이러한 감정은 문제 해결과 타협하기, 관계를 포기하는 데 영향을 미친다. 이러한 접근은 배우자의 소외감을 강화시켜서 더욱 많은 비난을 끌어낸다. 이렇듯 부정적 고리는 부부가 그들의 부정적인 춤에서 나타나는 슬픔과 두려움에 대해 이야기를 나누고 새로운 경험과 반응에 대한 가능성을 열어 두지 않는다면, 강해지고 더 커질 것이다.

> 부부는 보통 상대 배우자의 핵심 정서(예: 슬픔, 두려움)와 마주하는 것을 더 쉽게 느끼는데, 이것은 그것들이 더욱 연약하기 때문이다. 이차적인 반응의 표현(예: 짜증에 찬 좌절감, 무력감, 불안한 위축)들은 이차적인 부정적인 고리를 더욱 강화시키는데, 이는 그것들이 더욱 위협적이기 때문이다.

다음은 일차적이고 핵심적인 정서에 대한 이차적인 반응성 정서의 목록이다. 배우자와 상호작용에서 나타나는 반응성 정서들을 점검해 보자. 이것들은 보통 부정적인 상호작용에서 두드러지게 나타나는 정서이다. 우리는 핵심 정서를 노골적이며 연약하다고 느끼기 때문에 그것들을 쉽게 간과해 버린다. 반응성 정서들은 일반적으로 '기본 상태'이다. 느껴지기 쉬우며, 자신을 방어하면서 나타나는 정서들이다. 다음 반응성 정서들 중 당신에게 익숙한 것이 있는가? 최근에 당신과 배우자 사이에 있었던 상호작용 몇 가지를 떠올려 보자. 당신의 상호작용에 해당하는 것을 표시해 보자.

자주 나타나는 반응성 정서들

| 남편 ............................ | 아내 ............................ |
|---|---|
| 좌절감 | 좌절감 |
| 반응성 또는 방어적 분노 | 반응성 또는 방어적 분노 |
| 불안 | 불안 |
| 실망 | 실망 |
| 수치심 | 수치심 |
| 절박함 | 절박함 |
| 무력감 | 무력감 |
| 절망 | 절망 |
| 압도당함 | 압도당함 |
| 무감각함 | 무감각함 |
| 소외감 | 소외감 |

기타: ...................... 기타: ......................
기타: ...................... 기타: ......................

친밀한 관계에서 정서적 경험에 주의를 기울이고 변화하는 정서를 추적하는 것은 도움이 된다. 일차적이고 핵심적인 정서를 수용하고 이해하는 것과 그 정서에 대한 반응을 더 잘 이해하는 것은 배우자, 가족, 친구들과 더 효과적으로 상호작용을 할 수 있도록 도와줄 것이다. 정서에 맹목적으로 통제당하거나 굴복하는 것보다는 정서중심상담을 통해 정서와 지적 능력, 의지를 하나로 통합하는 것이 필요하다. 레스 그린버그Les Greenberg와 샌드라 파이비오Sandra Paivio가 제시한 것처럼, "우리는 머리와 마음을 합칠 필요가 있으며, 정서에 강요당해서도 안 되고 정서를 부정해서도 안 된다."

## 성찰하기 5.4 부정적인 춤에서 무엇을 느끼고 무엇을 표현하는가?

고리에서 나타나는 핵심 정서를 살펴보기 전에, 부부간의 부정적인 상호작용에서 당신이 표현하는 반응성 정서들을 되돌아보자. 반응성 정서는 깊은 핵심 정서에 대한 반응인가? 예를 들어, 당신은 외로움에 대한 반응으로 분노를 보이거나, 배우자에게 실망하는 것에 대한 두려움의 반응으로 위축감이 들거나, 자신의 분노에 대한 반응으로 무력감을 느끼는가?

당신이 고리에서 주로 표현하는 반응성 정서는 무엇인가?

..............................................................................................................................

..............................................................................................................................

..............................................................................................................................

..............................................................................................................................

이런 반응성 정서를 표현할 때 배우자와의 상호작용에서는 무슨 일이 일어나는가? 무엇이 당신을 자극하는가? 특정한 문장이나 행동, 모습, 말투일 수도 있다. 고리를 자극하는 것을 아는 것은 각자 상호작용을 어떻게 경험하고 있는지에 대한 정보를 아는 것이다. 서로를 비난하고자 하는 것이 아니다.

다음은 흔히 나타나는 예이다. 이 중 하나를 고르거나 직접 적어 보자.

........ 배우자가 점점 더 언성을 높이고 고집을 부릴수록, 나는 방어적인 분노를 통해 감정적으로 반응한다.

(다음 쪽에 계속)

........ 갈등이 시작되면, 나는 마음의 문을 닫고 무감각해지려고 한다.
........ 당신에게 어떻게 대답해야 할지 모를 때, 나는 무력감을 느끼며 압도당한다.
........ 당신이 벽을 쌓고 내가 다가갈 수 없게 만들 때, 나는 화가 난다.
........ 당신이 마음을 차단하고 자리를 뜨면, 나는 분노를 느끼며 이를 표현한다.

........................................................................................................................................
........................................................................................................................................
........................................................................................................................................
........................................................................................................................................

배우자의 반응성 정서를 보거나 경험할 때 무엇을 느끼며, 자신에게 무엇을 말하는가? (예: "그 사람은 나에 대해 신경 쓰지 않아.", "내가 말해 봤자 듣지도 않을 텐데 말해서 무슨 소용이야.")

........................................................................................................................................
........................................................................................................................................
........................................................................................................................................
........................................................................................................................................

당신이 반응성 정서를 표현하는 것이 배우자에게 어떤 영향을 주는가?

........................................................................................................................................
........................................................................................................................................
........................................................................................................................................
........................................................................................................................................

이것이 부부간의 부정적인 상호작용의 고리에 어떻게 기여하는가?

........................................................................................................................................
........................................................................................................................................
........................................................................................................................................
........................................................................................................................................

다음의 문장을 함께 완성해 보자.

내가 ......................하는 반응성 정서를 표현하면, 당신은 ..........................하는 반응성 정서로 대답한다.

내가 ......................하는 반응성 정서를 표현하면, 당신은 ..........................하는 반응성 정서로 대답한다.

**퍼트리샤**

**내가 하는 행동**

접근하기, 설득하기, 요구하기, 심문하기, 비난하기

**내가 하는 사고**

**나에 대해서:** "나는 왜 그에게 다가갈 수 없을까?"
**당신에 대해서:** "그는 항상 나를 두고 사라져!"

**나는 정서적으로 다음과 같이 반응한다:**

반응성 분노, 불만, 절망, 불안

**윌리엄**

**내가 하는 행동**

논리적으로 말하기, 현실적이기, 방어하기, 항복하기, 거리 두기, 문제 축소하기

**내가 하는 사고**

**나에 대해서:** "오, 내가 또 무슨 잘못을 했지?"
**당신에 대해서:** "그녀는 항상 자기 마음대로 해."

**나는 정서적으로 다음과 같이 반응한다:**

반응성 분노, 불안, 압도당함, 실망감, 소외감

**내가 속으로 느끼는 정서**
초조함

**내가 속으로 느끼는 정서**
불안정함

**그림 5.1 행동, 사고, 반응성 정서를 통해서 본 퍼트리샤와 윌리엄의 관계 분석**

퍼트리샤와 윌리엄의 고리는 부정적인 고리의 대처 행동 기저에 놓인 사고 및 반응성 정서와 함께 더욱 팽창되어 갔다.

당신의 고리를 함께 완성해 보라. 예시를 따라 문장을 완성해 보는 것이 도움이 될 수 있다.

> 예시: 나는 외로울 때(핵심 정서), 배우자에게 주로 짜증(반응성 정서)을 내는데, 배우자는 나에게 충분한 시간과 지지를 해 주지 않기 때문이다(사고). 짜증이 날 때면 나는 비난을 한다(행동). 내가 비난하면(행동), 내 배우자는 자신을 방어하려(반응성의 부정적 행동) 든다. 그러면 배우자는 상처 입은/비난 받은/공격 받은 느낌이 든 걸까?

이름: ............................
나는 ..............(핵심 정서)하다고 느낄 때면 보통 ..............하게

느끼고/생각한다(반응성 정서/성찰하기). 그러면 나는 둘 간의 상호 작용에서 ..............한다(행동). 당신은 ....................(반응성의 부정적 행동)으로 대답하고, 이것은 당신은 ....................하게 느끼고 있는 것일 수 있다.

예시: 배우자를 실망시킬까 봐 두려워지면(핵심 정서), 보통 스스로에게 "나는 절대 이걸 제대로 할 수 없을 거야."(생각)라고 말하며 짜증을 내고(반응성 정서), 거리를 두고 논리적이 된다(행동). 이에 내 배우자는 더욱 목소리를 높이고 삿대질(반응성 부정적 행동)을 하는 것으로 대응한다. 아마도 배우자는 상처 입은/무시당한/마음이 닫히는 느낌이 드는 걸까?

이름: ............................
나는 ..............(핵심 정서)하다고 느낄 때면 보통 ..............하게 느끼고/생각한다(반응성 정서/성찰하기). 그러면 나는 둘 간의 상호 작용에서 ..............한다(행동). 당신은 ....................(반응성의 부정적 행동)으로 대답하고, 이것은 당신은 ....................하게 느끼고 있는 것일 수 있다.

당신이 아직 핵심 정서를 찾아낼 수 없다고 해도 괜찮다. 제6장에서는 핵심 정서를 더욱 깊이 탐구해 볼 것이다.

## 배우자와 함께하는 시간을 만들자

준비가 되었다면, 배우자와 당신의 성찰하기에 대해 이야기를 나누고 배우자와의 성찰하기에 관심을 기울여 보자. 자신의 반응, 인식, 부정적인 춤에서 자신을 직면하는 것에는 힘과 용기가 필요하다. 성찰하기에 집중하고, 부부관계나 배우자에 대한 불평으로 주제를 흐리는 것을 피하라. 부부 모두가 시간을 가지고 성찰하기에 대해 편안히 이야기할 수 있는 기회를 만들어야 한다. 제5, 6, 7장에서 제시된 성찰하기 연습문제들은 한두 번의 대화만으로 모든 문제를 해결할 수 있도록 해 주는 것이 아니다. 인내심을 가지고 이후의 장에서 나타나는 대화들을 계속해서 나누어 보고 다음을 기억하자.

**L**—*Listen*, 듣고
**O**—*Open*, 열린 마음으로
**V**—*Validate*, 서로를 소중히 여기고 인정하며
**E**—*Express*, 생각을 부드럽고, 간단하고, 천천히 표현하기

배우자의 말을 들으면서 "배우자가 자신의 정서를 나에게 더 편안하게 털어놓을 수 있도록 내가 어떻게 도울 수 있을까?"라고 자신에게 되물어 보자. 배우자에게 직접 질문을 할 수도 있다. 배우자를 존중하는 자세로 들어 보자. 배우자의 정서적 경험을 이해하기 힘들더라도 괜찮다. 그럼에도 불구하고 듣고 배우려고 노력하라. 새로운 정보가 당신에게 불편한 기분을 느끼게 하더라도 개방적 태도를 유지하라. "당신이 잘 이해되지 않는데 그래도 이해하고 싶어요. 더 말해 줄 수 있어요?"라고 말할 수도 있다. 이런 주제들은 한 번의 대화로는 부족할 수 있으며, 특히 어느 한쪽이 지친 경우에 더욱 그렇다. 서로 대화를 지속할 것이며, 이를 위해 시간 약속을 하고, 대화를 꼭 다시 시작하는 것이 최선이다.

**이름 ......................**

**내가 하는 행동**

............................................................

............................................................

............................................................

**내가 하는 사고**

**나에 대해서:** ..........................................

............................................................

**당신에 대해서:** ......................................

............................................................

**나는 정서적으로 다음과 같이 반응한다:**

............................................................

............................................................

**이름 ......................**

**내가 하는 행동**

............................................................

............................................................

............................................................

**내가 하는 사고**

**나에 대해서:** ..........................................

............................................................

**당신에 대해서:** ......................................

............................................................

**나는 정서적으로 다음과 같이 반응한다:**

............................................................

............................................................

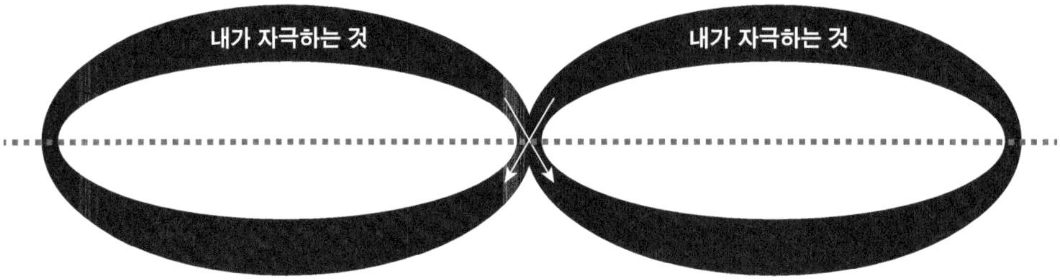


**내가 속으로 느끼는 정서**

............................................................

............................................................

**내가 속으로 느끼는 정서**

............................................................

............................................................

**그림 5.2** 행동, 사고, 반응성 정서를 통한 우리의 관계 분석

**표 5.2 정서에 대해 이야기할 때 문제점 해결하기**

부정적인 고리들을 조심하라! 성찰하기 내용을 나눌 때 도움이 되지 않는 상호작용에 주의하자. 다음을 통해 자신을 체크해 볼 수 있다:
"내가 배우자를 너무 몰아붙이거나 비판하는가? 배우자가 내 판단으로부터 안전해지려고 거리를 두고 있는가?"
"내가 이 연습문제를 너무 싫어라 해서 배우자가 불편하고 혼자라고 느끼며, 그래서 배우자가 나를 몰아세우는 것인가?"

만약 이런 일이 생기고 있다면, 다음 제안들이 당신을 도울 수 있을 것이다:

1. 당신의 성찰하기에 대해 말하는 것을 그만두고 조용히 앉아 있자. 도망가지 말아야 한다.
2. 둘 중 하나에게 긴장감이 느껴진다면, 심호흡을 하고 잠깐 멈추어 보자.
3. 함께 대화를 시도할 때 무슨 일이 있었는지에 집중하라. 지금 자신의 내면의 경험에 대해 조용히 이야기하라 (예: "방금 나는 당신이 웃을까봐... 불편함/바보같은/두려움을 느꼈어요." 또는 "우리가 이전의 고리/패턴으로 빠져드는 것 같아요. 조금 속도를 늦추어 볼까요?").
4. 방금 당신의 내면에서 무슨 일이 일어났는지 간단한 말로 표현해 보라 (예: "방금 두려움에 대해서 이야기할 때 정말 화가 났어요. .......에 대해서 생각해 보는 것만으로도 속이 불편해요.")
5. 배우자가 연약한 감정에 대해 털어놓을 때 곁에 있어 주어야 한다: 그 말은, 주제를 돌리거나, 방을 나가버리거나, 갑자기 신문을 읽는다든지 해서는 안 된다는 뜻이다. 당신이 이 감정에 대해 신경을 쓰고 배우자를 걱정한다는 사실을 배우자가 알도록 해 주어야 한다.
6. 불편한 정서를 자극했던 일을 마치 없었던 일처럼 할 수는 없지만, 지지적 자세로 들어 주는 것은 도움이 많이 될 것이다. "그것이 당신을 불편하게 만들다니(배우자가 쓴 표현을 직접 사용하라) 정말 미안해요. 잠깐 속도를 늦추어 봐요... 지금 하고 싶은 말이 또 있나요?" 같은 말이 도움이 될 수 있을 것이다.
7. 배우자가 자신의 경험을 당신과 나누는 것이 당신에게 방어적인 감정이 들게 한다면, 일단 멈추고 평정심을 유지하려고 노력하라. 스스로를 방어하려고 드는 표면적인 감정보다는 당신 내면에 있는 감정들에 집중하라. 당신은 더 깊은 감정을 표현할 수 있게 될 것이다 (예: "당신이 .......라고 말하는 것을 들으면 나는 상처를 받고 비난 받는 기분이 들어요.").

자신의 속마음을 나눌 시간을 가져 보자. 배우자에게 이 활동을 함께 해 주어 고맙다고 말하라. L-O-V-E 대화를 마치기 전에, "이건 나에게 어땠는가?"라고 자신에게 물어보고, 배우자에게 "어떤 느낌이 들었어요?"라고 물어보라. 서로 생각을 나누어 보자.

# 제6장

# 정서

## 우리가 느끼는 것은 무엇인가?

친밀한 관계는 대화, 기념일, 말다툼, 함께하는 활동같이 문제를 해결하는 과정들에 내재되어 있는 정서를 바탕으로 하고 있다. 가족이나 친구들과 함께하는 수많은 교류들은 매일 우리 내면의 정서적 반응을 일으킨다. 마찬가지로, 우리도 역시 계속해서 다른 사람들의 정서적 반응을 불러일으킨 것이다. 그러므로 흔히 마주하게 되는 긍정적인 정서들(행복, 기쁨, 사랑)과 부정적인 정서들(슬픔, 분노, 두려움)에 대해서 더 자세히 알아보자. 이들은 제5장에서 설명한 핵심 정서들이다. 이 장에서 제시된 연습문제들은 스쿠버다이빙, 즉 스스로의 핵심 정서들을 더욱 진지하게 되돌아보고 부부가 내면의 감정들을 어떻게 표현하는지 살펴볼 기회를 줄 것이다.

## 행복, 기쁨, 그리고 사랑

우리가 행복할 때는 '세상 모든 일이 잘 되어가는' 느낌이 든다. 행복은 미소나 웃음을 통해 우리 얼굴에 드러난다. 미소는 친근한 의사소통을 표시하는 전 세계적 신호이기도 하다. 동화의 결말에는 보통 많은 미소와 웃음이 따르는데, 이는 신랑과 신부가 대개 "오래오래 행복하게 살았다."라고 기술되기 때문이다. 부부가 엄청난 행복을 느끼면서 인생의 매 순간을 함께 보내리라고 기대하는 것은 비현실적일지라도, 많은 부부들이 수십 년이 지난 후에도 결혼을 인생 최고의 부분이라고 느끼는 점, 그리고 현 배우자를 고른 것이 최고의 선택이었다고 말하는 점을 강조할 필요가 있다.

## 행복한 부부들

존 가트먼John Gottman은 행복한 부부와 불행한 부부를 몇 년 동안 연구한 결과, 행복한 관계를 유지하는 부부들이 항상 행복한 것만은 아니라고 주장한다. 성공적인 부부관계는 여러 가지 방법으로 맺어질 수 있다. 어떤 부부는 서로 인정하고, 어떤 부부는 열정적이며, 또 어떤 부부는 갈등을 회피한다. 이 모든 부부들이 관계에 만족한다고 말할 수 있다. 서로 인정하는 부부는 각자 격려와 지지를 보낸다. 열정적인 부부는 부정적 정서와 긍정적인 정서 모두를 많이 표현한다. 갈등을 회피하는 부부는 그들의 관계에서 생기는 갈등을 최소화하려고 하는데, 이는 회피로 인한 갈등이 심각할 때도 그러하다.

## 낭만적 사랑의 요소들

방식에는 차이가 있더라도, 부부에게 행복과 기쁨을 가져다주는 관계들은 대체로 친밀감, 열정, 헌신이라는 세 가지 필수 요소들을 갖추고 있다. '사랑의 삼각형 이론'에서, 친밀감은 각자의 내면을 솔직하게 털어놓고 서로 의지하며, 상대에 대한 이해와 관심을 의미한다. 열정은 애정과 성적 활력을 뜻한다. 헌신은 어려운 순간에도 부부가 서로에게 충실하며 믿음을 줄 수 있도록 해 준다. 헌신은 문제 해결과 고난을 이겨 낼 수 있도록 동기를 부여한다. 마찬가지로 성인 애착 연구자들은 낭만적 사랑이 애착, 돌봄, 성의 통합이라고 주장하기도 한다.

다른 연구자들은 사랑이 두 가지 종류로 나뉜다고 말하기도 한다. 열정적 사랑(정서적 강렬함과 성적 에너지)과 우애적 사랑(존중, 존경과 신뢰)이 그것들이다. 많은 사람들은 애정 관계가 열정적 사랑의 기쁨과 우애적 사랑의 안정감을 합친 것이기를 바란다.

사랑이 두 가지, 세 가지 요소로 이루어져 있다고 생각하든 또는 그 이상의 요소로 이루어져 있다고 생각하든 간에, 사랑은 간단한 정서가 아니라는 점에는 학자들이 모두 동의하고 있다. 예를 들어 친밀한 관계에 대해 연구하는 대부분의 이론가들은 사랑이 다면적이며, 정서, 사고, 행동, 동기들과 관련이 있다고 주장한다. 이는 헌신적인 부부와 가족 관계에서 나타나는 사랑은 단순히 상황에 따라 바뀌는 정서적 경험이 아니라는 결론으로 이어진다. 사랑은 사랑하고자 하는 의도 또는 의지, 그리고 사랑하는 사람의 존재에서 오는 기쁨이라는 정서적 경험과도 관련이 있는 것이다.

친밀한 관계에 대해 연구하는 퍼트리샤 놀러Patricia Noller 교수는 "우리가 사랑이라고 말하는 것은 대체 무엇인가? 결혼과 가족을 지탱하는 사랑을 어떻게 정의할 것인가?"에 대한 물음을 던진 적이 있다. 최근 몇십 년간 수행된 사랑과 결혼에 대한 연구들을 검토해 본 결과, 사랑은 확실히 애착 결합이라고 여겨지는 정서적 요소와, 부부가 서로 의존하고 성장할 수 있는 환경을 만들어 주는 태도를 의미한다는 것이 밝혀졌다. 이러한 환경적 요소는 문화적인 영향을 받지만, 이는 상호 의존, 평등 그리고 개방적 의사소통인 경우가 대부분이다. 놀러는 열정적 사랑과 우애적 사랑이 평생 유지될 수 있다는 것을 밝혀냈다. 사랑은 서로 간의 차이점과 상대의 연약한 점을 받아들이는 것을 포함하기에, 부부는 그들의 사랑에 자양분을 공급할 필요가 있다는 것이다.

## 성찰하기 6.1 우리는 사랑을 어떻게 바라보는가?

당신은 사랑과 행복이라는 단어를 부부관계에 적용시키고 있는가? 사랑하는 관계에서 무엇이 중요하다고 생각하는가?

..........................................................................................................

..........................................................................................................

(다음 쪽에 계속)

..........................................................................................

당신과 배우자는 서로의 사랑에 어떻게 자양분을 공급하는가?

..........................................................................................

..........................................................................................

..........................................................................................

## 사랑에 빠지는 것

사랑에 대한 정의가 한 가지만은 아니겠지만, 우리가 알 수 있는 것은 사랑이 놀라운 감정을 느끼게 하고 사람들과 관계를 맺을 수 있도록 해 준다는 것이다. 신경과학 분야에서는 최근 기능성 자기공명영상(fMRI)을 통해 우리가 '사랑에 빠질' 때, 즉 새로운 상대와 '미친 듯이' 사랑에 빠지는 초기 단계에 무슨 일이 일어나는지 밝혀냈다. 결과에 따르면 실험 참가자들의 뇌의 부위는 코카인이나 아편 같은 향락성 마약을 할 때 영향을 받는 것과 같은 부위가 자신이 사랑하는 사람을 떠올릴 때 활성화되었다. 사랑할 때 기분이 들뜨는 것은 당연하다! 하지만 옛말에도 있듯이 사랑이 그렇게 눈을 멀게 하는 것은, 사랑의 경험이 비판적 사고와 고통스러운 정서 경험을 담당하는 뇌 부위의 활동을 줄어들게 하기 때문도 있다.

## 자기 확장으로서의 사랑

어떤 사람들은 사랑이 자아를 확장시킨다고 말한다. 사랑에 빠진 사람에게는 삶이 새로운 의미를 가지게 되고, 새로운 가능성이 열리게 된다. 레프 톨스토이Lev Tolstoy는 소설 『전쟁과 평화』에서, 피에르 베주호프가 나타샤 로스토프와 사랑에 빠질 때의 경험을 다음과 같이 묘사한다.

> 불가능하다고 느꼈던, 기쁨에 찬, 예상치 못했던 광란이 그를 사로잡았다. 삶에 대한 모든 의미와 세상 모든 것이 그에게는 사랑과, 그녀를 사랑함으로써 생겨나는 가능성을 중심으로 느껴졌다. …… 그는

스스로의 행복한 모습과 미소들에 놀랐는데, 이는 그들 사이의 은밀한 이해를 나타내는 것처럼 보였다. 사람들이 그의 행복을 알아차리지 못할 것이라는 생각이 들 때, 그는 진심으로 사람들이 가엾어졌고, 그들이 신경을 쏟고 있는 삶의 문제들이 단지 가치 없고 하찮은 일들이라는 것을 설명하고픈 욕망을 느꼈다.

### 성찰하기 6.2 행복, 기쁨, 그리고 사랑에 대해서

내 배우자와 함께 보낸 행복하거나 기쁜 시간들에 대한 기억은 무엇인가?

........................................................................................................................

........................................................................................................................

........................................................................................................................

배우자와 함께 보낸 행복했던 기억은?

........................................................................................................................

........................................................................................................................

........................................................................................................................

나는 배우자에게 어떻게 사랑을 표현하는가? 배우자는 어떻게 나에게 사랑을 표현하는가?

........................................................................................................................

........................................................................................................................

........................................................................................................................

## 슬픔

### 상실을 경험하는 것

다른 사람과 애정 관계를 맺는 것이 우리에게 강렬한 긍정적인 정서를 불러일으키는 것처럼, 친밀한 관계를 잃는 것 역시 강렬한 정서를 만들어 낸다. 우리가 어떤 일을 하든 간에 잃어버린 사랑을 되찾을 수 없다는 것을 알게 되면 우리는 보통 정서적 고통을 경험한다. 죽음이나 이혼, 또는 실연을 통해 소중한 관계를 잃는 것은 언제나 슬픔을 동반한다. 그 정도는 다르더라도 슬픔을 유발하는 상실은 삶에서 아주 다양하다. 예를 들어 노화나 병 또는 사고로 인해 건강이나 신체적 기능을 잃는 것, 전쟁이나 이주로 인해 집이나 국가를 잃는 것, 실직이나 경제 악화나 구조 조정으로 인해 삶의 기반을 잃는 것을 생각해 보라. 이러한 상실들은 심각한 것일 수 있으며 개인이나 가족에게도 힘든 일이 된다.

슬픔은 또한 애정 관계에서 희망이나 기대에 미치지 못하는 경우에 생기기도 한다. 많은 사람들은 친밀한 관계를 삶에서 가장 중요한 부분이라고 생각한다. 애정 관계에서 느꼈던 기쁨, 조화, 친밀감을 잃는 것은 당연히 슬픔을 유발하는 커다란 상실이라고 볼 수 있다. 어떤 사람들은 애정 관계에서 무시당하고, 거부당하고, 배신당하는 것으로 인해 자신감을 잃기도 한다. 이는 우리가 신뢰할 수 있다고 여겼던 사람들에게 배신당하는 것이기 때문에 특히 마음이 아프다.

부부들에게 고통을 주고 관계에서 기쁨을 찾기 힘들게 하는 여러 가지 상실들이 있다. 불임 진단이 그 예가 될 수 있으며, 이는 부부들에게 큰 상처로 남는다. 어떤 이들에게는 자녀를 키우는 것이 기대에 미치지 못하는 일일 수 있으며, 이는 절망과 슬픔, 실망감을 안겨 줄 수 있다. 작고 크든 간에 상실은 대부분 우리의 삶에 영향을 미친다.

## 애도

막대한 상실감과 함께 찾아오는 애도감은 강렬하고, 고통스럽고, 혼란스러우며, 정신적 · 신체적 건강을 저해할 수 있다는 점에서 많은 연구자들의 관심을 끌었다. 애착 이론의 창시자인 존 보울비John Bowlby 박사는 애도와 사별에 관한 연구의 권위자이기도 하다. 보울비는 혁신적인 연구 체계를 통해 사회적 존재로서 인간의 뇌는 잃어버린 것을 본능적으로 '되찾으려' 든다는 것을 밝혀냈다. 생존을 위해서 인간은 사랑하는 사람, 즉 우리를 보살펴 주고 안전을 위하는 사람들과 가까이 지내야만 한다. 결국 중요한 사람이 죽거나, 어느 기간 동안 곁에 없을 때 우리는 이별에 저항하며 그들을 되찾으려고 한다.

애도의 표현은 보통 눈물을 흘리거나 흐느끼는 것이지만, 보울비는 분노에 찬 공격이나, 열망, 갈망 등도 정상적인 것이며, 사랑하는 사람과의 접촉을 잃는 것에 절망감을 느끼는 경우도 있다고 지적했다.

- 상처를 당하고 분노에 차 울음을 터뜨린다면, 이는 '공격'의 예이다.
- 가슴이 아프고 고통을 흐느끼며 표현하거나 침묵으로 슬픔을 표현한다면, 이는 열망(yearning)의 표현이다.
- 매달리거나 회유하는 행동이 나타난다면, 이는 상대방을 붙잡으려는 절망적인 시도일 수도 있다.

이처럼 상실에 대해 겉보기에 '미성숙'하거나, '비이성'적인 반응들은, 우리가 보호와 안전을 되찾으려는 자연스러운 시도로서 애도를 새롭게 바라볼 때 이해할 수 있게 되는 것이다.

결과적으로 인간의 회복력은 슬퍼하는 사람이 다시 기운을 되찾고 회복할 수 있도록 조용히 도와준다. 비록 상실에 적응하는 '작업'은 개인에게 달려 있지만, 다른 사람의 격려와 친절은 사람들이 회복할 수 있도록 도움을 주는 요인이다. 슬픔을 느낄 때 중요한 것은 그 슬픔이 존중받을 수 있도록 하는 것이다. 아무리 의도가 좋더라도 슬퍼하는 사람에게 "그 개는 늙었어요. 새로운 개를 키우면 되죠!"라거나, "그저 유산일 뿐이잖아요. 아이는 또 낳을 수 있어요."라고 위로하면서 슬픔을 감소시키려고 하면 안 된다. 마찬가지로 배우자의 슬픔의 심각성이나 그 의미를 이해할 수 없다 하더라도 이를 무시하는 것은 아무런 도움이 되지 못한다. 슬픔을 느낄 때 사람들은 대체로 자신의 감정이 받아들여지는, 공감을 얻거나 위로가 되는 말 또는 스킨십을 필요로 한다.

깨어진 관계를 회복하는 과정은 어떻게, 왜 관계가 끝이 났는지 이해하는 것과 관련이 있다. 이별을 자신의 탓으로만 돌리고 있다면, 더 큰 그림을 보는 것이 필요하다. 때로 관계는 한쪽 배우자의 불쾌한 행동 때문에 깨지기도 하지만, 정상적이고 친절하고 예의 바른 두 사람이 그들이 서로의 친밀감과 행복의 욕구를 채워 주지 못한다는 것을 깨달을 때 더 자주 일어난다. 자기 자신이나 배우자에게 모든 비난과 수치를 떠넘기는 것은 도움이 되지도 않을뿐더러 맞는 것도 아니다. 이 책의 성찰하기 문제들을 풀어 보면서 당신의 부정적 상호작용 고리에서 나타나는 층들을 살펴보는 것은 당신의 관계가 어떻게 이별까지 이르게 되었는지에 대한 전체적 관점을 제공할 것이다.

## 성찰하기 6.3 슬픔과 상실

현재 관계에서 나는 어떤 슬픔을 겪었는가? ..........................................................

..........................................................................................................

..........................................................................................................

나는 슬플 때 무엇을 하는가? ..........................................................................

..........................................................................................................

..........................................................................................................

나는 배우자에게 슬픔을 어떻게 표현하는가? ..........................................................

..........................................................................................................

..........................................................................................................

내가 슬플 때 배우자에게는 어떤 일이 일어나는가? 배우자는 내가 슬픔을 표현하면 어떻게 반응하는가? ..........................................................................................

..........................................................................................................

..........................................................................................................

나는 배우자에게 어떤 슬픔을 일으켰는가? 배우자는 슬플 때 어떻게 반응하는가? ..........

..........................................................................................................

..........................................................................................................

나는 이전에 배우자 또는 나에 대해서 겪었던 이별과 슬픔을 떠올리며 지금 어떤 감정을 느끼는가? ..........................................................................................

..........................................................................................................

..........................................................................................................

내가 슬픔에 대처하도록 도운 것은 무엇인가? 무엇이 나에게 위로가 되었는가? ............

..........................................................................................................

(다음 쪽에 계속)

……………………………………………………………………………………

성찰하기를 통해 배운 것은 무엇인가? ……………………………………………………

……………………………………………………………………………………

……………………………………………………………………………………

## 분노

### "이건 정말 불공평해!"

보통 '나'와 '내 것'에 대한 공격은 분노를 자극한다. 분노는 종종 부당한 대우를 받거나 자신의 생각과는 전혀 다른 상황에서 일어난다. 배우자가 아무 설명도 없이 자신을 버리고 떠났을 때 얼마나 화가 날지 생각해 보라. 신경과학자들은 분노는 강한 비난이며, 분노 상황 외에는 전혀 다른 생각을 못 하도록 주의를 좁힌다고 말한다. 분노할 때는 "나는 옳고, 남들은 다 틀리다"는 생각을 하게 된다. 배우자에게 아주 화가 났을 때를 생각해 보면, 당신은 자신은 모두 옳고, 그토록 화낼 만한 이유가 있으며, 배우자는 모두 틀렸다고 생각할 것이다.

### 분노로 부풀리다

두려움이나 불안과는 대조적으로 분노하는 사람들은 분노함으로써 자신이 더 강해지고, 공격함으로써 문제가 해결될 것이라고 믿는다. 분노는 우리 자신을 '부풀리도록' 만들어 준다. 분노는 근육 긴장과 관련이 되어 있으며, '몸이 뜨겁고 자극당한' 느낌, 말이나 행동을 통해 감정을 표현하고자 하는 것과도 관련이 있다.

### 분노를 회피하기

어떤 이들에게는 강렬한 분노를 느끼지만 이를 사랑하는 사람에게 표출하는 것이 불편하게 생각될 수도 있다. 어떤 남성들은 자신이 너무 공격적으로 비추어질까 봐 걱정하기도 한다. 또 어떤 여성들을 분노를 '여성스럽지 못한 것'이라고 보는 시선 때문에 화를 내는 것을 불편하게 여기기도 한다. 그 결과, 문제를 분석하고, 해결하거나 축소(예: "그렇게까지 나쁜 일은 아니에요.")함으로써 분노를 '짜증' 또는 '성가심' 정도로 표현하고 무시하는 행동을 한다. 또는 단순히 분노 감정을 부정하거나, 이에 대해 농담을 하거나 눈물을 흘리는 것처럼 다른 정서를 내비침으로써 분노를 부정하는 것으로 나타날 수도 있다. 이것들이 꼭 의식적으로 나타나는 것은 아니지만, 이는 분노를 회피하는 방식들이다. 분노는 우리가 건강한 한계를 설정하고 필요한 경계를 정할 수 있도록 도와주는 것이다.

## 분노를 표현하기: "너무 뜨겁게, 아니면 너무 차갑게"?

친밀한 관계에서 분노를 적절하게 표현하는 방법이 있다. 우리는 어느 정도로 어떻게 표현할지에 대해 우리자신을 조절할 필요가 있다. 분노를 적절하게 표현하는 것은 중요하다. 자신의 생각을 말하듯이 적절하게 분노를 표현하는 것은 건강한 것이며, 특히 한 쪽 배우자가 이용당하거나, 무시당하거나, 오랫동안 부당하게 비난받았다고 느낄 때 효율적이다. 효율적인 분노의 표현은 마음을 완전히 닫고 이를 표현하지 않거나 무분별하게 표현하는 것보다 훨씬 긍정적으로 다가온다. 효율적인 분노의 표현은 다음과 같다.

> "당신이 사람들 앞에서 나를 조롱하는 것은 참을 수 없어. 나는 그것보다는 나은 대우를 받을 만한 사람이라고 생각해."
> "나에게 기회를 줘. 내가 몇 년 전에 잘못했던 이야기를 더 이상 듣고 싶지 않아."

잘 정돈된 말로 전해지는 이러한 말은 배우자에게 감정이나 스트레스를 나타내는 대신, 자신이 원하는 안정과 존중의 욕구를 전달해 준다.

하지만 분노가 너무 자유롭게 표현되었을 때는 문제가 생길 수 있다.

샌드라 파이비오Sandra Paivio는 분노를 너무 통제하는 것은 우리의 주의를 혼란스럽게 하고 스트레스를 유발하는 반면 분노를 조절하지 않는 것은 인간관계를 망쳐 놓을 수 있다고 말한다. 친밀한 관계를 연구하는 린다 로버츠Linda Roverts도 "부부간 의사소통에서의 불과 얼음"이라는 표현을 통해 이를 설명한다. 어떤 부부들은 관계에서 분노를 강압적이고 폭발적인 방식으로 표현하는데, 이때 불같은 분노를 받는 쪽은 심각한 상처를 입는다. 반대로 분노가 차갑고, 조용하고, 음울하게 표현되는 관계에서는 며칠, 또는 몇 주씩 긴장된 분위기가 이어진다. 로버츠의 연구는 남편의 적대감이 아내에게 미치는 부정적 영향과, 아내의 냉담함이 남편에게 미치는 부정적 영향을 확인시켜 주었다.

## 성찰하기 6.4 분노

내 몸은 분노를 어떻게 경험하는가? (예: 꽉 쥔 주먹. 뜨거움/차가움을 느낌. 경직되거나 초조함. 말을 해야 할 것만 같은 느낌) ..........................................................

..........................................................

..........................................................

무엇이 나를 화나게 만드는가? ..........................................................

..........................................................

..........................................................

무엇이 배우자를 화나게 만드는가? ..........................................................

..........................................................

..........................................................

부부 중 한 명이 화가 날 때, 부부 사이에는 어떤 일이 일어나는가? ..........................................................

..........................................................

..........................................................

나는 배우자에게 며칠씩 말을 하지 않을 정도로 분노를 쌓아 두는 편인가? 만약 그렇다면, 이런 식으로 거리를 두며 화를 내는 것은 나에게 어떻게 느껴지는가? 내 배우자는 나의 냉담함을 겪으면서 어떤 기분을 느끼는가? ..........................................................

..........................................................

(다음 쪽에 계속)

..............................................................................................................................

나는 때로 분노를 조절하기 힘들어하며, 자제력을 잃고 폭발적으로 화를 내는가? 만약 그렇다면, 나는 이를 어떻게 느끼는가? 내 배우자는 이런 행동을 어떻게 느끼는가? ..........

..............................................................................................................................

..............................................................................................................................

우리는 합리화나 농담하기, 탓하기 또는 울음을 터뜨리는 행동 등으로 분노를 축소하려고 하는가? 만약 그렇다면 무엇이 직접적으로 분노를 표현하는 것을 어렵게 하는가? .........

..............................................................................................................................

..............................................................................................................................

나와 내 배우자는 어떻게 분노를 다루는가? ..................................................................

..............................................................................................................................

..............................................................................................................................

무엇이 우리를 진정시키는가? ......................................................................................

..............................................................................................................................

..............................................................................................................................

나는 어떻게 분노를 조절하고 싶은가? ..........................................................................

..............................................................................................................................

..............................................................................................................................

## 두려움

### 싸우거나, 얼어붙거나, 도망치기

두려움은 우리에게 위협적인 것이 다가옴을 알려 준다. 두려움과 불안에 동반되는 증상에는 땀이 나고 몸이 떨리며, 말이 안 나오는 것 등이 있는데, 이것들은 몸의 신경계가 자극받았다는 것을 알려 주고 그 결과 위협에 대처할 수 있도록 도와준다. 위험에 처한 경우, 동물들은 적을 물리치거나 쫓을 수 있을 때 이에 맞서지만, 상대가 너무 위험하다고 판단되면 후퇴하거나, 도망치거나, 그 자리에 얼어붙는다. 어떠한 반응을 할지에 대한 선택은 상황에 따라 변할 수 있다. '싸우거나, 얼어붙거나, 도망치는' 자기 보호의 방어기제는 친밀한 관계에서도 나타난다. 배우자와 관계 결합의 안정성에 대한 위협은 공황 상태와 같은 극심한 두려움을 자극할 수 있다. 다음 목록은 부부관계를 흔드는 애착 위협의 예시들이다.

"내가 당신을 실망시킬 것이다."
"내가 당신의 분노를 유발할 것이다."
"나는 당신의 사랑을 받을 자격이 없다."
"나는 당신과 어울리지 않는 사람이다."
"내가 필요할 때 당신은 내 곁에 없을 것이다"
"결국 당신은 나한테 질려서 떠날 것이다."

## 두려움 대 불안

두려움과 불안은 비슷한 정서 경험이면서도 차이가 있다. 두려움은 직접적인 위협에 따르는 핵심 정서로서, 이를 표현했을 때 관계를 지킬 수 있고, 그 결과로 두려움도 감소한다. 불안은 긴장이나 위협에 따라 나타나는 불편한 감정으로 설명된다. '유동 불안(free floating anxiety)'이라는 용어가 있다. 이는 위협을 나타내는 증거가 없는데도 어떤 것이 잘못되었거나 아마도 잘못될 것이라고 생각하게 되는 것을 뜻한다. 불안은 보통 미래에 닥칠 위협에 대한 선택적 집중과 관련된다. 오래전에 소포클레스가 말했듯이, "두려운 자에게는 모든 것이 채근하는 것처럼 느껴지는" 법이다. 관계에 대한 두려움이 직접적으로, 동정적인 방식으로 표현되지 않는다면 불안은 지속되게 된다.

## 애착 위협에 대처하기

제4장에서 설명했듯이, 어떤 사람들은 친밀한 관계에서 안전함을 느끼지 못한다. 부부관계에 대한 위협을 느낀다면, 안전감을 느끼기는 매우 어려운 일이다. 애착 위협은 배우자를 신뢰할 수 없거나 상처가 되는 행동들이

나타났을 때 경험된다. 하지만 이는 예전의 관계에서 경험한 불안이 현재 관계에서 강화되었을 때 나타나는 것이기도 하다.

당신은 애착 위협의 예들에 공감하고 있을 수 있다. 당신은 배우자가 당신과 가깝게 지내고 싶어 하지 않으며, 언젠가는 당신이 사랑받을 만한 사람이 아니라는 진실이 드러날지도 모른다는 걱정을 하고 있는지도 모른다. 그렇게 느낀다면, 당신은 관계를 '흔드는' 일을 피하려 할 것이다. 또는 당신은 배우자의 관심을 끌기 위해 매달리거나 싸움을 걸 수도 있다. 그러나 관계 불안을 표현하고, 관계를 지키려는 의식적인 행동들은 배우자를 멀어지게 할 수도 있다.

애착 위협에 두려움을 느낄 때 보통 우리가 보이는 두 가지 행동이 있다. 어떤 사람들은 고통을 회피하고 포기하며 참아 내는 반면, 다른 어떤 사람들은 고통을 더욱 증폭시키기도 한다. 고통을 회피하는 사람들은 내면의 정서나 상대방과의 적극적인 상호작용을 회피한다. 고통을 증폭시키는 사람들은 위협을 느낄 때 접촉을 시도하고 어떤 식으로든 배우자와 소통하려는 경향이 있다. 부부에게 불안이란 관계의 문제점을 제시하는 고통의 형태일 수 있다. 다행히도 불안을 유발하는 특정 위협이나 공포의 대상이 있으면, 불안은 곧 해소될 수 있다. 사람들이 두려움을 직접적으로 표현하고 배우자의 진심 어린 위로를 경험할 수 있다면, 애착 위협에 관한 고통은 감소될 수 있다.

## 성찰하기 6.5 두려움과 불안

나는 어떤 상황에서 두려움을 느끼는가? ..........................................................
..........................................................
..........................................................

나는 때로 두려워할 만한 분명한 이유가 없는데도 불안을 느끼는가? ..........................
..........................................................
..........................................................

무엇이 주로 내 공포심을 자극하는가? ..........................................................

(다음 쪽에 계속)

..........................................................................................................

..........................................................................................................

두려움이나 불안을 느낄 때 내 몸에서는 어떤 일이 일어나는가? ..............................

..........................................................................................................

..........................................................................................................

어떤 것이 내 공포/불안을 조절할 수 있도록 돕는가? ..........................................

..........................................................................................................

..........................................................................................................

내가 두려움을 느낄 때 배우자는 어떻게 하는가? ..................................................

..........................................................................................................

..........................................................................................................

배우자가 두려움을 느낄 때 나는 배우자에 대해 무엇을 하는가? ..............................

..........................................................................................................

..........................................................................................................

배우자가 두려움을 참을 수 있도록 도와주는 것은 무엇인가? 나는 어떻게 배우자를 도울 수 있는가? ..........................................................................................

..........................................................................................................

..........................................................................................................

나는 배우자에게 사랑스럽지 않거나 중요하지 않을까봐 두려워하는가? 나는 그 두려움에 대해 무엇을 하는가? 나는 그것을 어떻게 표현하는가? ..........................................

..........................................................................................................

..........................................................................................................

## 놀란 상태가 지속되는 것: 트라우마의 잔해

두려움에 대한 흥미로운 점들이 있다. 정서는 우리가 살아남을 수 있도록 도와준다. 환경의 위협은 우리의 의식에 앞서 신체적 반응을 일으킨다. 뇌에서 위험을 인식하는 부분인 편도체는 뇌간 근처에 위치해 있는데, 이는 미리 짜여진 행동들과 자동적 반응들을 제어하는 부분이다. 이는 우리가 뱀을 보았을 때 그것이 뱀인지 막대인지 분석하기도 전에 왜 발이 먼저 움직이는지를 잘 설명해 준다.

편도체의 반응은 위험 물체가 분석됨에 따라 변화한다. 이 변화는 시간이 걸리며, 이는 우리가 왜 두려운 경험을 하고 시간이 지났는데도 계속 놀란 상태로 있는지 설명해 준다. 심호흡을 하고 스스로를 진정시키기 위해 혼잣말을 하는 것은 도움이 될 수 있지만, 이러한 방법들이 효과가 있기 위해서는 최소한 몇 분간은 계속되어야 한다. 트라우마 경험을 했거나 오랫동안 학대를 받은 사람은 지속되는 불안감을 느낀다고 말한다. 이것은 이들의 편도체가 오랫동안 지속적으로 과하게 자극을 받았으며 위험에 대처하기 위해 늘 긴장 상태로 있었기 때문이다. 다행인 점은 전문적인 상담과 배우자의 보살핌과 격려로 이러한 증세들은 점점 나아질 수 있다는 것이다.

## 당신의 핵심 정서가 배우자에게 늘 뚜렷하게 드러나는 것은 아니다: 당신은 어떤 정서들을 보여 주는가?

행복, 기쁨, 사랑, 슬픔, 분노, 두려움 등의 핵심 정서가 나타나는 것은 자연스러운 일이다. 이들은 때로 온화하게 나타나기도 하고, 때로는 강렬하게 나타나기도 하는데, 시간이 지나면서 점차 소멸된다. 연약한 정서들이 나타날 때 당신은 무엇을 하는가? 그 연약한 정서를 인식하고 주의를 기울이는가? 이러한 정서들을 느낄 수 있는 여유를 가지는가? 그 정서들이 배우자와 소통할 만큼 중요한 것으로 느껴지는가?

> 당신과 배우자가 연약한 정서들에 대해 무엇을 하는지에 따라 부부관계의 정서적 분위기가 만들어진다.

### 부정적 고리—긍정적 고리

이 책의 목표는 나눔과 반응을 통해 당신이 배우자와 친밀하고 안정적인 관계 결합을 형성할 수 있도록 돕는 것이다. 당신의 핵심적이고 부드러운 정서들을 나누는 것은 대화의 분위기를 바꾸며 부정적인 소통을 친밀감으로 바꿔 놓을 것이다. 지금은 상상이 잘 안 될 수도 있지만, 부부들은 부정적인 상호작용 고리를 긍정적인 상호작용으로 바꾸어 놓을 수 있다. 여러분 자신과 배우자에 대한 이해를 높일 수 있도록 계속 훈련해 가기 바란다. 다음 단계는 부정적인 관계에서 당신의 반응들과 행동의 기저에 놓여 있는 핵심 정서들을 살펴보는 것이다. 자기 스스로가 자각하지 못하면 배우자에게 깊은 정서들을 표현할 수 없다.

핵심 정서를 표현하기 위해 퍼트리샤와 윌리엄의 고리를 다시 살펴보자. 퍼트리샤와 윌리엄이 서로 대립할 때면 그들은 단절되고, 이 단절은 퍼트리샤에게 윌리엄을 잃을지도 모른다는 두려움을 자극한다. 이 불화는 위협적으로 느껴져서, 퍼트리샤는 처음에는 상냥하게, 나중에는 강압적으로 설득을 해서 합의점을 찾으려고 한다. 퍼트리샤는 또한 윌리엄이 축구장에서 그녀를 뿌리칠 때와 저녁에 그녀와의 대화를 거부할 때 상처를 받는다. 윌리엄은 그들의 고리에서 나타나는 내면의 연약한 정서들을 알아차리지 못한다. 윌리엄이 보는 것은 퍼트리샤의 짜증과 분노이다. 싸움이 시작되려고 할 때마다 윌리엄은 걱정이 되고 겁이 난다. 윌리엄은 또한 자신이 퍼트리샤를 실망시켰다는 점에서 우울해지며, 무시당한다는 느낌에 화가 나기도 한다. 윌리엄이 방어적인 태도로 나오거나 대화를 피할 때면, 그들의 관계는 더욱 악화된다. 그림 6.1에서 퍼트리샤와 윌리엄의 고리에서 나타나는 핵심 정서를 살펴보자. 화살표를 따라가면, 퍼트리샤가 내면의 두려움과 상처를 공격으로 표현하고 있음을 알 수 있고, 윌리엄의 두려움과 슬픔이 자극되는 점, 그리고 그가 회피함으로써 퍼트리샤의 두려움이 더욱 촉발된다는 것을 알 수 있다.

만약 퍼트리샤와 윌리엄이 자신들의 걱정되는 마음을 개방하였다면 어떤 점이 달라졌을 것인지 예상할 수 있는가? 퍼트리샤가 자신의 반응적인 분노 대신 어떤 말을 할 수 있었을까?

"우리가 불화할 때 난 걱정이 돼……. 우리 사이에 느껴지는 거리감이 두렵고, 나는 그 거리를 좁히려고 더욱 당신을 강요하게 돼. 그것에

**퍼트리샤**

**내가 하는 행동**

접근하기, 설득하기, 요구하기, 심문하기, 비난하기

**내가 하는 사고**

**나에 대해서:** "나는 왜 그에게 다가갈 수 없을까?"
**당신에 대해서:** "그는 항상 나를 두고 사라져!"

**나는 정서적으로 다음과 같이 반응한다:**

반응성 분노, 불만, 절망, 불안

**윌리엄**

**내가 하는 행동**

논리적으로 되기, 실용성을 추구하기, 방어하기, 항복하기, 거리 두기, 문제 축소하기

**내가 하는 사고**

**나에 대해서:** "오 이런, 내가 또 무슨 잘못을 했지?"
**당신에 대해서:** "그 사람은 항상 자기 마음대로 해."

**나는 정서적으로 다음과 같이 반응한다:**

반응성 분노, 불안, 압도당함, 실망감, 소외감

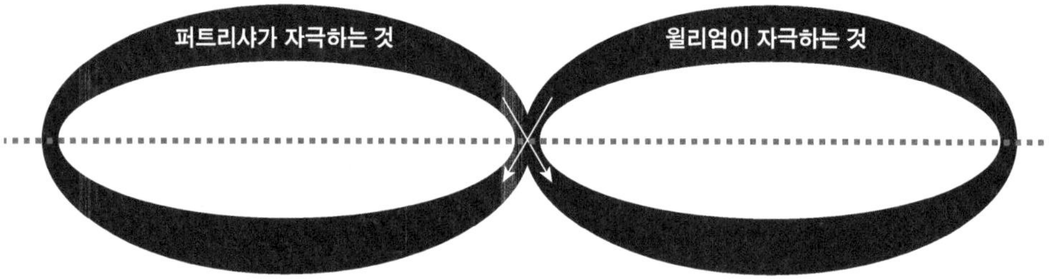


**내가 속으로 느끼는 정서** (퍼트리샤)

단절에 대한 두려움. 슬프고 외로움. 거부당한 느낌으로 상처 받음

**내가 속으로 느끼는 정서** (윌리엄)

그녀의 기대에 미치지 못하거나 다투게 될까 봐 무서움. 실패자처럼 느껴져서 슬픔

**그림 6.1 행동, 사고, 정서와 핵심 정서를 통한 퍼트리샤와 윌리엄의 관계 분석**

대해 기분이 좋지 않아."

"아까 축구 경기에 집중하고 있었던 것은 알지만, 당신이 나에게 퉁명스럽게 말할 때 나는 무시당하는 기분이 들었어. 나는 아직도 우울하고 거부당한 느낌이 들어요."

이처럼 천천히, 부드럽게 터놓는 내면의 고백을 듣고 난 다음 퍼트리샤에 대해 어떤 감정이 느껴지는가?

.................................................................................................

.................................................................................................

만약 윌리엄이 자신을 방어하거나 거리를 두지 않았다면 무엇이라고 말했을까?

"아까 소파를 살 때처럼 우리가 다투게 되면 내 의견은 중요하지 않은 것처럼 느껴져. 그럴 때면 마음이 아파. 나는 화가 나고 우울하고 그래서 대화를 포기하게 돼."

"말다툼을 할 때 당신이 나에게 다가오면 나는 우리가 싸울까봐 겁이 나. 그러면 난 싸우지 않으려고 모든 걸 하지."

천천히 부드럽게 터놓는 고백을 듣고 난 다음 윌리엄에게 어떤 감정이 느껴지겠는가?

..........................................................................................

..........................................................................................

이런 내면의 고백들이 당신이 퍼트리샤와 윌리엄에게 더욱 관대해지도록 한다는 것을 느끼는가? 이제 당신은 두려움, 분노, 슬픔 등의 핵심 정서를 어떻게 표현하고 있는지 살펴볼 수 있을 것이다. 당신과 배우자는 마음을 열고 깊은 감정들을 이야기 나눌 수 있는가? 아니면 당신은 부정적인 정서와 부정적인 행동들로부터 자신을 보호하려고 하는가?

불안정한 관계에 있는 배우자는 두려워하면서 "내가 직장에서 실수한 일을 말하면 아내가 나를 우습게 볼까?"라고 생각하여 걱정할 수도 있다. 이러한 두려움은 "나는 그런 위험을 감수하진 않을 거야."라고 스스로를 방어하도록 만들고, "내가 어떻게 행동했어야 하는지 당신이 말할 필요는 없어!"라는 짜증 섞인 말로 표현될 수도 있을 것이다. 이 예에서 배우자는 화를 내는 말을 듣고 공격을 받은 느낌이 들 것이다. 말하는 사람은 자신을 보호하는 말을 하고, 듣는 상대방은 속으로 배우자의 깊은 두려움에 반응하지 못할 것이다. 이러한 상호작용은 결국 부정적인 상호작용 고리로 변화해 갈 것이다.

이 상호작용은 어떻게 달라질 수 있을까? 아마도 "여보, 시간 좀 있어? 오늘 직장 일 때문에 마음이 안 좋아. 내 행동 때문에 당신이 나를 좋지 않게 생각할까 봐 걱정돼."라는 말로 시작할 수 있을 것이다. 이 대화에서, 배우자는 말하는 배우자의 내면의 연약한 감정을 느낄 수 있다. 이러한 대화는 가시 돋치고 자기방어적인 말보다 훨씬 반응하기가 쉬워진다. 자신의 핵심 정서의 개방이 의미하는 메시지는 다음과 같다:

- 당신은 나에게 중요하다.
- 당신은 나에게 너무 중요해서 내가 좋아하지 않는 나의 부분들을 당신에게 보여 주는 위험도 감수할 것이다.
- 내가 힘들 때 기대는 사람은 당신이다.
- 나는 당신의 사랑, 공감, 격려, 응원이 필요하다.

> 배우자에게 자기방어적인 표현들보다 당신의 연약한 핵심 정서를 개방하자.

## 성찰하기 6.6 핵심 정서 찾아내기

조용히 자신을 되돌아볼 수 있는 시간과 장소를 찾자. 가장 최근에 당신과 배우자가 부정적인 고리에 갇혔던 적을 떠올려 보자. 자세하게 적는 것이 도움이 될 수 있다.

이름: ..............................................

자기에게 물어보라. 부정적인 고리에서 나에게 일어나는 일을 자세히 살펴볼 때, 나는 무엇을 느끼는가? ..............................................

..............................................

..............................................

이름: ..............................................

자신에게 물어보라. 부정적인 고리에서 나에게 일어나는 일을 자세히 살펴볼 때, 나는 무엇을 느끼는가? ..............................................

..............................................

..............................................

만약 불쾌함, 짜증, 무감각이 느껴진다면, 이 질문들을 더욱 깊이 생각해 보는 것이 좋다. 예측 가능하거나 표면적인 정서보다는 내면에 있는 연약하거나, 새롭거나, 가슴이나 배에서 느껴지는 것이 핵심 정서이다.

상호작용에서 가장 '뜨거웠던' 부분을 되새겨보면서 몸에서 어떤 것을 느끼는지 생각해 보자. 긴장감은 어디서 느껴지는가? 심장이 뛰고, 손바닥에서 땀이 나고, 배가 아픈지 느껴 보라. 호흡의 리듬에 집중해 보자. 긴장감이나 강렬한 감각이 느껴지는지 집중해 보자. 특정 부위에 집중하면서 어떤 정서가 느껴지는지 생각해 보자.

정서가 느껴지면, 이에 집중하여 그것이 무엇인지 깊게 생각해 볼 필요가 있다. 몸의 어느 부분에서 정서를 느끼는지 알아보고 이를 받아들이자. 그것이 존재할 수 있도록 허락해 보자. 스스로에게 괜찮다고 말해 주는 것이다. 직장이나 다른 것에 마음이 쓰이기 시작한다면 다시 부드럽게 주의를 돌려놓자.

다음의 목록은 내담자들이 나타내는 공격과 위축 저변에 깔려 있는 흔한 핵심 정서의 예이다.

| 공격자 | 위축자 |
|---|---|
| 외롭고, 보이지 않는 느낌에 슬프다 | 배우자를 실망시키는 것에 대해 슬프다 |
| 중요하게 여겨지지 않는 듯한 느낌에 슬프고 상처받는다 | 존중받지 못하는 기분에 화가 난다 |
| 버려지고 배신당할까 봐 두렵다 | 지속적으로 거부당할까봐 두렵다 |
| 거절당하거나 무시당할까 봐 두렵다 | 내가 '질려서' 떠날까 봐 무섭다 |
| 거부당한 것에 상처를 입었거나 수치심을 느낀다 | 통제받는 기분에 화가 난다 |
| 사랑스럽지 않을까 봐 두렵다 | 받아들여지지 못하는 것이 슬프고 부끄럽다 |

부정적인 춤에서 나타나는 핵심 정서들이 무엇인지 깨달았거나, 최근의 상호작용에서 이 연습문제를 활용하고 있었다면 **그림 6.2**에서 나타나는 고리를 채워 보자. 이제 L-O-V-E 대화를 통해 부정적인 춤에서 각자 어

| 이름 ...................... | 이름 ...................... |
|---|---|
| **내가 하는 행동** | **내가 하는 행동** |
| ............................................................ | ............................................................ |
| ............................................................ | ............................................................ |
| **내가 하는 사고** | **내가 하는 사고** |
| 나에 대해서: ........................................... | 나에 대해서: ........................................... |
| ............................................................ | ............................................................ |
| 당신에 대해서: ...................................... | 당신에 대해서: ...................................... |
| ............................................................ | ............................................................ |
| **나는 정서적으로 다음과 같이 반응한다:** | **나는 정서적으로 다음과 같이 반응한다:** |
| ............................................................ | ............................................................ |
| ............................................................ | ............................................................ |

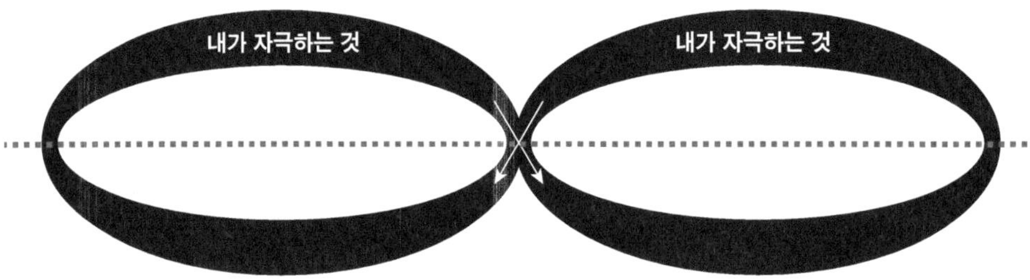


| **내가 속으로 느끼는 정서** | **내가 속으로 느끼는 정서** |
|---|---|
| ............................................................ | ............................................................ |
| ............................................................ | ............................................................ |
| ............................................................ | ............................................................ |

**그림 6.2 행동, 사고, 반응 정서, 핵심 정서를 통한 관계 분석**

떤 핵심 정서를 느끼는지 공유할 수 있게 되었는가? 당신의 핵심 정서가 무엇인지 확실히 알지 못한다고 해서 걱정할 것은 없다. 연습문제를 잠깐 미루었다가 나중에 다시 시도해 볼 수도 있다.

> 부부가 서로를 수용하고 인정할수록 내면의 깊은 정서들과 교감하는 것이 더욱 쉬워질 것이다.

표 6.1은 핵심 정서에 귀를 기울이기 위한 일곱 가지 도움말을 제공한다.

## 성찰하기 6.7 우리는 서로에게 어떻게 영향을 주는가?

당신의 정서와 행동이 배우자에게 미치는 영향에 대해서 생각해 보자. 또 배우자의 정서와 행동은 당신에게 어떤 영향을 주는가? 다음의 문장 완성 문제들을 함께 풀어 보자.

이름: ......................................

내가 .......를 느낄 때(예:두려움, 슬픔, 상처, 분노), 나는 .......를 표현함으로써 반응한다(예: 불쾌감, 반응성 또는 방어적 분노, 짜증, 무심함). 나는 주로 .......로 대응한다(예: 불평하기, 설교하기, 침묵하기).

그러고 나면 당신은 주로 .......를 표현함으로써 반응하고 .......를 통해 참는다. 나는 당신이 어떻게 느끼는지 궁금하다.

당신의 연약한 핵심 정서들은 나에게 어떤 영향을 주는가? ......................................

..........................................................................................................

이름: ......................................

내가 .......를 느낄 때(예:두려움, 슬픔, 상처, 분노), 나는 .......를 표현함으로써 반응한다(예: 불쾌감, 반응성 또는 방어적 분노, 짜증, 무심함). 나는 주로 .......로 대응한다(예: 불평하기, 설교하기, 침묵하기).

그러고 나면 당신은 주로 .......를 표현함으로써 반응하고 .......를 통해 참는다. 나는 당신이 어떻게 느끼는지 궁금하다.

당신의 연약한 핵심 정서들은 나에게 어떤 영향을 주는가? ......................................

..........................................................................................................

이름: ......................................

내가 긍정적인 정서를 느낄 때면 ....... (예; 행복, 기쁨), 나는 주로 .......를 표현/행동한다(예: 사랑, 애정, 솔직함, 배려, 공감). 그러면 당신은 주로 .......로 대답(예: 기쁨, 유쾌함, 안도감, 들어 주기, 자신의 감정을 개방)한다.

내가 .......를 표현하며 상호작용할수록(예시: 솔직함, 격려, 사랑, 내 핵심 정서들에 대한 고백), 당신은 더욱 .......로 대답한다(예시: 미소, 여유, 나에게 귀를 기울이기, 자신의 감정나누기).

당신의 긍정적인 핵심 정서는 나에게 어떤 영향을 주는가? ......................................

..........................................................................................................

(다음 쪽에 계속)

이름: ........................................
내가 긍정적인 정서들을 느낄 때면 ....... (예; 행복, 기쁨), 나는 주로 .......를 표현/행동한다(예: 사랑, 애정, 솔직함, 배려, 공감). 그러면 당신은 주로 .......로서 대답(예: 기쁨, 유쾌함, 안도감, 들어 주기, 스스로의 기분을 털어놓기)한다.
내가 .......를 표현하며 상호작용할수록(예시: 솔직함, 격려, 사랑, 내 핵심 정서들에 대한 고백), 당신은 더욱 .......로 대답한다(예시: 미소, 여유, 나에게 귀를 기울이기, 스스로의 기분에 대해 공유하기).
당신의 긍정적인 핵심 정서는 나에게 어떤 영향을 주는가? ..........................................
..........................................................................................

**표 6.1 핵심 정서에 귀 기울이기 위한 일곱 가지 도움말**

| | |
|---|---|
| **1. 정서 결핍을 느끼는가?** | 당신이 하고 있는 것을 멈추고, 속도를 늦추어 당신의 내면으로 주의를 기울여 보자. 심호흡을 몇 번 해 보자. 내면에서 느껴지는 감각이나 정서에 주의를 기울여라. 이것이 어렵다면 배나 가슴, 어깨 부분이 어떻게 느껴지는지 집중해 보는 것이 좋다. 떨리거나 무겁거나, 긴장되거나, 굳어진 부분이 있는지 주목해 보자. 호흡의 리듬이나 심장 박동 수는 어떤지 느껴 보자. 뜨겁거나, 차갑거나, 자세나 몸짓은 어떤지 생각해 보자. 이런 부분에 집중하면서 어떤 감정을 느끼는지 자신에게 물어보자. 이것들을 느껴 볼 수 있도록 스스로에게 여유를 주자. |
| **2. 간단하게 하라** | 정서를 간단하고 명료하게 부르자. "나는... 무섭고... 슬프고... 화가 난다." (정서에 이름을 붙이는 것은 그것을 더욱 명료하게 해 준다. '무감각함'처럼 애매한 정서라 하더라도 그것을 계속해서 곱씹어 보면 점점 명료해질 것이다.) |
| **3. 비난보다는 자신에 대해 이야기해 보자** | 가능하다면 정서를 유발하는 것이 무엇인지 밝혀 보자. 그것이 내면에 있는가?(예: "그가 제시간에 올지나 모르겠네."라는 생각이나 "그녀는 내가 어떻게 생각하는지 관심도 없어 보여."라는 인식), 또는 외부에 있는가?(예: 배우자의 모습, 말이나 몸짓) 자신에 대해 이야기를 나누어 보고, 비난하지 말고 문맥에 대해 인식해 보자. "나는 슬프다. 왜냐하면 당신이 방금 한 말이 나에게 충격적이었기 때문이다." |
| **4. 반응성 또는 방어적 분노를 계속해서 확인하자** | 분노를 계속 되돌아봐서, 방어적이고 거친 분노를 표면적으로 표출하기보다는 '부드러운' 저변의 감정을 표현할 수 있도록 해야 한다. 단순한 감정 표출은 비생산적이다. 배우자한테도 돌 같은 침묵이나 비판, 비난, 격노보다는 당신의 상처나 두려움에 건설적으로 반응하는 것이 쉬운 일일 것이다. |

(다음 쪽에 계속)

| | |
|---|---|
| **5. 감정과 욕구의 적절한 표현으로 분노를 과도하게 통제하지 않도록 한다.** | 만약 당신이 분노를 과도하게 통제하는 경향이 있다면, 자신의 감정과 욕구를 좀 더 적극적으로 표현하는 것이 도움이 될 것이다. 예를 들어 "당신의 계획에 내가 포함되어 있지 않을 때 나는 상처받고 화가 나. 나도 당신의 계획에 포함되고 싶어. 내가 포함되기를 당신이 원하는지 알고 싶어."라고 말하는 것이다. 이 문장은 자신이 어떻게 느끼는지, 무엇을 필요로 하고 원하는지 정확히 밝히고 있다. |
| **6. 자신의 두려움을 마주하라** | 두려움을 회피하기보다는 마주하려 노력해 보자. 두려워하는 일을 하는 것은 무섭지만 만족스러울 수 있는 일이다. 배우자에게 자신의 두려움에 대해 이야기해 보라. 자신의 관심사에 대해 이야기하는 것조차 어렵다는 것을 말하는 것부터 시작하는, 아주 작은 단계를 밟아 나가야 할 수도 있다. 배우자가 귀 기울여 들을 의향이 충분하다는 것을 알고 난 다음에는, 당신에게 힘든 것이 무엇인지 말할 수 있게 될 것이다. |
| **7. 슬픔에 기대라** | 슬플 때, 우리의 신체가 본능적으로 회복을 위해 하는 일들에 집중하는 것이 도움이 된다. 예를 들어 눈물을 흘리는 것은 안도감을 가져오는 자연스러운 행위이다. '잘' 울고 나면 뇌의 생화학적 요소들이 변화해서 위로를 가져오게 된다. 적절한 순간이 다가오면 슬픔을 배우자와 나누는 도전을 해 보라. |

## 배우자와 나누기

부부가 서로 준비가 되었다면 시간을 정해 생각한 내용을 나누어 보는 기회를 가지는 것이 좋다. 배우자가 당신에게 핵심 정서에 대해 개방할 때, 그것이 배우자가 실제로 느끼는 감정인지 의심이 들어도 괜찮다. 아마도 이제까지 배우자가 약한 모습을 드러내는 것을 자주 본 적이 없었기 때문에(아니면 당신 스스로가 이를 표현한 적이 없어서) 이런 의구심이 드는 것도 무리가 아니다. 그러나 배우자의 정서가 '진짜'가 아닐지도 모른다고 의심해서 이를 무시해 버려서는 안 된다.

부정적인 고리에서 볼 수 있는 것은, 관계의 춤에서 나타나는 고리를 따르는 점선의 층들, 즉 당신이 정서를 어떻게 드러내는지에 대한 것들이다. 하지만 부정적인 춤(점선 밑에 있는 것)에 사로잡혔을 때 당신이 볼 수 없는 것들은 무엇인가? 이 장에서 제시된 연습문제들은 부정적 춤의 표면 이상을 볼 수 있도록 하기 위한 것들이었다. 표면에서 스노클링을 하는 대신 스쿠버다이빙 장비를 메고 수면 밑으로 잠수할 용기가 생겼다면, 바닷속에서 일어나는 놀라운 일들을 발견할 수 있게 될 것이다.

배우자와 이야기를 나눌 때의 지침을 기억하자. 서로를 더 잘 알아가기 위한 L-O-V-E 대화를 실천하라.

- 시간을 들여 존중하며 들어라.
- 부정적 춤에 주의하며 '소용돌이에 빠지지 말고' 이를 멈추어라.
- 연습문제를 같이 하는 점에 서로에게 감사를 표시하자.
- 당신과 배우자, 그리고 둘의 관계에 대해 더욱 잘 이해하기 위해 계속 나아가자.

# 제7장

# 더 어려운 정서

## 경멸, 상처, 수치심, 죄책감 그리고 질투

지금까지 우리는 정서의 기능을 소개하며, 정서들이 어떻게 더 깊은 정서로 나타나게 되었는가를 알아보고, 행복과 사랑, 슬픔, 두려움, 분노라는 핵심 정서를 살펴보았다. 이제 이 장에서는 더 이해하고 견디기 어렵고 고통스러운 정서들을 다룰 수 있도록 도움을 제시하려고 한다. 어떤 학자들은 이러한 정서들을 "친밀한 관계의 어두운 면"이라고 부르기도 한다. 경멸, 상처, 수치심, 질투는 강렬한 정서적 고통을 일으키며 배우자 사이에 불쾌한 행동을 자극할 수 있는 것들이다. 이 장에서는 어려운 정서들을 경험한 부부에 대한 이야기를 통해 설명을 풀어 나갈 것이다. 부부의 이야기는 그들이 어떻게 이혼 위기에서 서로 다시 결합하게 되었는지를 보여 줄 것이다.

### 경멸

제5장에서 어떤 정서들이 얼굴에 쉽게 드러나는지 살펴보았다. 즉, 행복, 슬픔, 분노, 두려움, 놀라움인데, 여기에 경멸이 추가될 수 있다. 기본적으

로 경멸은 "당신은 열등하고, 가치가 없고, 악한 사람이다."라는 메시지를 전달하며, 경멸의 표현은 대개 오만함으로 받아들여지게 된다. 어떤 부부에게 경멸은 비웃음의 형태로 나타날 수 있으며, 이때 상대방은 조롱당하고 무시받는 느낌을 가지게 된다. 경멸을 나타내는 사람의 얼굴은 보통 말아 올려진 윗입술 입꼬리와 마치 악취라도 맡은 듯이 뒤로 젖혀진 고개로 나타날 것이다. 눈을 흘기는 것과 비웃는 말 역시 경멸을 나타낸다.

## 친밀한 관계에서 경멸의 영향

부부관계에서 경멸은 심각한 문제이다. 배우자의 얼굴에서 경멸감이 나타나는 것은 심각한 관계의 문제를 나타낸다. 사실 경멸은 이혼을 강력하게 암시하는 것이다. 존 가트먼John Gottman 교수의 연구에서도 나타났듯이, 모든 부부는 때로 배우자를 비판하고 무시하며 방어적인 태도로 대할 수 있으나, 좋은 관계에서 경멸은 거의 나타나지 않는다. 경멸의 표현은 관계의 문제를 암시하기도 하지만, 동시에 문제를 유발하기도 한다. 배우자가 당신에게 경멸을 표현하는 것을 알아차린다면, 어떻게 경멸감을 없앨 것인지 당장 노력해야 한다. 경멸감은 아주 치명적이며 좋은 의도와 긍정적인 감정들을 모두 지워 버리고 애착 결합을 약화시킨다. 자신의 기분과 경멸감을 자극하는 상황들을 이해하기 위해 적극적으로 노력해야 한다. 위험한 정서인 경멸보다는, 내면의 감정(예: 상처, 공포, 슬픔, 분노, 수치심, 무력감)들을 표현하고 이에 대하여 이야기를 나누는 법을 배워라.

혐오감(disgust)은 경멸과 아주 밀접한 관련이 있으며, 불쾌함(distaste)을 의미하는 프랑스어에서 파생한 것이다. 상한 음식을 뱉어 내는 것처럼, 불쾌한 생각, 가치, 행동들을 거부하면서 우리는 혐오감을 표시한다. 때로 혐오감은 분노처럼 유용하기도 하다. 예를 들어 언어적 · 성적 학대 또는 신체적 학대처럼 당신의 신체나 자존감을 침해하는 사람에게 나타내는 혐오감은 당신을 보호하는 데 도움을 줄 것이다. 하지만 반대로, 경멸감이나 혐오감이 자신의 내면을 향하여 수치심이나 자기혐오를 만들어 내거나, 배우자를 폄하하는 식으로 표현될 때는 도움이 되지 않는다.

## 성찰하기 7.1 경멸

나는 타인으로부터 경멸을 받아 본 적이 있는가? 그것은 나에게 어떤 경험이었는가? 나는 어떻게 느꼈는가? 나는 그것에 어떻게 대응했는가? ..............................................

..............................................

..............................................

..............................................

나는 그 사람에게 지금 뭐라고 말하고 싶은가? ..............................................

..............................................

..............................................

나는 언제 타인에게 경멸감을 표현했는가? ..............................................

..............................................

..............................................

조롱당하거나 과하게 놀림받는 것처럼 아주 약한 강도라고 해도 현재 연애 관계에서 경멸감을 경험한 적이 있는가? 만약 그렇다면 그것은 어떤 느낌이었는가? 나는 무엇을 느꼈는가? 나는 배우자에게 어떻게 행동했는가? ..............................................

..............................................

..............................................

..............................................

나는 배우자에게 경멸감을 표현한 적이 있는가? 내면을 자세히 들여다볼 때, 내가 느끼는 경멸의 감정들은 어떻게 우리 관계에서 생겨나게 되었는가? ..............................................

..............................................

..............................................

..............................................

배우자는 내가 경멸감을 표현할 때 어떻게 반응하는가? ..............................................

..............................................

..............................................

이러한 경험들을 되돌아보니 어떤 감정이 드는가? ..............................................

..............................................

..............................................

# 상처

## 고슴도치 두 마리

사회심리학자인 프랭크 핀챔Frank Fincham 교수는 알래스카 한복판에서 한밤중에 같이 웅크리고 있는 두 마리 고슴도치에 대해 설명했다. 고슴도치들은 온기를 위해 서로에게 꼭 붙어 있으려고 하지만, 가까이 다가갈수록 가시에 찔릴 위험도 커지게 되었다. 이 두 마리 고슴도치 이야기는 친밀감에 대한 기본적인 욕구가 상처를 입힐 가능성을 늘 동반하게 된다는 점에 대한 은유이다.

우리는 모르는 사람이나 주변 인물들로 인해 크게 상처를 입는 일은 별로 없다. 대출을 거부한 은행 직원 때문에 상처를 입었다거나, 일요일에 가게를 닫는 상점 주인 때문에 마음이 상했다고 불평하는 일도 거의 없다. 하지만 우리는 배우자나 가까운 사람들이 친밀감에 손상을 주거나 자신을 이해해 주지 못할 때, 또 필요할 때 곁에 없는 것에 대해서는 상처를 받는다. 사랑과 애착의 관계에서 우리는 가장 상처받기 쉬우며 동시에 또 큰 상처를 주게 되기도 한다.

## 상처 받은 감정은 신체적 고통과 비슷하다

정서적 상처는 실제로 아프다. 최근 신경과학계는 사회적 고립을 경험하는 뇌의 반응이 신체적 고통과 유사하다는 것을 밝혀냈다. 사회적 고립을 경험할 때의 뇌는 신체적 고통을 겪을 때와 동일한 부분을 활성화시키는 것이다. 정서적 상처는 특정 연령이나 특정 문화에 한정되는 것이 아니다. 임상 사례들은 정서적 상처들이 여러 문화에서 공통적으로 다양한 연령대의 부부관계에서 나타난다는 것을 증명한다.

친밀한 관계에서 겪는 상처에 대한 최근 연구에서, 실험 참가자들은 상처가 되는 계기들로 일련의 정서들, 예를 들어 관계의 상실에 따른 슬픔, 안정감 감소에 따른 불안, 부당한 공격에 대한 분노를 느낀다고 말했다. 지배적인 하나의 정서가 다른 정서들로 변화하는 것 역시 관찰되었다.

즉, 슬픔이 분노로 변화하거나, 그 반대로 분노가 나중에 슬픔으로 바뀌는 것이다. 해결되지 않은 정서적 상처들은 부정적인 상호작용으로 나타나서 지속된다.

## 상처가 되는 일들

친밀한 관계를 연구하는 주디스 피니Judith Feeney 박사는 부부관계에서 상처가 되는 경험들에 대한 연구에서 부부가 겪은 상처를 다음 다섯 가지로 분류했다. (1) 관계에서 멀어지려고 애를 쓰는 것(배우자가 관심을 보이지 않거나 이별에 대해 위협하는 경우), (2) 소극적으로 거리를 두는 것(배우자로부터 무시당하거나 배우자의 계획에서 제외되는 것), (3) 비판, (4) 불륜, (5) 속이기(약속을 어기거나, 거짓말을 하거나, 비밀을 지키지 않는 것)이다.

## 외도

외도는 부부에게 심각한 상처를 남긴다. 피니의 연구에 참가했던 부부는 외도를 가장 심각한 문제로 꼽았다. 외도는 더 많은 감정적 상처와 무력감, 의도적으로 상처를 입혔다는 생각을 남기며 부부관계에 장기적으로 부정적 영향을 미친다. 보통 외도를 단순히 성적인 관계로만 한정해서 생각하지만, 다른 사람과의 강렬한 정서적 교감 역시 관계 결합에 상처를 입힐 수 있다. 요즘 시대에는 '사이버 외도'로 인한 심각한 문제들이 나타나게 되었는데, 이로 인해 상처를 받은 사람들은 가장 큰 고통의 원인이 배우자의 거짓말이라고 답했으며, 사이버 외도 또한 실제 외도만큼이나 정서적으로 고통스럽다고 보고하고 있다.

많은 남녀 관계에서 성적 배타성, 즉 자신과만 성적 접촉과 헌신을 하기를 바라는 것은 중요한 기대이며, 사랑의 척도로 보이기도 한다.

## 성찰하기 7.2 상처

현재 배우자와의 관계에서 나는 언제 상처를 받는가? 상처를 받으면 무슨 일이 일어나는가? 나는 무엇을 느끼는가? 그러면 나는 어떻게 행동하는가? ..............................................

..............................................

..............................................

..............................................

나는 어떻게 배우자의 기분을 상하게 하는가? 배우자는 어떻게 반응하는가? 이것들은 우리 관계에 어떤 영향을 주는가? ..............................................

..............................................

..............................................

..............................................

손상된 관계를 회복하기 위해 어떤 노력들을 했는가? 이런 시도들은 얼마만큼 성공적이었는가? ..............................................

..............................................

..............................................

..............................................

부부가 서로 성찰하기 내용을 나눌 때, 같은 사건에 대해서도 다르게 기억하고 있을 가능성이 크다. 상처가 되는 경험에 대해 부부는 서로 다른 시각으로 말하는 경향이 있다. 이것은 당연한 일이다. 배우자의 말을 자르고 사실을 정정하려 들거나, 정당화를 하거나 자신이 기억하는 내용의 이야기를 하려 하지 말고, 배우자의 말에 귀를 기울이기 위해 노력하라. 배우자의 기분과 경험에 대해 듣는 동안 배우자에 대해 새로운 사실을 배우려고 노력하라. 성찰하기의 목표는 사건들에 대해 부부가 서로 동의하게 만드는 것이 아니라, 서로 다른 경험에 대해 듣고 이해할 수 있도록 돕는 것이다.

## 죄책감과 수치심

배우자나 친한 친구들, 가까운 가족들과 이전에 나누었던 상호작용들을 돌아보면 우리가 했던 일, 또는 실패한 일들에 대해 죄책감을 느끼는 것이 어떤 것인지를 분명하게 떠올릴 수 있을 것이다. 우리가 '적당한' 정도로 죄책감이나 수치심을 느낀다면, 이 감정들은 우리가 다시 실수를 하지 않고 미래의 상처에 대비할 수 있도록 도울 것이다. "우리가 어떤 사람이고, 스스로를 어떻게 바라보는지는 우리가 친밀한 관계를 갖는 사람들과 함께 건축하고 개조해 나가는 것이다."라는 말을 생각해 보자. 이 말은 당신의 관계에도 적용되는 말인가? 당신은 배우자가 상처를 받았다는 말을 들어줄 의향이 있는가? 당신은 배우자에게 가한 고통을 줄이기 위해 행동을 바꾸어 나가려 노력하는가? 예를 들어, 배우자가 화난 고함 소리가 무섭다고 말하면, 당신은 분노를 덜 고압적이거나 덜 시끄럽게 표현하려고 하는가? 반대로 당신은 솔직한 태도로 배우자에게 어떤 행동이 상처가 되는지 말해 줌으로써 스스로의 고통을 줄여 나가려고 노력하고 있는가? 만약 배우자가 당신의 어머니에 대해 비판한다면, 당신은 배우자에게 분명하게, 하지만 존중하는 태도로 그게 얼마나 상처가 되는지 말해 줄 수 있는가? 때로 배우자들은 상대방의 행동이나 무반응이 불만족스럽다는 것을 즉각 알려 주려고 한다. 하지만 어떤 사람들에게는 이런 일이 건설적이기보다는 파괴적인 행동으로 느껴질 수도 있다. 때로 자신의 모습이나 자신의 경험을 배우자와 함께 바꾸어 나가려고 하는 것은 생산적인 일일 수도 있지만, 그렇지 못한 경우도 있다.

## 죄책감을 관계 개선의 동기로 삼기

친밀한 관계에서 서로 보살피고 상대 배우자의 욕구에 어느 정도의 책임감을 느끼는 것을 보아, 상대에게 상처를 입히는 것은 죄책감을 느끼게 하기 마련이다. 죄책감은 우리가 관계 손상을 개선해 나가기 위해 행동하도록 한다는 점에서 도움을 줄 수 있다. 상처를 주는 배우자가 상처받은 배우자에게 죄책감과 후회를 표현한다면, 상처를 받은 사람은 상대 배우자가 관계에 관심을 기울인다는 확신을 다시금 가지게 된다.

대인관계에서의 잘못에 대한 반응은 사람마다 다르다. 예를 들어 어떤 사람들은 일상적인 상처를 심각한 폭력으로 받아들이는 반면, 어떤 이들은 커다란 잘못에도 영향을 받지 않는 것처럼 보일 수 있다. 또 어떤 사람들은 자신이 저지른 일에도 책임을 지려 하지 않으며, 어떤 사람들은 자신의 몫 이상을 책임지려 하기도 한다. 이러한 다양성은 대개 성격이나 원가족, 정신적 건강과 관련된다.

## 죄책감 대 수치심

죄책감은 우리가 잘못을 저질렀다는 것을 알 때 느끼는 정서이다. 잘못을 고백하고, 다음번에는 어떻게 할 것인지 교훈을 얻고, 죄책감의 결과로서 행동을 변화시킬 때, 죄책감의 경험은 건설적인 것이라고 볼 수 있다. 외도나 배우자 학대 등 우리가 집단의 규칙이나 스스로의 도덕관에 어긋나는 행동을 했을 때 유발되는 수치심이라는 정서도 자신의 잘못을 알아차리게 하는 유용한 것이다.

하지만 자신에 대한 분노나 실망, 혐오감이 강렬하게 오랫동안 유지되었을 때, 수치심을 느끼는 것은 비생산적인 경험이 된다. 어떤 사람은 외도 경험을 "나 자신을 야구 방망이로 두들겨 패야만 할 것 같았다."라고 말하기도 한다. 이 남성은 자기혐오의 형태로 나타나는 수치심에 갇혀 있었다. 그는 아내가 자신을 용서할 수 있다는 점을 믿기 힘들어했으며, 그래서 아내를 최대한 피하려고 했는데, 결국 이러한 사고와 행동은 부부관계를 회복시키는 데 더 많은 시간과 고통이 따르도록 만들었다. 이 경우처럼 도움이 되지 않는 수치심은 보통 타인 앞에서 스스로가 작아지고 가치 없게 느껴지는 압도적인 감정이며, 종종 상황으로부터 도망치거나 숨으려고 하는 욕구를 동반한다. 어떤 사람들은 어려서부터 경멸, 부당한 비판, 조롱 또는 심각한 처벌, 만성적인 수치심을 느끼기도 한다. 그러한 사람들은 자신이 사랑받을 가치가 없으며 결함이 있는 존재라고 느낀다. 수치심은 보통 내리깐 눈이나 축 처진 고개 등으로 표현이 된다. 수치심을 느끼는 사람은 '면목 없거나', 얼굴을 붉히거나, '몸이 뜨겁거나', 심장이 뛰는 경험을 할 수 있다. 어쩌면 당신도 삶에서 이러한 느낌을 받았던 경험을 떠올릴 수 있을지도 모르겠다.

깊은 수치심의 결과로 따르는 부정적인 결과들만큼이나 수치심은 대인관계에서도 나쁜 영향을 미칠 수 있다. 슬프거나, 상처를 받았거나, 실망감을 가지고 있는 배우자의 말을 주의 깊게 듣고 반응해 주는 것은 배우자가 수치심을 느끼지 않도록 도울 수 있다. 수치심은 배우자의 욕구에 반응하지 못하도록 하고 정서적 교감을 빼앗아 버린다. 깊게 수치심을 느끼는 사람은 부정, 비난, 복수 또는 강한 분노를 표현함으로써 스스로를 보호하려고 들 수 있는데, 이는 친밀한 관계를 악화시키는 요인이 된다. 때로 죄책감과 수치심의 구분이 힘들고 두 정서가 겹쳐 나타나는 경우도 있다. 이때 개인은 죄책감과 수치심을 혼합적으로 경험한다. 스스로가 근본적으로 나쁜 사람이라는 감정과 함께 지금까지 저지른 일에 대한 후회를 하게 되는 것이다.

> 죄책감이나 수치심이 자신의 행동을 책임감 있게 돌아보도록 하고, 개인적으로 성장하며 관계 손상을 개선해 가도록 도울 때, 이는 고통스럽지만 소중한 정서이다.

우리의 행동이 타인에게 미치는 영향에 대한 관심, 자신의 실수를 인정하는 것에 대한 부끄러움, 개선에 대한 의지를 표현하는 것은 관계를 더욱 강하게 만든다. 반대로 상처를 입힌 사건들이 미치는 부정적인 영향들은 방어적인 부정과 자신의 책임에 대한 거부, 타인에게 비난을 떠넘기기 등과 같은 비생산적인 수치심으로 인해 더욱 악화된다.

죄책감과 수치심에 대한 연습문제들을 하기 전에, 심각한 부정적인 정서와 수치심, 죄책감으로 가득 찬 프레데리카와 몬티 부부의 사례를 살펴보자. 이들은 경멸과 죄책감, 수치심 같은 정서들이 변화할 수 있으며 사랑을 회복할 수 있다는 믿음을 주는 사례이다.

## 프레데리카와 몬티: 사랑을 되찾는 이야기

재택근무를 하는 번역가인 프레데리카와 의사로 일하는 몬티는 이혼 직전에 상담을 받으러 왔다. 그들은 각자 개인적인 상담을 받아 왔다고 했고,

부부 상담을 받았던 경험도 있었는데, 이번 상담은 부부관계를 회복하기 위한 마지막 희망이라고 말했다. 부부관계를 회복하고자 했던 이유는 열한 살, 열세 살짜리 아이들과 프레데리카가 전 결혼에서 낳은 열일곱 살짜리 딸이 있었기 때문이었다. 몬티와 프레데리카의 관계는 몇 년 동안 소원했으며, 10년 이상 육체적 애정이나 친밀감을 표현한 적이 없고 부부간 사랑이 없었다. 몬티는 프레데리카가 그를 엄청나게 비하하며 경멸에 찬 분노로 비난을 하는 경향이 있다고 말하며 자신과 아이들은 둘 사이의 폭발을 피하기 위해 전전긍긍했으며 가정은 항상 긴장에 휩싸여 있었다고 말했다. 프레데리카 역시 자신이 깊은 우울증에 빠져 상담을 피하게 되었고 자신의 우울증이 몬티의 무심함과 차가움 때문에 악화되었다고 말했다. 몬티에게 다가갈 수 없게 되면서 몬티에게 "아무 감정도 느낄 수 없다"고 원망하면서 말했다. 프레데리카는 남편이 아이들과는 어렵지 않게 어울리는 것을 보면서 고통을 느끼고 있었다.

## 부정적 고리

부부관계에서 만성적인 고통을 겪는 이들이 우울증, 불안, 불면증, 스트레스와 피로감, 낮은 자존감과 같은 일반적인 심리적 증상들이나, 나아가 신체적 증상까지 나타내는 경우는 흔한 일이다. 이는 부부관계가 건강에 중요한 역할을 한다는 것을 나타낸다.

프레데리카와 몬티는 상담사와 함께 자신들의 관계 역동을 자세히 살펴봄으로써, 그들의 관계가 어떻게 변화했으며 이것이 어떻게 프레데리카의 우울증을 지속시켰는지 이해할 수 있게 되었다. 프레데리카는 몬티와 아이들에게 소외당하고 있다는 느낌을 강하게 가지고 있었다. 그녀의 경멸적인 분노는 몬티에게 자신의 고통을 전달하기 위한 것이었는데, 이는 몬티가 매우 냉정하고 자신에게 관심이 없는 사람이라고 여겼기 때문이다. 프레데리카는 그에게 매주 집안을 수리하기 위한 '할 일 목록'들을 만듦으로써 반응을 이끌어 내려고 했다. 몬티는 무엇이든 자신이 직접 일하는 것을 좋아했으며 어떤 식으로든 프레데리카를 기쁘게 한다는 점에서 만족했고, 그녀는 애정의 증거로서 몬티가 자신이 제시한 목록들을 수행해 나가는 것을 보면서 안정을 찾았다. 하지만 이것은 표면적인 교감일 뿐이었다. 분노에 찬 비난 속에서 프레데리카는 매우 슬프고 외로운 사람이었으며, 가족들이 자신을 마치 이상한 동물 바라보듯 하는 시선에 상처를 받았다. 몬티는 그녀를 무심하게 대했고, 프레데리카의 분노에 상처받지 않기 위해 아이들과 함께했다. 하지만 실제 프레데리카는 몬티에게 깊은 영향을 미치고 있었다. 그녀와 엮이지 않으려는 거리 두기 행동은 격렬한 말다툼 이후에 느끼는 절망감을 견디도록 하는 방법이었다. 그러나 이러한 몬티의 모습은 프레데리카가 남편과 소통할 방법이 없다고 느끼면서 더욱 고통과 우울을 증폭시키는 경험을 강화시킬 뿐이었다.

## 이전의 애착 경험들

프레데리카와 몬티는 비교적 행복한 어린 시절을 보냈으며 부모님이나 형제들과 좋은 관계를 가지고 있었다. 프레데리카는 스무 살에 첫 결혼했으나, 첫 남편은 결혼 2년 만에 스카이다이빙 사고로 죽었다. 갑작스러운 죽음에 그녀는 절망했고, 혼자서 아이를 키워야만 하는 나이 어린 엄마가 되었다는 사실에 짓눌렸다. 부부관계가 영원히 유지될 것이라는 믿음은 완전히 깨졌다. 그녀는 젊은 시절에 사랑을 잃은 것이 너무나 고통스러워서 다시는 사랑에 빠지지 않기로 결심했다. 그녀는 삶을 안전하고 예측 가능하게 만들려고 노력했고, 이는 몇 년 후 배우자를 결정하는 데에도 영향을 주었다.

몬티를 만날 즈음에, 프레데리카는 자신과 아이를 위해 예측 가능하고 안정적인 사람을 찾고 있었다. 그녀는 몬티의 안정적인 삶과 정서적 절제에 대해 처음에는 안정감을 느꼈다. 하지만 문제가 생겼을 때 몬티는 위축되어 자신의 내면을 보이지 않았다. 이는 그녀가 자신의 삶에서 또 다른 남자를 잃고 있다는 느낌이 들도록 했다.

몬티의 관점에서 보면, 그가 내향적으로 된 것은 프레데리카가 이미 충분히 고통을 겪었다고 생각했기 때문이었다. 자신의 문제로 그녀에게 더 이상 짐을 지우고 싶지 않아서 그는 자신의 욕구를 최소화했다. 상담에서 부부는 프레데리카가 일상생활을 관리하고 통제하는 방식, 몬티가 예측 가능성과 안정감을 제공하기 위해 '바위'처럼 되는 점, 부부 사이에 깊은 정서적 교감을 나누려 하지 않았다는 점에 대해 이야기를 나누었다.

시간이 지나면서 또 한 번 배우자를 잃고 있다는 프레데리카의 두려움은 급격한 분노와 몬티로부터 반응을 이끌어 내려는 절박한 시도로 변화했다. 이런 시도들이 성공하지 못할 때, 경멸과 우울이 그들의 삶에 자리 잡기 시작했다. 프레데리카가 우울증 진단을 받은 뒤, 몬티는 자신의 걱정이 부부관계에 도움이 되지 못한다고 여겼다. 그는 계속해서 자신의 문제들을 숨기고, 오직 자신과 아이들을 프레데리카의 분노로부터 보호하는 데 집중하게 되었다.

## 음악을 바꾸고 춤을 바꾸기

프레데리카와 몬티는 심각하게 대립하는 상태에서 상담을 받으러 왔다. 초기 상담은 프레데리카가 소리 높여 비난하고, 몬티는 자신의 행동을 정당화하고 반박하며 모든 감정을 부정하는 등 방어적인 태도를 취하면서 악화되곤 했다. 몬티가 거리를 두면 둘수록 프레데리카는 그에게 다가가려고 시도했다. 특히 분노하는 상호작용에서 몬티는 지친 것처럼 보였다. 상담사가 그의 상태를 반영했을 때 몬티는 현재 결혼 생활이 얼마나 고통스러운지 솔직하게 털어놓았다. 프레데리카는 자신이 몬티를 공격했을 때 몬티가 얼마나 상처를 받는지 처음으로 마음을 열고 말하는 것을 믿을 수 없다는 듯이 바라보았다. 몬티는 자신을 보호하기 위해 차분함이라는 벽 뒤로 숨지만, 속으로는 크게 마음이 상한다는 점을 말했다. 프레데리카의 불신은, 자신의 분노에 찬 비난들이 정말로 몬티에게 큰 영향을 준다는 것을 깨달으면서, 동정심과 수치심으로 변하게 되었다. 그녀는 몬티가 스스로 자신을 잘 챙기는 모습이 마치 아내인 자신이 필요 없는 것처럼 느껴져서 심한 불안을 느끼게 된다고 말했다. 결국 아내인 자신이 몬티에게 영향을 준다는 것을 듣는 것은 프레데리카에게 새로운 깨달음을 주었다. 이 깨닫음은 몬티의 차분한 겉모습이 그녀의 고통에 신경 쓰지 않는 것이라고 여겼던 이전의 생각을 바꾸어 놓는 것이었다.

부정적 관계에 놓여 있는 핵심 정서에 대한 개방은 관계를 개선시키도록 도왔다. 그들 사이의 긴장이 깨어지기 시작한 것이다. 프레데리카는 마음이 차분해지면서 더욱 존중하는 태도를 보였다. 몬티는 긴장을 풀고 이전보다 더욱 속마음을 잘 열게 되었다. 부부간 충돌은 줄어들었고, 의사소통은 긍정적이고 원활한 관계를 향해 나아갔으며, 더욱 큰 안정감을 가져오게 되었다. 정서중심상담 용어로 설명하자면, 그들은 부정적 고리를 줄였으며, 이는 더욱 깊은 정서적 친밀감을 형성하는 밑거름을 제공하게 된 것이다.

## 충족되지 못한 애착 욕구

처음으로 프레데리카에게 속마음을 털어놓았을 때, 몬티가 느꼈던 안도감은 부부간에 깊은 교감을 느끼게 해 주었다. 어쩌면 그들은 서로 그렇게 외로울 필요가 없지 않았을까? 어쩌면 프레데리카는 그를 지지해 줄 수도 있지 않았을까? 몬티는 이를 시도해 보기로 결심했다. 그는 가정에서 열심히 노력했지만 프레데리카를 만족시킬 수 없었던 자신의 경험 속에서 쌓인 심한 우울(핵심 정서)을 표현하는 것으로 시작했다. 그는 그녀의 분노를 두려워하는 것과 좋은 남편이 아니기 때문에 자신이 가치가 없다고 여기는 내면의 수치심을 털어놓았다. 그는 앞으로는 정서적으로 멀어지지 않을 것이라고 말하고 프레데리카가 자신을 필요로 할 때 화를 내는 대신 솔직하게 부탁해 달라고 말했다. 그는 또한 자신이 우울하고 외로우며(핵심 정서), 혼자서 자기 스스로를 추스려야 하는 것에 지쳤다고 말했다. 몬티는 자신은 프레데리카의 사랑과 위로가 필요하다고 말했고, 자신의 감정을 표현할 수 있도록 도와 달라고 부탁했다(애착 욕구).

이 과정은 프레데리카에게로 옮겨갔다. 이제 자신의 내면을 돌아보고 친밀함을 막는 것이 무엇인지 인식하는 것은 프레데리카의 몫이 되었다. 몬티와 소통하기 위해 화를 내는 것이 몬티에게 얼마나 상처가 되고 절망스러웠는지 듣는 것은 프레데리카에게는 부끄러운 일이었다. 하지만 몬티의 '곁에 있고' 싶은 프레데리카의 마음은 자신의 수치심을 돌아보고 그의 고백을 수용하도록 만들었다. 그녀는 자신의 부끄러움과 후회를 드러냈고, 몬티는 그것을 감사히 받아들이면서 부부의 관계는 진전을 보였다. 프레데리카는 몬티가 자신을 필요로 하는 것이 부부관계에서의 목표를 가지게 만들었고, 이는 프레데리카가 자신을 바라보는 관점을 개선시키는 것으로 이어졌고, 더불어 그녀의 우울증을 완화하는 데 도움을 주었다. 프레데리카는 다시는 깊게 사랑하지 않겠다고 맹세함으로써 과거의 고통에서 자신을 보호하고자 했던 시도들이 현재 관계에서 외로움과 우울을 가져왔다고 고백했다. 그녀는 지난 세월 동안 자신이 무언가를 빼앗겨 왔다는 점에 대해 슬픔(핵심 정서)을 느꼈고, 몬티에게 자신이 느끼는 여러 정서들을 개방하게 되었다. 그녀는 친밀한 결합(애착 욕구)에 대한 갈망을 표현하면서, '할 일 목록'처럼 그녀가 이전에 몬티와 상호작용하기 위해 시도했던 것들을 극복하려 했다. 프레데리카는 그들의 관계가 서로에게 최고의 경험, 즉 친밀함과 안식의 공간이 될 수 있도록 꿈꾸는 것이 얼마나 신나고 또 얼마나 두려운(핵심 정서) 일인지 말했다. 그녀는 몬티에게 정서적으로 기댈 준비를 하면서 그에게 인내심과 확신을 줄 것을 요청했다(애착 욕구).

몬티가 프레데리카의 몸부림에 즉각적으로 공감을 해 주긴 했지만, 그가 부부관계에서 위축되지 않고 어떻게 서로 간에 욕구의 균형을 맞출지 방법을 찾는 데에는 꽤 오랜 시간이 걸렸다. 하지만 그들은 결국 작은 일과 정기적인 상호작용을 통해 길을 찾았고, 결합의 순간들을 유지시켰다. 조금씩 그들의 인내심이 힘을 발휘하기 시작한 것이다. 그들의 애착 결합과 신뢰는 더욱 강화되었고, 무거운 짐은 덜어지게 되었다. 몬티와 프레데리카는 서로가 곁에 있다는 점에 다시 기뻐하게 되었고, 다정하고 즐거운 관계를 가지게 되었다. 가정에는 다시 웃음이 찾아오게 되었다. 이제 당신의 관계에서 나타나는 죄책감이나 수치심에 대해 살펴보자.

## 성찰하기 7.3 죄책감과 수치심

배우자와의 관계에서 나는 언제 죄책감을 느꼈는가? 무슨 일이 있었는가? 나는 또 어떤 감정을 느꼈는가? 나는 어떻게 행동했는가? 어떤 것이 도움을 주었는가?

..........

..........

..........

..........

나는 만성적이거나 비생산적인 수치심을 경험한 적이 있는가? 내 존재가 의미 없고 가치 없다는 기분이 들게 하는 사람은 누구였는가? 이것은 당신에게 고통스러운 성찰이 될 수도 있다. 자신을 천천히 조심스럽게 대하라.

..........

..........

..........

숨거나 분노로 보복하는 등의 예와 같이 내가 하고 싶었던 것은 무엇인가? 무슨 일이 있었는가? 지금 그 감정들을 떠올리면서 어떤 일이 일어나고 있는가?

..........

..........

..........

나는 부부관계에서 수치심을 느낀 적이 있는가? 어떤 것이 수치심을 자극하는가?

..........

..........

..........

..........

배우자가 하는 말이나 행동 중에 어떤 것이 수치심을 불러일으키는가? 나는 보통 어떻게 행동하는가? 그것이 배우자에게 어떤 영향을 주는가? 그것은 도움이 되는가?

..........

..........

..........

..........

나는 어떻게 배우자에게 수치심이 들게 하는가? 배우자에게 이것은 어떤 기분인가? 그것은 도움이 되는가? 배우자에게 수치심이 들게 행동하면서 내가 진짜로 이루려고 했던 것

(다음 쪽에 계속)

은 무엇인가?

..................................................

..................................................

..................................................

..................................................

제10장에서는 관계 개선에 대한 성찰하기를 더욱 깊이 있게 다룰 것이다. 표 7.1은 죄책감이나 수치심을 다루는 데 유용한 도움말을 제공한다.

**표 7.1 죄책감이나 수치심 대하기**

만약 당신이 배우자에게 한 일에 대해 좋지 않은 감정이 든다면, 다음이 도움이 될 수 있다.

| | |
|---|---|
| **1. 용기를 되찾으라** | 시간과 공간을 내어 깊게 생각해 보라. 자신에게 솔직해질 용기를 가지자. |
| **2. 어떤 것에 대해 죄책감이 드는가?** | 상처나 고통을 일으키는 등 자신이 한 일에 대해 죄책감을 느끼는지, 또는 스스로의 내면에 대해 결함이 있다고 여기는 것 같은 비생산적인 수치심을 느끼는지에 대해 점검해 보라. 가능하다면, 도움이 되지 않았거나, 불친절하거나 경솔했던 행동들에 대해 이해하려고 노력해 보자. 당신 자신에 대해 좋지 않은 감정을 느끼기보다는 "나는 내가 ……하게 한 일에 대해 후회한다"라고 말하는 것이다. 부정적 감정들이 느껴지는 일들이 많다면 목록을 작성해 보는 것도 좋다. |
| **3. 비난이나 축소 금지** | 본인의 좋지 않은 감정을 타인을 비난함으로써 해소하거나 문제의 심각성을 축소하려는 유혹을 이겨 내자. 당당한 태도로 자신의 실수를 인정해야 한다. |
| **4. 수치스러워하지 않기** | 자신의 내면으로 돌려진 분노와 경멸로서 비생산적인 수치심을 있는 그대로 인식하라. 수치심을 주는 메시지들이 어디서 오는지 생각해 보자. 자신에 대한 분노와 조소를 쏟아 내는 것이 어떤 기분이 들게 할지 생각해 보라. 스스로에게 "나는 내가 한 일을 어떻게 변화시키고 이런 일이 다시는 없도록 예방할 준비가 되었는지" 물어보라. |
| **5. 변화에 집중하라** | 어떻게 손상을 변화시킬 수 있을지 생각해 보라. 배우자에게 무슨 말을 해 주고 싶은가? 사과를 할 때에는 솔직하면서도 간단하게 하고, 대화의 주제가 된 사건에 집중하라. 배우자가 당신의 수치심과 진심 어린 후회를 볼 수 있도록 하라. 후회와 죄책감의 감정에 집중하라. 배우자와 대화할 때 자신의 실수를 고쳐 나가고 싶은 마음을 표현하라. 당신이 유발한 고통에 대해 걱정하고 있다는 점을 분명하게 드러내야 한다. |

(다음 쪽에 계속)

| | |
|---|---|
| **6. 용서를 구할 때 인내심을 가져라** | 배우자가 당신을 용서하도록 강요할 권리가 없다는 사실을 받아들여라. 배우자가 당신을 용서하도록 부탁할 수는 있다. 하지만 배우자가 바로 그렇게 행동하는 것은 어려울 수도 있다는 점을 기억하자. 당신은 배우자의 용서를 위해 기다려야 할 수도 있다. |
| **7. 당신을 용서하기 위해 배우자에게 필요한 것은 무엇인가?** | 배우자가 용서를 할 수 있도록 당신이 어떻게 도울 수 있는지 물어보라. 배우자의 반응에 관심을 기울여야 하지만, 진심이 아닌 감정을 느끼고 진심이 아닌 어떤 행동들을 하도록 강요해서는 안 된다. 당신의 겸손함, 호기심과 존중을 표현하라. |

## 질투

사랑하는 관계에서 질투는 보통 자신들의 관계가 위협을 받는다고 여겨질 때 나타난다. 질투심을 유발하는 사건들은 개인마다 또는 부부마다 차이가 있다. 질투를 유발하는 계기는 제삼자를 향한 미소나 추파, 또는 접촉부터 시작해서 이전 배우자나 미래의 배우자라고 생각되는 사람에 대한 발언이나 만남 등이 있다. 앞에서 언급한 바와 같이, 온라인상의 관계들은 생각보다 배우자에게 고통을 안겨 줄 가능성이 크다. 결국 사이버섹스나 포르노, 외도 등의 온라인 활동은 배우자에게 질투심을 유발하거나 부정적인 정서들을 자극할 수 있다. 나아가 페이스북 같은 SNS 사이트가 불신과 질투심을 자극하는 부정적인 영향을 미치기도 한다.

### 긍정적인 점과 부정적인 점

사려 깊게 표현된 질투심은 관계에 유용할 수도 있다. 자연스러운 질투는 제삼자의 침입을 막음으로써 관계를 보호한다. 약간의 질투는 당신에게 배우자가 얼마나 소중한 지, 외부의 방해로부터 관계를 지키는 것이 얼마나 중요한지 깨닫게 한다. 하지만 질투가 항상 그렇게 간단하지만은 않다. 질투심에 대한 반응으로서 두려움, 분노의 반추, 우울한 위축, 집착적인 감시, 언어적 · 신체적인 폭력 등 다양한 부정적인 결과들이 나타날 수 있다. 특히 강한 두려움과 분노를 유발하는 질투심은 부부를 파멸의 길로 들어서게 할 수도 있다. 이런 질투심은 질투를 하는 쪽이나 질투를 유발하는 쪽의 관점에서 볼 때 부부 결합에 대한 불안의 표현이라고 볼 수 있다.

당신의 관계에서 질투심이 작동하고 있다면 멈추고 생각해 보라. 자신에게 이것이 정말로 무엇인지 물어보라. 나는 이 관계에서 질투를 느끼는 쪽인가, 아니면 자극하는 쪽인가? 이 질투심은 현재 또는 과거의 관계에 대한 불안과 관련이 있는가? 이전에 배신을 당한 경험이 있다면, 배신의 '전조'들에 주의를 기울이며 민감하게 반응하는 것은 당연한 일이다. 나아가 아버지가 여러 번 외도를 했고 직장에서 나이 많은 남성들로부터 원치 않는 구애를 받았던 경험이 있는 여성의 경우, 남편이 직장에서 고위직에 오른 후 남편을 신뢰하지 못하게 된 사례도 있었다. 남편은 아내의 의심이 근거가 없다고 생각했기 때문에 아내의 질투는 곧 남편이 짜증을 내게 만드는 원인이 되었다.

이전에 겪었던 삶의 경험이 배우자를 신뢰하는 데 영향을 미치게 되었다면, 과거의 경험과 배우자의 행동을 따로 떼어 놓고 생각해 보는 것이 좋다. 당신이 어떤 것을 민감하게 생각하는지 배우자에게 알려 주는 것도 도움이 될 것이다. 배우자가 질투를 하는 경향이 있다면, 당신이 부부관계에서 어떻게 배우자를 안심시킬 것인지 또 부부관계에 헌신한다는 확신을 어떻게 줄 것인지 생각해 보라. 배우자가 당신을 신뢰할 수 있는 근거를 줄수록 배우자는 질투심과 관련된 불안과 두려움을 극복할 수 있을 것이다.

## 성찰하기 7.4 질투

나는 배우자와의 관계에서 질투를 한 적이 있는가? 무엇이 질투를 유발했는가?

..................................................

..................................................

..................................................

(다음 쪽에 계속)

또 나는 무엇을 느꼈는가? 나는 어떻게 참고 행동했는가? 그것은 배우자에게 어떤 영향을 미쳤는가?

..............................

..............................

..............................

..............................

어떤 것이 나의 기분을 좋아지게 하거나 나빠지게 만들었는가?

..............................

..............................

..............................

..............................

내가 다른 사람들과 상호작용하는 것에 대해 배우자가 질투심을 느낀 적이 있는가? 배우자는 질투를 느낄 때 어떻게 행동하는가? 배우자는 질투심에 대해 어떤 말을 했는가?

..............................

..............................

..............................

..............................

배우자에게 질투심을 유발한 내 행동에는 어떤 것이 있었는가?

..............................

..............................

나의 동기를 살펴볼 때, 자극적인 행동을 통해 내가 전달하고자 하는 바가 따로 있었는가? 만약 그렇다면, 내 행동을 통해 표현되는 내면의 정서들은 무엇이었는가?

..............................

..............................

..............................

..............................

우리 관계에서 질투를 다루는 데 도움이 되는 방식들에는 무엇이 있는가?

..............................

..............................

질투를 다루고 함께 안정감을 형성하게 된 부부인 브래드와 재닌의 이야기는 제9장에 실려 있다. 표 7.2는 질투를 다루기 위한 도움말이다.

**표 7.2 애정 관계에서 질투를 다루기 위한 도움말**

| | |
|---|---|
| **1. 예방이 최고다** | 부부는 의도적으로 서로를 고통스럽게 하지는 않는다. 배우자가 질투하는 것을 안다면, 배우자가 견디기 힘들어하는 상황이 무엇인지 명확히 알 수 있도록 대화를 나누어 보라. 이러한 이해를 기반으로 당신은 문제를 일으키지 않는 행동들을 할 수 있게 될 것이다. 예를 들어, "당신이 전 배우자에 대해서 말하는 것은 괜찮지만, 헤어진 지금도 만나서 점심을 함께 먹는 것은 싫어요."라고 말하는 것이다. 부부로서 전 배우자를 만나게 된다면 항상 약속을 잡기 전에 배우자에게 말해 주어야 한다. "당신에게 무엇이 도움이 될까요? 당신의 걱정을 덜기 위해 내가 해 줄 수 있는 것은 무엇인가요?"라고 묻는 것과 같이 좋은 결과를 위해 협동하라. |
| **2. 질투는 관심의 증거다** | 배우자가 질투를 느낀다면 이를 당신이 배우자에게 얼마나 중요한 존재인지 알려 주는 것으로 받아들여라. 배우자가 당신이 무엇을 하든 누구와 시간을 보내든 신경 쓰지 않는다면, 당신의 관계는 배우자에게 별로 소중한 것이 아닐 수도 있다. |
| **3. 당신은 무엇을 느끼는가?** | 당신이 질투를 느낀다면 일단 멈춰서 이를 자각하라. 당신의 감정을 자극하는 것이 무엇인지 확인하라. 호흡을 늦추고 질투와 관련된 감정들을 인식하자. 이 질투는 배우자가 당신에게 얼마나 중요한 존재인지 되새겨 주는가? 아니면 고통, 불안, 불충분한 느낌이 자극되는가? |
| **4. 호흡을 늦추고 추측을 밝혀내라** | 만약 당신이 질투를 느끼면서 긴장, 분노 등의 고통을 느낀다면 최대한 평정심을 유지하려고 노력하라. 생각과 행동을 늦추기 위해 심호흡을 해 보자. 당신이 상황을 잘못 판단할 수도 있다. 어떤 비난도 하지 말고 상황에 대해 이야기하고 정리해 보라. |
| **5. 질투심을 인식하라** | 배우자와 대화를 나누기로 결심했다면, 배우자의 나쁜 행동을 비난하기보다는 자신의 경험에 집중하라. 그렇지 않으면 이 대화는 공격/방어의 고리로 빠져들게 될 것이다. 주의를 기울여 비난하기보다는 내면의 연약한 감정들을 나누는 데 집중하라. 예를 들어 "오늘 밤 당신이 전처와 웃으면서 통화하는 것을 들었을 때 나는 질투가 났어요. 내가 이런 말 하는 것을 싫어하는 걸 알지만 이에 대해 계속 속상해하기보다는 당신에게 말하는 것이 나을 것 같아요."라고 말할 수 있을 것이다. 여기서 질투는 비난이 아닌 솔직한 방식으로 표현되고 있다. 배우자에게 힘을 주는 반응을 할 수 있는 기회를 주어라. |

(다음 쪽에 계속)

| | |
|---|---|
| **6. 당신의 반응을 계속해서 점검하라** | 배우자가 질투심에 대해 이야기를 하면 당신의 내면에서는 강한 반응들을 자극할 수도 있다. 비난받거나 공격받는 느낌이 들 수 있으며, 이전에도 이러한 말을 들은 적이 있다면 매우 화가 날 것이다. 실제로 일어나는 일에 대해서가 아니더라도 이러한 질투심은 배우자의 힘든 마음을 인지하는 것으로 완화될 수 있다. 만약 당신이 추파를 던지거나, 인터넷으로 포르노를 시청하거나, 전 배우자와 비밀스러운 대화를 나누는 등과 같이 배우자가 질투하도록 만들었다면 앞에서도 설명했듯이, 배우자가 이러한 상처들을 극복할 수 있도록 적극적으로 도와야 할 필요가 있다. |
| **7. 계속해서 주의를 기울이기** | 외도, 상처, 질투 등의 부정적인 사건들은 대개 인정하기 배우자의 휴대전화나 위치를 검사하는 것과 같은 부끄러운 '감시' 행동들로 이어지게 된다. 외도 후의 이러한 행동은 이해할 수 있지만, 이러한 행동이 지속적으로 이어지게 된다면, 이는 배우자의 불만을 가져오고 결국 당신에게 역효과를 가져다줄 것이다. 당신의 두려움과 불안에 대해 이야기를 나누고 당신의 배우자가 당신을 위로할 수 있도록 하는 것이 더 나은 방법이다. |

## 배우자와 이야기하기

당신과 배우자가 준비가 되었다면, 여러 번 시간을 내어 당신의 생각들에 대해 대화를 나누어 보자.

- L-O-V-E 대화를 이용해 서로를 더욱 잘 이해할 수 있도록 노력하라.
- 감정을 표현하는 데 서두르지 말자. 배우자가 하려는 말을 존중하며 주의 깊게 듣자.
- 민감한 주제들에 대해 이야기를 나눌 때 방해가 되는 부정적인 상호작용을 주의하라.
- 당신과 배우자, 관계의 성공에 대해 더욱 잘 이해하기 위해 계속 읽어 나가라.

# 제8장

# 안전한 길은 좋은 의도로 만들어진다

우리가 세상과 어떻게 교류하며 관계에서 어떻게 상호작용을 하는지는 동시에 작용하는 여러 가지 요소들로 인해 결정된다. 앞 장에서는 슬픔, 두려움, 수치심 등의 다양한 정서를 구분하는 법과 핵심 정서와 반응성 정서라는 정서의 종류에 대해 살펴보았다. 제6장에서 다루었듯이 부정적 관계의 춤은 핵심 정서들을 다루는 방법에서 기인한다. 이러한 핵심 정서는 어디서 출발하는가? 무엇이 그것들을 자극하는가? 이 장에서 우리는 이러한 질문에 대한 답을 제공하며, 당신의 경험과 당신의 관계의 다른 중요한 측면에 대해 탐색해 볼 것이다.

관계가 정서를 자극한다는 점을 이제 잘 알 수 있다. 관계는 사랑받고, 돌봄을 받고, 안정감을 찾으며, 인간의 욕구를 충족하기 위한 기본적인 애착 결합이기 때문이다. 사랑에 빠지는 행복에서부터, 다른 사람의 곁에 있는 기쁨, 처음 겪는 감정적인 상처로 인한 눈물까지, 정서들은 진공 상태에서 발생하는 것이 아니다. 수전 존슨Susan Johnson이 말하는 것처럼, 핵심 정서의 저변에는 안정감, 친밀감, 관심, 존중에 대한 욕구와 같은 기본적인 애착 욕구가 있다.

> 애착 욕구는 애정 관계에 다음과 같은 기본적인 질문을 던진다. "내가 당신을 필요로 할 때 당신은 와 줄 건가요? 내 곁에 있어 줄 건가요? 나를 지지해 줄 건가요? 당신은 나에게 기댈 건가요? 나를 곁에 둘 건가요?"

핵심 정서들은 가장 중요한 관계에서 기본적인 욕구들이 충족되거나 결핍되었을 때 유발된다. 우리는 욕구가 충족될 때 기쁨, 행복, 환희, 안도감과 같은 긍정적인 정서를 느끼기 마련이다. 반대로 욕구가 충족되지 못할 때에는 슬픔, 두려움, 분노, 심지어는 수치심과 같은 부정적인 정서나 불편함을 느끼게 된다. 관계에서 강한 핵심 정서를 경험하고 있다면, 관계 욕구에 대해 되돌아보는 것이 중요하다. 예를 들어 다음과 같은 경험을 할 수 있다.

- 피곤한 하루가 끝나고 난 다음에 배우자와 함께 농담하고 웃으며, 삶의 스트레스를 견딜 수 있는 가벼운 분위기와 쾌활함에 대한 욕구를 충족시키며 행복해함
- 심한 말을 하고 난 다음에, 관계 회복과 위로에 대한 욕구를 느끼며 슬퍼함
- 성격에 대한 비난을 받은 후 존중에 대한 욕구를 느끼며 분노함
- 배우자가 질려서 떠나는 것에 대해 안정감과 재확인에 대한 욕구를 느끼며 두려워함

당신이 핵심 정서에 주의를 기울인다면 이 정서들은 당신이 무엇을 필요로 하고 있는지 알려 준다. 핵심 정서는 관계 욕구로 들어가는 입구이다.

정서적 욕구를 직접적으로 표현하는 것에 어려움을 겪거나 당신의 욕구가 무엇인지 아직 모른다면, 그것은 당신의 배우자를 혼란스럽게 할 수 있다. 배우자의 관심을 끌기 위해 빈정대는 말을 하는 것이 그 예이다. 배우자의 주의를 끄는 것은 친밀한 관계에서는 매우 중요한 욕구이다. 빈정거리는 말투는 혼란스러울 뿐만 아니라 부정적 상호작용을 이끌어 낼 수 있어서 역효과를 낼 수 있다.

부정적인 고리에서 나타나는 공격과 위축 행동을 자세히 살펴보면 그 뒤에는 항상 의미 있는 의도들이 숨어 있다는 것을 알 수 있다. 이런 문제 행동들은 애착 의도인 관계 결합, 안전함 또는 안정감을 되찾기 위한 방식일 수 있다. 부부관계가 불화할 때 당신의 행동 뒤에 무엇이 놓여 있는지 자세히 보면 당신의 의도가 무엇인지 알 수 있다. 많은 부부들의 경우 이 의도들은 거의 말로 표현되지 않는데, 자신의 의도를 파악하고 배우자에게 알려 주는 것은 서로에게 다시 다가갈 수 있게 해 주는 디딤돌이 될 것이다.

## 애착 의도 찾기

공격-위축 행동에 놓여 있는 애착 의도들을 파악하기 위해 퍼트리샤와 윌리엄의 사례를 다시 살펴보자. 처음 상황에서 퍼트리샤는 서로의 취향이 맞지 않는 것에 불편함을 느끼고 그들이 서로 의견이 다른 것에 대해 두려움을 느꼈다. 그녀는 배우자가 함께 결정을 내리도록 강요했는데, 이는 그녀가 불화에 대해 불안을 느끼기 때문이었다. 퍼트리샤는 갈등 상황에서 고압적인 태도를 내세움으로써 주도권을 쥐려고 했다. 두 번째 상황에서 그녀와 윌리엄은 서로 오해를 하며 부정적인 춤을 추게 되었다. 퍼트리샤는 게임이 진행되는 동안 윌리엄이 자신을 관심 밖에 두는 것에 상처를 입었다. 저녁이 되어 그녀가 대화를 시도하며 접근했을 때는 이미 그 상처를 꽤 오랜 시간 간직한 채였다. 퍼트리샤는 윌리엄의 말투가 '무례'하다고 말했다. 그녀는 거의 하루 종일 긴장감과 거리감을 느끼고 난 뒤에 접촉을 시도했다. 또한 그녀는 자신의 상처가 인식되기를 바라면서도 그것이 자신의 연약함을 대놓고 드러낸다고 생각했기 때문에, 결국 이것은 비난으로 표현되고 말았다. 윌리엄이 침묵을 지키거나 논리적으로 이야기하면 차단당한 느낌이 들어서, 퍼트리샤는 그와의 근본적인 접촉을 잃고 말았다. 퍼트리샤의 행동 뒤의 애착 의도는 다시금 그와 접촉하기 위한 것이었고, 그녀의 강압적인 방식들은 상처와 두려움으로 인해 감정적으로 약해지는 것으로부터 그녀를 보호하려는 것들이었다. 하지만 이는 윌리엄이 그녀의 부드러운 감정들을 보지 못하도록 막았고, 그녀가 원하는 마음의 위로와 안심을 윌리엄이 제공하지 못하도록 만들었다.

이 고리를 윌리엄의 시각으로 바라보면, 처음 상황에서 그는 퍼트리샤가 더욱 밀어붙이는 태도로 나올 때 제압당하고 비판당하는 느낌을 받는다는 것을 알 수 있다. 그는 처음에는 자신을 방어하려 하지만 결국에는 말다툼을 피하기 위해 져 주고 만다. 윌리엄은 부부 사이의 평화를 유지하기 위해서 자신의 감정을 차단할 필요가 있다고 생각했다. 하지만 이런 식의 타협은 그가 이 관계에서 자신을 위한 부분은 없다고 생각하도록 만들었다. 자신의 감정과 의견이 퍼트리샤에게 중요한지 의심하게 되면서 그는 자신의 속마음을 나누지 않게 되었다. 두 번째 상황에서 윌리엄은 퍼트리샤가 불평하면서 자신을 못마땅해하는 것을 보면서 벽을 쌓기 시작했다. 그는 냉정하고 이성적으로 되는데, 이는 자신의 불안을 조절하고 통제 불능이 된 부부간의 대화를 피하기 위한 유일한 방법이기 때문이었다. 벽 뒤에 숨어 있는 윌리엄의 애착 의도는 평화를 유지하고 그 자신의 불편한 감정들로부터 스스로를 보호하기 위한 것이었다. 하지만 그가 벽을 쌓을수록 퍼트리샤는 윌리엄이 얼마나 고통스러운지 알 수 없게 되었다. 이는 결국 퍼트리샤가 윌리엄에게 다가가지 못하고 그의 고통에 공감하며 반응하기 힘들도록 만들어 버렸다.

퍼트리샤의 공격 행동 뒤의 애착 의도를 보면. 공격이 곧 윌리엄과 접촉하며 윌리엄의 주의를 끌기 위한 표현이었다는 것을 알 수 있는가? 윌리엄의 경우 그가 자신의 감정을 차단시키고 이성적으로 행동함으로써 갈등을 최소화하고 퍼트리샤와의 불화를 피하려고 노력한다는 것을 볼 수 있는가? 그림 8.1은 그들의 관계 역동을 설명하는 고리의 층들에 애착 의도를 더한 것이다.

> 공격 및 위축 행동은 애착 두려움, 불안, 내면의 의도들을 능숙하게 숨긴다.

**퍼트리샤**

**내가 하는 행동**

접근하기, 설득하기, 요구하기, 심문하기, 비난하기

**내가 하는 사고**

**나에 대해서:** "나는 왜 그에게 다가갈 수 없을까?"
**당신에 대해서:** "그는 항상 나를 두고 사라져!"

**나는 정서적으로 다음과 같이 반응한다:**

반응성 분노, 불만, 절망, 불안

**윌리엄**

**내가 하는 행동**

논리적으로 되기, 실용성을 추구하기, 방어하기, 항복하기, 거리 두기, 문제 축소하기

**내가 하는 사고**

**나에 대해서:** "오 이런, 내가 또 무슨 잘못을 했지?"
**당신에 대해서:** "그녀는 항상 자기 마음대로 해."

**나는 정서적으로 다음과 같이 반응한다:**

반응성 분노, 불안, 압도당함, 실망감, 소외감

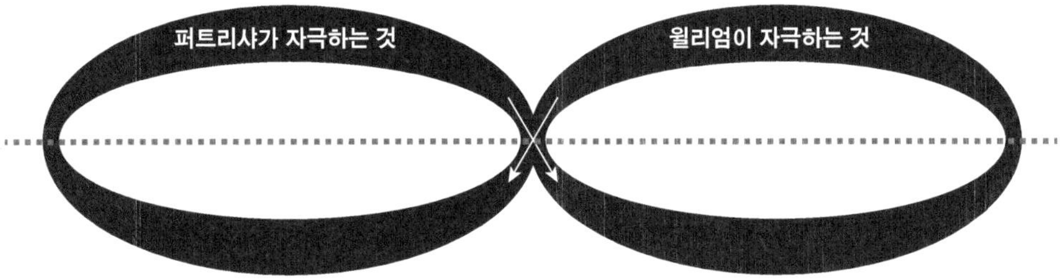


**퍼트리샤**

**내가 속으로 느끼는 정서**

단절에 대한 두려움, 슬프고 외로움, 거부당한 느낌에 상처 받음

**내가 필요로 하는 것, 나의 의도**

접촉, 관계의 형성, 당신에게 보이고 닿기, 상처받지 않고 거부당하지 않기

**윌리엄**

**내가 속으로 느끼는 정서**

그녀의 기대에 미치지 못하거나 다투게 될까 봐 무서움, 실패자처럼 느껴져서 슬픔

**내가 필요로 하는 것, 나의 의도**

화목하고 평화로움, 우리의 관계 유지. 당신을 실망시키거나 거부당하는 것의 고통을 피하기

**그림 8.1 행동, 사고, 정서, 핵심 정서와 애착 의도를 통한 퍼트리샤와 윌리엄의 관계 분석**

여러 부부들과 상담을 진행하면서, 우리는 부정적 고리 내의 반응성 정서와 행동이 관계 욕구를 대체할 때, 역효과를 낳는 것을 많이 봐 왔다. 윌리엄은 퍼트리샤가 밀어붙이거나 비난하면서 접촉을 시도할 때마다 거리를 두게 되었다. 이에 퍼트리샤는 윌리엄에게 닿지 못할 것이라는 두려움이 자극되면서, 자신이 할 줄 아는 방법들을 더욱 자극적으로 시도하게 되었다. 퍼트리샤가 더 많이 불만과 분노를 표현하면, 윌리엄은 부부관계를 악화시키지 않기 위해 거리를 두는 것이 더 나을 것이라는 생각을 강화시켰다. 윌리엄이 더욱 멀어질수록 퍼트리샤는 그와의 접촉을 잃는 것에 대해 더 걱정하며 밀어붙이게 되었다.

> 고리는 부부 모두에게 괴롭고 고통스러운 악순환이다. 고리는 부부 모두에게 고통스러운 피드백 장치이자 정서적 사슬로서 스스로 팽창한다.

끝이 없어 보이는 고리에서 어떻게 벗어날 수 있을까? 부부 둘 다 고통받고 있는 고리에 사로잡혀 있다는 것을 인식할 수 있다면, 부부가 함께 이를 예방하기 위해 노력할 수 있을 것이다. 배우자 한쪽이 더 넓은 시야를 가지고 있다면 상대방 역시 같은 시야를 가질 수 있도록 도울 수 있다. 전문가들은 이를 메타커뮤니케이션, 즉 의사소통에 대한 의사소통이라고 부른다. "우리가 또다시 함정에 빠지는 것 같아요. 호흡을 늦춰 봅시다. 이게 나를 자극하는 것이에요. 당신을 자극하는 것은 무엇인가요?"라고 말하는 것이 그 예가 될 수 있다. 아니면 당신은 핵심 정서에 대해 이야기할 수도 있다. "당신이 곁에 없다는 것이 두려워지고 있어요."라든가 "내가 아무리 노력해도 당신의 기대를 충족시킬 수 없는 것처럼 느껴져서 속상해요."라고 말하는 것이다. 이러한 고백들은 부부간 대화를 수면 아래로 끌어내려 더욱 부드러운 정서들과 욕구들을 드러나게 하여, 부부관계를 더욱 친밀하게 만들어 준다. 적이 아닌 동반자로서 협력하는 것은 부부의 정서를 더욱 긍정적인 방향으로 만들어 준다. 내면의 심층적 경험과 연약한 정서들을 나누는 것은 배우자로부터 더욱 큰 공감과 보살핌, 애정 어린 반응들을 이끌어 낸다. 부정적인 고리의 행동과 정서 이면에 숨어 있는 애착 욕구와 애착 의도들을 발견하는 것은 서로를 더욱 관대하게 볼 수 있도록 한다.

## 성찰하기 8.1 우리의 애착 의도

부정적 춤에서 나타나는 행동 이면의 애착 의도들을 살펴보기 위해서 다음을 생각해 보자.

1. 나는 우리 관계에서 ............................를 느낄 때 가장 자극받고 고통스럽다.
2. 우리 관계에서 나는 ............................가 빠졌다고 생각한다.
3. 나의 춤에서 나는 ............................하려 노력한다.
4. 내 바램과 의도는 ............................하기 위한 것이다.

다음은 공격자와 위축자들이 흔히 표현하는 애착 욕구들과 의도들이다. 당신의 경험과 관련된 것에 표시하거나, 당신의 의도를 설명할 수 있는 적절한 단어들을 생각해 보자.

우리의 부정적인 춤에서 나는 다음을 하려 한다.

| **공격자** | **위축자** |
|---|---|
| 당신과 소통하려 한다. | 당신을 기쁘게 하려 한다. |
| 당신의 시선 안에 들려고 한다. | 실수를 피하려 한다. |
| 당신의 주의를 끌려고 한다. | 당신을 실망시키는 것을 피하려 한다. |
| 당신에게 가치를 존중받고 싶다. | 갈등을 예방한다. |
| 나에 대한 반응을 이끌어 내려고 한다. | 우리 사이의 화목함을 지키려 한다. |
| 상처입는 것을 피하려고 한다. | 내 자신의 상처나 두려움을 참아 내려 한다. |
| ........................................ | ........................................ |
| ........................................ | ........................................ |
| ........................................ | ........................................ |

당신의 애착 욕구와 의도들이 분명해지면, 서로에게 이에 대해 말해 보자. 단지 감정 자체만을 놓고 말하기보다는 예를 들면서 이야기 나누는 것이 도움이 될 수 있다. L-O-V-E의 대화를 이용해 보자.

관계 역동의 그림을 완성하기 위해 불편했던 대화들을 다시 떠올려 보고, 함께 이 층들을 완성해 보자.

지난 2주간 당신의 관계에서 일어났던 일을 생각해 보자. 화가 났지만 별로 민감하게 느껴지지는 않는 사건을 하나 골라 짧게 설명해 보라.

..........................................................................................

........................................................................................................

........................................................................................................

자신감을 얻고 나면 **그림 8.2**의 '관계 분석 연습문제'의 추가본을 가지고 더욱 민감한 대화들을 진행해 볼 수도 있다. 처음에는 관계 역동의 모든 층을 돌아보는 것이 어려울 수 있다. 하지만 불편한 대화와 갈등을 함께 돌아보고 해결하려고 노력함으로써 부드러운 핵심 정서들과 애착 욕구들을 이해할 수 있게 될 것이다.

| | |
|---|---|
| **이름 ......................** | **이름 ......................** |
| **내가 하는 행동** | **내가 하는 행동** |
| ............................................................ | ............................................................ |
| ............................................................ | ............................................................ |
| **내가 하는 사고** | **내가 하는 사고** |
| **나에 대해서:** ........................................ | **나에 대해서:** ........................................ |
| ............................................................ | ............................................................ |
| **당신에 대해서:** .................................... | **당신에 대해서:** .................................... |
| ............................................................ | ............................................................ |
| **나는 정서적으로 다음과 같이 반응한다:** | **나는 정서적으로 다음과 같이 반응한다:** |
| ............................................................ | ............................................................ |
| ............................................................ | ............................................................ |

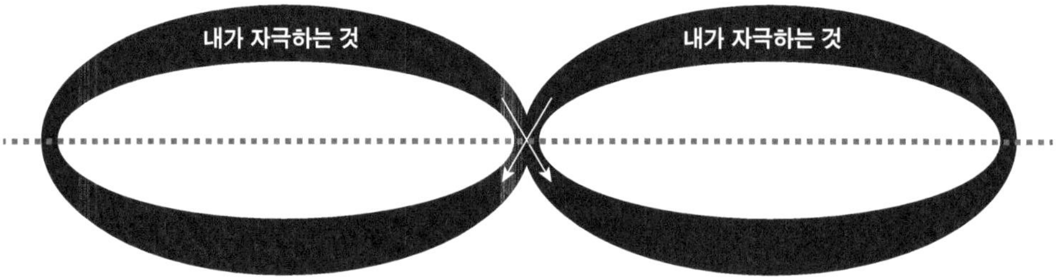


| | |
|---|---|
| **내가 속으로 느끼는 정서** | **내가 속으로 느끼는 정서** |
| ............................................................ | ............................................................ |
| ............................................................ | ............................................................ |
| ............................................................ | ............................................................ |
| **내가 필요로 하는 것, 나의 의도** | **내가 필요로 하는 것, 나의 의도** |
| ............................................................ | ............................................................ |
| ............................................................ | ............................................................ |
| ............................................................ | ............................................................ |

**그림 8.2** 행동, 사고, 반응 정서, 핵심 정서와 애착 의도를 통한 관계 분석

이 장을 마치면서 다음 문장을 완성하고 행동, 정서, 애착 의도들을 연결해 보라.

> .............................(이름)
> 우리의 부정적인 관계에서 내가 (행동)을 할 때 나는 속으로는 .........(핵심 정서)를 느끼고 있으며, 그래서 나는 .........(애착 의도)를 하려고 한다.

> .............................(이름)
> 우리의 부정적인 관계에서 내가 (행동)을 할 때 나는 속으로는 .........(핵심 정서)를 느끼고 있으며, 그래서 나는 .........(애착 의도)를 하려고 한다.

이 문장들을 쉽게 완성할 수 있으면 고리를 완전히 파악하고 있는 것이다. 이 관계 분석에 익숙해질수록 이를 쉽게 인식하며 핵심 정서와 애착 의도들을 표현함으로써 부정적인 고리를 예방할 수 있게 된다. 핵심 정서와 애착 의도들을 대화에서 자연스럽게 표현할 수 있게 될 때까지 관계 분석 연습문제를 통해 연습해 보자. 연습문제를 하는 것이 항상 상처가 되어서 잘하지 못하더라도 괜찮다. 하지만 당신이 자발적으로 마음을 열 때 어떤 영향을 가져오는지 알고 있는가? 많은 부부들은 긴장을 풀기 시작하고 관계 충돌과 정서적 반응들을 감소하게 된다. 이렇듯 감소된 갈등과 긴장 상태의 변화들을 당신이 겪고 있다면, 이는 부정적인 춤에서 벗어날 방법을 찾아냈다는 뜻이다. 지금쯤 당신은 이미 더욱 깊은 대화를 나누게 되었을지도 모른다. 나아가 서로를 더욱 긍정적으로 바라보고, 상대방을 더욱 열린 마음과 관대한 태도로 대하게 되었을 수도 있다. 이와 같은 반가운 변화들은 관계를 강화시키는 중요한 단계가 된다.

# 제9장

# 다시 결합하기

지금까지의 설명과 성찰하기를 통하여 당신이 어떻게 부정적 상호작용에 갇히게 되었는지 이해할 수 있었기를 바란다. 이 책에서 제2장은 부정적 상호작용에서 어떻게 대처하고 어떻게 행동하는지를 다루었다. 제3, 4장에서는 친밀감, 안정감과 격려의 욕구를 만족시켜 주는 애착 결합을 설명했고, 제5, 6, 7장에서는 부정적 고리를 형성하는 반응성 정서(예: 반응적 또는 방어적 분노, 불안한 통제, 공포 어린 차단, 무력감이나 우울함)를 찾아내고 그들을 일차적 핵심 정서와 구분하여 표현(예: 상처에 대한 슬픔, 상대의 요구에 응하지 못하는 것에 대한 두려움이나 버려짐에 대한 공포)하는 법을 소개했다. 이를 통해 당신이 부드러운 핵심 정서들을 표현할 때 배우자는 더욱 공감하게 된다는 것을 알 수 있었을 것이다. 제8장에서는 상호작용에서 부정적인 행동들이 당신과 배우자가 관계에서 가지는 두려움(예: 관계를 잃는 것, 실수하는 것, 스스로나 배우자를 실망시키는 것)과 연관이 있다는 점을 배웠다. 여기서 당신과 배우자가 오랫동안 숨겨 온 두려움을 알 수 있었을 것이다. 또한 당신은 부정적 상호작용이 이루어지면 당신의 배우자는 상황을 악화시키지 않기 위해 접촉을 시도하거나, 아니면 아무것도 하지 못하고 그대로 얼어붙는다는 것을 알게 되었을 수도 있다. 이러한 깨달음은 당신이 비난한 행동들 뒤에 숨어 있는 선한 의도들을 볼 수 있도록 하는 것이다.

자신의 감정을 인식하고 관계의 역동을 이해하는 것은 자신과 배우자를 더욱 공감할 수 있도록 한다. 많은 내담자들은 이러한 변화가 자신과 배우자의 내면에 집중하게 하고, 벽 뒤의 연약한 정서들을 알아차릴 수 있도록 해 주었다고 말한다. 불평 뒤에 숨어 있는 유대감에 대한 요청이나, 상대를 위축되게 만드는 자신의 부족함에 대한 두려움을 인지하는 것은 배우자에 대한 새로운 시각을 제공하며 상대방에게 공감할 수 있도록 돕는다. 이 새로운 시각이 배우자의 새로운 면모(의심, 두려움, 불안)를 볼 수 있도록 도와주게 되면서 당신은 이전의 부정적 고리와는 다른 반응을 보이게 된다. 이 장은 당신의 관계에서 새로운 경험을 하도록 도울 것이다. 부부가 서로 의지할 때 보이는 연약한 정서들을 되돌아보고, 부부관계에서 더 깊은 욕구들이 무엇인지 이해하고 그것들을 상대 배우자에게 표현할 수 있도록 도울 것이다.

## 더 깊게 살펴볼 준비가 되었는지 아는 방법

관계 역동을 이해할 수 있고 자신과 배우자의 행동, 의도, 반응성 정서, 핵심 정서들이 부정적 상호작용을 어떻게 유발하는지 알고 있다면, 부부간 갈등이나 긴장의 심각성은 낮아지기 마련이다. 솔직한 태도를 바탕으로 한 자기성찰이나 배우자의 자기개방적 표현이 관계를 다르게 경험하도록 하고, 나아가 서로를 새로운 시각으로 바라볼 수 있도록 하기 때문에 부부간 갈등과 긴장의 감소가 나타난다. 이전 장들의 연습문제들을 함께 풀어봄으로써 부부가 서로를 새로운 시각으로 바라보고, 이를 통해 당신이 일상생활 속에서 안정감을 느낄 수 있기를 바란다.

이미 부부간의 분위기가 많이 좋아졌기 때문에 앞으로 어떤 해야 할 것들이 더 남았는지 의아해할지도 모르겠다. 대부분의 부부들은 이 과정에서 갈등을 표출하는 것이 중요한 단계라고 여긴다. 물론 이것이 부정적인 느낌과 경험들을 해소하는 것과 부부가 원만하게 지내도록 도와주긴 하지만, 이것만으로는 더욱 깊은 관계를 형성하기는 힘들다. 다시 말해 갈등이 없는 상태는 깊은 관계를 위한 초석일 뿐이지, 더욱 친밀한 연결을 형성해 주지는 않는다. 부부간 결합을 돈독히 하기 위해서 부부는 대화를 통해 더욱 많은 연약한 정서들과 욕구들에 대해 표현할 필요가 있다.

부드러운 핵심 정서들을 되짚어 보며, 더욱 깊은 관계를 쌓고 친밀해지는 것에 대해 조심스럽거나 긴장감을 느끼는 것은 당연한 일이다. 하지만 이를 두려워한다는 것은 당신의 관계가 아직 준비가 덜 되었다는 의미이기도 하다. 깊이 있는 관계는 종종 정서적 안정감과 충돌이나 긴장감의 감소, 부부간에 형성되는 친근한 분위기로 가늠할 수 있다. 호흡을 늦추고 우선 부정적인 춤이 관계를 망치지 않는가에 대한 지표들을 살펴보는 것이 유용하다. 부정적인 춤의 빈도 및 강도의 감소는 더욱 깊은 관계를 쌓기 위한 기본적인 지표이다. 정서적 위험을 감수하는 것이 부부 사이를 악화시키거나 부정적인 고리로 되돌아가지 않도록 할 것이라는 점에 대해 확신을 가지고 있어야 한다.

## 성찰하기 9.1 관계 안정성 점검 목록

관계의 안정성을 나타내는 다음 지표들 중 당신과 배우자에게 해당되는 것을 표시해 보라.

1. ....... 나는 우리 각자가 부정적인 상호작용의 어느 한 부분에는 기여했다고 생각한다.
2. ....... 우리 관계에 형성된 부정적인 고리의 별명은 ...................................이다.
3. ....... 나는 내가 부정적인 춤에서 맡은 역할을 다음과 같이 설명할 수 있다.
   ..........................................................................................
   ..........................................................................................
4. ....... 나는 내 배우자가 부정적인 춤에서 맡은 역할을 다음과 같이 설명할 수 있다.
   ..........................................................................................
   ..........................................................................................
5. ....... 나는 다음의 내 행동들이 배우자를 자극한다는 것을 안다.
   ..........................................................................................
   ..........................................................................................

(다음 쪽에 계속)

6. ....... 나는 배우자의 다음과 같은 행동들이 나를 자극한다는 것을 안다:

...........................................................................................................

...........................................................................................................

7. ....... 나는 다음과 같은 나의 반응성 정서들이 우리의 부정적인 춤을 지속시킨다는 것을 안다:

...........................................................................................................

...........................................................................................................

8. ....... 나는 다음과 같은 배우자의 반응성 정서들이 우리의 부정적인 춤을 지속시킨다는 것을 안다.

...........................................................................................................

...........................................................................................................

9. ....... 나는 다음과 같은 나의 핵심 정서들이 우리의 부정적인 춤을 감소시킨다는 것을 안다.

...........................................................................................................

...........................................................................................................

10. ....... 나는 다음과 같은 배우자의 핵심 정서들이 우리의 부정적인 춤을 감소시킨다는 것을 안다.

...........................................................................................................

...........................................................................................................

11. ....... 우리는 부정적인 춤을 멈추거나 완화하는 방법들을 아는데, 그것들은 다음과 같다.

...........................................................................................................

...........................................................................................................

12. ....... 우리의 불화는 덜 경직되어 있고 우리는 더욱 많은 정서를 나누고 있다.

13. ....... 우리의 문제는 우리가 사로잡힌 부정적인 춤에서 기인한 것이며, 우리 둘 다 이 춤을 야기하고 우리 둘 다 고통받고 있는 것이다.

14. ....... 우리는 이전처럼 서로를 비난하지 않는다.

15. ....... 나는 부정적인 춤에서 내 애착 의도가 다음과 같다고 생각한다.

...........................................................................................................

...........................................................................................................

16. ....... 나는 부정적인 고리에서 배우자의 애착 의도가 다음과 같다고 생각한다.

...........................................................................................................

...........................................................................................................

17. ....... 우리는 이전보다 말다툼을 하는 횟수가 적어졌다.

18. ....... 우리는 서로의 존재로 인해 더욱 여유를 가지게 되었다.

19. ....... 우리의 관계가 이전보다 더욱 안정적으로 느껴진다.

20. ....... 부정적인 고리에 다시 갇히게 될 때 이전보다 훨씬 빨리 회복할 수 있게 되었다.

만약 당신이 성찰하기 9.1에 제시된 거의 모든 내용에 표시를 했다면 깊이 있는 결합을 할 준비가 되어 있는 것이다. 만약 대부분의 내용에 동의할 수 없다면, 표시가 되어 있지 않은 것이 행동(1번부터 6번까지), 정서(7번부터 12번까지), 의도(13번부터 16번까지) 중 어느 것과 관련이 있는지 생각해 보라. 17번부터 20번까지는 행동, 정서, 귀인에 대해 일반적으로 나타나는 결과들과 관련이 있는 것들이다. 부정적인 고리를 일으키는 행동들에 대해 더욱 자세히 알기 위해서는 제2장을, 부정적 고리를 유지시키는 반응성 정서들과 이를 완화시키는 핵심 정서들을 구분하기 위해서는 제5, 6, 7장을, 부정적 고리에서 나타나는 행동들이 가지는 선한 의도들을 알아보기 위해서는 제8장을 다시 살펴보자.

## 안전한 결합을 위한 로드맵

부부관계가 충분히 안정적이라는 확신이 들면, 다음은 애착 결합을 더욱 깊고 굳건하게 만드는 것이다. 즉, 안정적인 애착 결합을 형성하는 것이다. 다음 단계에서부터는, 부정적인 고리에서 위축자였던 배우자는 더 이상 숨지 않고 자신의 걱정, 두려움, 불안에 대해 상대 배우자에게 말하는 법을 배우게 된다. 위축자들은 자신의 걱정에 대해 상대에게 의지하는 것이 커다란 안도감을 가져다주며 이전에 느꼈던 소외감을 해소시켜 준다는 것을 깨닫게 된다. 이전에 거리를 두던 배우자가 자신의 상처와 불안전감을 보이면 상대 배우자는 그들의 약한 면을 알고 더욱 관대해질 수 있을 것이다. 위축된 배우자는 이제 자신을 적극적으로 표현하고, 애착 욕구를 직접적으로 드러냄으로써 부부가 하나임을 느낄 수 있게 된다.

공격자는 자신이 무엇을 필요로 하는지 알고 있는 경우가 많다. 공격자들의 부드러운 내면이야말로 상대 배우자가 더욱 가까워질 수 있도록 돕는다. 즉, 자신의 연약한 모습을 표현함으로써 버려짐과 외로운 정서를 없애고 배우자에게 기댈 수 있게 된다.

이제 정서적 위험을 감수하고 애착 결합을 재형성하는 재닌과 브래드의 이야기를 보자. 이들의 이야기는 상담 초기에 나타난 그들의 관계와 이와 관련된 경험들에 대한 설명에서부터 시작된다. 그리고 그들의 부정적인 춤과 그들이 어떻게 이를 극복하게 되었는지, 그들이 어떻게 애착 두려움과 애착 욕구를 소통하고 그들의 관계 결합을 더욱 따뜻하고 사랑이 넘치는 안식처로 변화시켰는지 보여 줄 것이다.

## 재닌과 브래드: 안정감을 함께 형성하기

### 문제

재닌과 브래드는 부부관계에 대한 도움을 받기 위해 상담에 왔다. 이들은 매력적이고 성공적인 외모와는 달리, 내면에는 깊은 고통이 자리 잡고 있었다. 키가 크고 잘생긴 영업부장인 브래드에게 재닌은 아름답고 지적이며 매력적이었지만, 그런데도 브래드는 재닌이 부부관계에 그다지 마음을 쏟지 않는 것 같다는 의구심을 품곤 했다. 그는 재닌이 자신과 100% 마음을 함께하는지 확신을 가질 수 없었다. 때로 그는 재닌이 헤어지자고 할까봐 걱정하면서 뜬눈으로 밤을 지새웠다. 이는 특히 저녁에 함께 외출한 다음에 자주 일어나는 일이었다. 함께 파티에 참석하면 재닌은 교태를 부리는 경우가 있었는데, 이 일은 브래드를 심하게 괴롭혔다.

재닌이 파티에서 보이는 행동을 둘러싼 부부간의 대화는 결국 부부싸움으로 끝났다. 부부싸움은 며칠 동안 껄끄럽고 고통스러운 침묵으로 이어지곤 했다. 부부 모두 싸움과 침묵, 둘 사이의 거리감을 싫어했다. 하지만 부부는 둘 다 각자 자신의 생각에 사로잡혀 있었고, 서로 자신이 옳다 화를 내는 것이 당연하다고 생각했다. 부부 모두 상대방의 생각이 어떤지 이해할 시간을 충분히 가지지 않고 각자의 입장만을 고집했다.

브래드는 재닌이 파티에서 부적절한 행동을 보인다고 생각했으며 그러한 행동을 멈추기를 바랐다. 그는 또한 자신이 질투가 많고, 독점욕이 강하며, 지배하려 들고, 과민하고 까다롭다고 말하는 재닌에게 깊은 분노를 느꼈다. 이러한 말은 비하당하고 하찮아지는 듯한 느낌이 들게 만들어,

브래드는 며칠씩 분노에 차서 혼자 머물곤 했다. 그들은 재닌의 이러한 표현들에 대해 격렬하게 다투곤 하였다. 브래드는 이 때문에 참을 수 없을 만큼 고통을 느끼고 눈물을 터트리기도 했는데, 재닌은 브래드가 온통 그 문제에 대한 생각밖에는 없다고 비난했다.

그 반면에 매력적인 학교 선생님인 재닌은 브래드의 반응을 이해할 수 없었고 왜 그렇게 난리를 피우는지 이해하지 못했다. 파티가 끝난 후 브래드가 그녀에게 하는 비난은 이젠 예상 가능한 일이 되었고, 점점 지치고 짜증스럽게 느껴졌다. 재닌은 브래드가 멋진 사람이고, 진심으로 그를 사랑하고 존경하지만 지금의 문제는 참기 힘들다고 말했다. 재닌은 왜 브래드가 자신이 부부관계에 헌신적이지 않다고 생각하는지 이해할 수 없었다. 결코 해결될 수 없었던 두 사람의 대화에서 재닌은 "나는 나야. 나는 나만의 개성이 필요해. 나는 당신이 대체 무엇을 걱정하는지 알 수 없어."라고 말했다.

## 부정적인 고리

재닌과 브래드가 부부 상담을 시작하고 난 뒤, 그들은 중요한 것들을 깨닫기 시작했다. 즉, 파티에서 있었던 일들도 중요하지만, 더 중요한 것은 그들이 파티에 대해서 이야기할 때 일어난 일들이라는 점이다. 재닌과 브래드는 서로에게 귀를 기울이게 되면서 계속해서 반복되는 고통스럽고 부정적인 상호작용의 고리에 사로잡혔다는 것을 알게 되었다. 근본적으로 브래드가 재닌이 '추파를 던진다'고 비난하고 부부관계에 대한 그녀의 헌신을 의심할수록 재닌은 통제당하는 듯한 느낌과 짜증, 분노를 느끼게 되었다. 통제당하는 느낌이 들고 짜증스럽고 화가 날수록 재닌은 파티에서의 자신의 행동과 그녀의 헌신에 대한 브래드의 관심을 부정했는데, 결국 이것은 브래드에게 더욱 큰 상처와 분노, 의심을 가져오게 되었다. 상처가 커지면 커질수록 브래드는 더욱 집요해지고 많은 비난을 하게 되었다. 결국 배우자 모두 사로잡혀 꼼짝도 못하는 고리가 자리 잡게 된 것이다. 이 고리에 브래드와 재닌은 갇혀 있었다.

이 부정적인 춤은 매우 고통스러운 정서들과 충족되지 못한 애착 욕구에 대한 이야기를 말하고 있다. 그들의 부정적 고리는 부부가 위기를 겪을수록 더욱 상처가 되고 불만스러워지면서 점점 지속되었다. 부정적 상호작용 고리는 그들의 애착 불화를 드러내고 더욱 악화시켰다.

## 이전의 애착 경험들

브래드와 재닌의 불화를 깊이 있게 이해하기 위해 상담사는 예전에 두 사람의 친밀했던 때의 경험에 대해 질문했고, 이를 통해 브래드가 이전에 결혼을 했던 적이 있었으며, 매우 사랑했던 아들이 있었다는 사실을 알게 되었다. 결혼 14년차에 그의 아내는 외도를 했고 아들을 데리고 집을 나가, 거액의 위자료를 요구했다. 브래드는 너무나 놀라고 충격을 받았으며 이 상황을 받아들이기까지 오랜 시간이 걸렸다. 또한 브래드는 성장기에 적대감을 경험한 적이 있었다. 그의 아버지는 술을 많이 마셨고 브래드와 대화를 별로 하지 않았다. 때로 아버지는 친절하며 브래드와 함께 있고 싶어 했지만 어떤 날에는 술에 취해 비이성적이고 폭력적으로 행동했다. 브래드의 어머니는 최선을 다했지만 종종 무력감에 빠져 있었고 겁에 질려 있었다. 브래드는 삶에서 정말로 안전하다고 느낄 만한 친밀한 관계를 형성하지 못했다. 항상 경계하고 긴장 상태로 지내는 것이 그가 아는 유일한 생존 방식이었다.

재닌 역시 이전에 결혼한 적이 있었으며 전남편의 외도 때문에 이혼하게 되었다. 전남편과의 이별은 그럴 듯했지만 그녀가 남성과 결혼 생활에 대한 자신감을 가지는 데 어려움을 안겼다. 그녀의 친정부모 역시 불행한 결혼 생활을 했으며 어머니는 재닌이 10대였을 때 만성적인 질병으로 세상을 떠났다. 재닌은 "저는 아주 어렸을 때부터 내 삶을 만들어 나가기 위해 자신을 돌보는 법을 배워야 했어요."라고 말했다.

관계에서의 친밀한 경험을 통해 안전감과 불안전감을 쌓아 가는 것에 대해서 브래드와 재닌이 얼마나 정서적 고통을 경험하게 되었는지에 대해 알 수 있을 것이다. 우리는 브래드의 경험과 행동에서 불안을 엿볼 수 있다. 그는 재닌이 자신에게 해를 입히면서 실망하게 될까 봐 불안해하면서도 그녀가 곁에 있으면서 자신을 무조건적으로 사랑해 주기를 원했다. 그는 양가감정을 느꼈다. 어린 시절 때때로 예기치 못하게 겪었던 폭력적인 경험들이 이전 결혼 생활의 붕괴와 결합되면서, 인간으로서의 가치와 친밀한 관계의 안전감에 대해 의심을 가지게 되었다. "다른 사람들은 너를 실망시킬 거야. 그들은 항상 그래."가 인간관계에 대해 그가 내린 슬픈 결론이었다. 불행하게도 재닌의 행동에 대한 그의 분노에 찬 생각들과 적대적인 발언들은 브래드가 가장 두려워하던 이별을 더욱 가까이하는 꼴이 되어 버렸다.

재닌 또한 행동 방식에서 친밀감에 대해 불편감을 가지고 있었다. 재닌이 자신감을 가지고 브래드가 자신을 떠날 것이라는 의심을 하지 않는다고 해도, 그녀는 친밀한 연결감과 더 많은 확신 및 헌신에 대한 표현을 원하는 브래드의 요구를 부담스러워하며 압도당하는 느낌을 받았다. 재닌의 입장에서 보면 이는 이해할 수 있는 것들이었다. 그녀의 삶에서 친밀한 관계를 가졌던 어른들은 그녀를 실망시켰고, 재닌은 다른 사람들에게 기댈 수 없으며 그들이 그걸 바라지도 않는다고 생각하게 되었고, 그렇기 때문에 타인에게 의지하는 것은 현명하지 못하다고 여기게 되었다. 가장 안전하게 기댈 수 있는 사람은 자신밖에 없다는 믿음이 그녀의 심리적 생존의 기본 전제였다.

## 충족되지 못한 애착 욕구

브래드와 재닌은 충족되지 못한 애착 욕구를 끌어들였다. 브래드는 비록 의식적으로 깨닫지는 못했더라도 사랑과 확신, 자신이 중요하고 안전하다는 느낌을 받기를 간절히 원했다. 재닌도 안전과 안정감을 원했으며 배우자가 힘이 되고 의지할 수 있도록 곁에 있어 주길 원했다. 안정적인 애착 결합은 부부 사이에 유연하고 안전한 공간을 만들어 준다. 따라서 두 사람 사이의 거리감은 불편하게 여겨졌고, 경직된 것이었다. 브래드가 볼 때 두 사람 사이의 거리는 너무나 멀었지만, 재닌에게는 이것도 너무 가깝다고 느껴졌다. 브래드는 더욱 많은 친밀감을 원했고, 재닌은 더 많은 자신만의 심리적 공간을 원했다.

파티에서 보이는 재닌의 행동은 브래드에게 헌신에 대한 확신을 주지 못하고 깊은 고통을 불러일으켰다. 이 고통은 그의 충족되지 못한 애착 욕구였다. 충족되지 못한 애착 욕구를 건드리는 것은 두려움과 자신이 소중하지 않다는 일차 정서들을 자극했고, 그 결과로 분노와 절망이라는 이차 정서를 경험하게 되었다. 그의 분노는 비판과 방어적인 말로 표현되었다. 내면의 깊은 상처와 충족되지 못한 애착 욕구를 다스리기 위해 브래드는 재닌의 행동을 통제하려고 절박하게 노력한 것이다.

브래드의 비난과 집요함은 재닌의 불안(안전감과 안정감에 대해 충족되지 못한 그녀의 애착 욕구들)을 건드리게 되었고, 이는 속박 및 통제에 대한 두려움을 자극하여 그녀가 무심하거나 아니면 엄청나게 이성적("당신이 나에 대해서 걱정할 만한 이유가 없잖아!")으로, 또는 분노에 찼거나 방어적("제발, 그만 나를 소유하려고 들어!")으로 반응하도록 만들었다. 재닌은 자신의 감정을 바꾸려고 했지만 결국 브래드의 걱정과 두려움을 과소평가하며 그를 바꾸려고 했다.

이 부부가 겪고 있는 것은 다른 많은 부부들이 경험하는 문제이기도 하다. 예를 들어, 충족되지 못한 애착 욕구에 대한 반응은 상대가 가지고 있는 다른 충족되지 못한 애착 욕구를 자극한다는 점이다. 브래드와 재닌은 성적 매력이나 가사를 분담하는 능력, 다정하게 외출을 즐길 수 있는 능력, 아니면 일상생활의 문제나 꿈, 미래에 대한 희망에 대해서 소통할 수 있는 능력이 떨어지는 것은 아니었다. 하지만 그들은 자신들이 소중하지 않다고 여기며 버려질까 봐 두려워하고 있었고, 안정감을 느끼려고 애쓰고 있었다. 불행하게도 부정적인 춤에서 나타나는 그들의 반응은 충족되지 못한 애착 욕구라는 고통스러운 부분을 계속 자극하고 있었다.

## 음악을 바꾸고, 춤을 바꿔라

정서중심상담 모델을 개발한 수전 존슨은 '정서는 애착으로 추는 춤의 음악'이라고 말한다. 정서는 우리가 필요한 것을 얻을 수 있도록 해 주지만, 때로 우리를 압도해서 배우자와 우리 자신에게 더 큰 고통을 안겨 주기도 한다. 배우자의 애착 욕구를 이해하고, 존중하며 충족시켜 주는 것은 음악을 바꾸어 주며, 음악이 바뀜에 따라 우리의 춤도 변화하게 된다.

브래드와 재닌은 그들의 음악과 춤을 바꾸는 데 성공했다. 처음에는 고통스러웠지만 나중에는 서로에 대한 반응 속도를 늦추고 대신 과거 및 현재의 고통에 대한 서로의 경험을 개방하고 서로 들어 줄 수 있게 되었다. 서로를 적으로 보는 대신, 그들은 부정적인 상호작용 고리야말로 진짜 그들의 적이라는 사실을 이해하게 되었다. 그들은 무엇이 자신들의 반응을 주도하며, 이것들이 서로에게 어떠한 영향을 주는지에 대해 알게 되었다. 그들은 차근차근 이전의 상호작용 방식을 중단하고 새로운 상호작용을 통해 긍정적인 관계를 쌓을 수 있도록 서로를 도와 나갔다.

상담사의 도움과 함께 두 사람은 서로의 얼굴을 마주 보고 조용히, 그리고 분명하게 자신의 애착 두려움 및 갈망을 표현했다. 짜증과 분노 대신 내면의 연약한 감정을 효과적으로 표현하는 법을 배우면서 그들은 이제 서로를 제압하고 변화시키려고 할 필요가 없다는 것을 깨닫게 되었다. 서로를 위해 새롭게 만들어 낸 안전한 장에서 그들은 서로의 고통을 보듬어 주고, 두려움을 안심시켜 주었으며, 서로의 희망을 격려해 줄 수 있었다.

브래드는 재닌이 파티에서 다른 남성에게 유혹하는 행동을 할 때 자신이 늘 상처받고 살던 소년 시절로 돌아가는 느낌을 받았던 경험을 이야기할 수 있었다. 재닌은 더 이상 비난과 공격이 아닌 진심 어린 말을 듣고 난 뒤에 배우자에 대해 새로운 시각을 가질 수 있었다. 브래드는 이제 더 이상 저항해야 할 강압적이고 거슬리는 존재가 아닌, 연약한 사람이었다. 자신이 더 많은 헌신과 친밀감을 강요당할 때 재닌은 구속당하고 답답한 느낌이 들었다. 그녀는 그에 대한 사랑과 헌신을 표현할 수 있었고, 자신이 브래드를 실망시킬 의도가 전혀 없다는 것과 자신을 믿어 달라는 조용하고도 진심 어린 부탁도 말할 수 있었다. 브래드는 더 이상 불안과 경계심을 가지지 않게 되었고, 재닌이 부부관계를 오랫동안 유지할 것이라는 확신을 받았으며, 나아가 그녀를 자신의 전처나 아버지와는 다른 존재로서 볼 수 있게 되었다.

부부 상담을 종결하면서 그들은 오랜 문제에 대한 새로운 해결책을 찾아냈다. 그들은 다음 파티에서 어떻게 함께 할지 편안하게 이야기를 나눌 수 있었으며, 브래드의 아들과 재닌의 직업에 대한 문제들에 대해 새로운 해결 방안을 떠올렸다. 그들은 서로에게 집중하고 애착 욕구를 표현하는 법을 배웠다. 재닌과 브래드는 이제 새로운 음악을 듣고 있었고, 새로운 춤을 만들어 냈다. 18개월이 지난 후 전화 통화에서 그들은 점점 더 깊은 관계를 쌓아 나가는 중이라고 말했다.

재닌처럼 위축자의 경우에, 이 단계는 앞으로 나아가고, 교감하며, 자신의 존재와 욕구를 드러내며 관계에 두 발을 모두 담그는 과정이다.

브래드처럼 공격자의 경우에, 이 단계는 감정과 욕구를 부드럽고, 진심 어린 방식으로 표현하고 자신의 연약함을 드러내는 것을 의미한다.

브래드와 재닌의 이야기는 서로를 받아들이고 다가가는 것이 애착 결합을 변화시킨다는 점을 일깨워 준다. 서로에게 기댈 수 있을 때 관계는 안전과 안정감의 장소가 된다. 부부는 서로에게 의지할 수 있으며, 상대가 나를 항상 지지해 줄 것이라는 안전기지를 함께 만들어 나갈 수 있다.

## 관계 결합의 대화: 핵심 정서와 욕구에 대해 자세히 알아보기

### 무대를 만들기

정서적 자각을 확장하고 심화시키는 이 과정에서 두 가지 중요한 권유를 하고 싶다. 첫째, 서로 돌아가면서 한 사람은 자기 반영 및 나눔과 표현을 하고, 상대 배우자는 이를 방해하거나 자신의 생각을 표현하려고 하지 않고 주의 깊게 들어 주는 식으로 대화를 진행하는 것이다. 표현하는 배우자는 자신의 경험을 더욱 풍부하게 열어 놓을 수 있는 시간과 공간이 된다.

듣는 쪽에게는 즉각 응답해야 하거나, 바로 해결책을 제시해 주거나, 다른 행동을 취해야 할 부담을 덜어 준다. 기본적으로 이 과정은 한 사람이 표현하는 동안 다른 사람이 들어 주는, 일방적인 형태를 띠고 있다. 하지만 그 이후의 대화에서 이 역할들이 바뀌기 때문에 결국 배우자 모두 자신의 경험과 이야기를 들려줄 수 있는 기회를 가지게 된다. 둘째, 부부 중 하나가 먼저 대화를 시작하는 쪽이었다면, 이 단계에서는 위축되는 입장인 다른 배우자가 대화를 시작하는 것이 좋다. 이는 보통 대화를 하려 들지 않는 쪽이 새로운 시작점을 제공하면서, 이전 관계의 역할을 새로운 춤으로 바꿀 기회를 주기 때문이다. 머지않아 부부 모두가 대화를 시작하고 자연스럽게 이야기를 나눌 수 있게 되기를 바란다. 이것이야말로 친밀감과 애정의 근원이기 때문이다.

### 위축자를 위한 가이드

**이름:** ....................................................

당신 스스로의 감정, 경험, 욕구들에 대한 생각과 표현들에 집중하라. 배우자를 비난하거나, 배우자가 당신의 고통이나 행복에 책임을 지도록 하라는 것이 아니다. 자신의 내면을 깊게 살펴봄으로써 당신은 정서의 주인이 되는 것이며, 관계를 쌓아 나가기 위한 몫을 다하는 것이다. 아마도 이것은 부부관계에서 스스로를 온전히 드러내는 첫 경험일지도 모른다.

1. 부정적인 고리에서 당신이 하는 말에서부터 시작하라. 처음 몇 번은 당신의 과정을 적어 두는 것이 좋을 수 있다. 예는 다음과 같다.

    "내가 위축되기는 하지요. 나는 갈등을 피하려고 조심스럽게 굴어요."
    "내가 당신과 직접 맞서지 않기 위해 당신 주변에서 맴돌기만 하는 건 맞아요."

"당신을 실망시켰을 때 내가 마음을 닫고 당신을 밀어낸다는 것을 알고 있어요."

..............................................................................

..............................................................................

..............................................................................

2. 부정적인 고리에서 당신이 느끼는 핵심 정서들을 돌아보고 이에 집중하라. 아래 정서들 중 자신에게 해당하는 것을 표시해 보자. 한 번에 한 가지 정서를 탐구하라. 스스로가 그것에 집중하고 이를 유지할 수 있도록 하라. 몸에서 이 정서를 느낀다는 것을 인지하고 그것을 받아들여라. 직장이나 다른 일들로 마음이 혼란스럽다면 노력하라.

슬픔(마음이 무겁다, 낙담한다, 실망한다, 목에서 덩어리가 느껴진다, 눈물이 난다)
아픔(찌르는 듯한 아픔이 느껴진다, 안에서 숨이 막힌다, 마음이 무너진다)
두려움(무섭다, 얼어붙는다, 마비된다, 떨린다, 배가 아프다, 긴장되어서 속이 좋지 않다, 심장이 뛴다)
분노(입을 꽉 다문다, 소화가 되지 않는다, 불처럼 화가 난다, 차갑다)
수치심(숨고 싶다, 부끄럽다, 망신스럽다, 열등하게 느껴진다, 자격이 없다고 느껴진다)
놀라움(경계한다, 흥미롭다, 호기심이 난다, 눈이 커진다)

3. 정서들을 살펴보면서 이를 경험하고 있다면 스스로에게 "이 정서가 정말로 무엇인지" 되물어 보라. 만약 답이 바로 떠오르지 않더라도 인내심을 가져라. 내면의 변화가 느껴지는가? 정서가 이끄는 대로 따라라. 의미가 없다거나 당신이 자연스럽게 느끼는 내면을 무시하도록 과소평가하고 이성적인 논리를 내세우며 분석

하는 마음의 소리들은 차단하자. 또한 정서를 배우자의 책임으로 돌리려는 것(예: "나는 당신이 ……해서 이런 기분이 든다"라는 식의 발언)을 피하라.

이 ………………… (정서)는 정말로 나에게 어떤 것을 뜻하는가?

……………………………………………………………………

……………………………………………………………………

……………………………………………………………………

……………………………………………………………………

예: "내가 당신을 많이 실망시켰다는 것을 알아요. 나는 당신의 기대에 미치지 못했고 많은 상처를 주었죠. 나는 당신을 보면서 당신의 눈에서 반감을 볼까 봐 두렵기 때문에 마음을 닫고 위축되며 회피해요."

"나는 당신을 실망시켰다는 기분이 들어요. 내가 너무나 부적절하고 무능력한 사람이라고 여기게 되죠. 내가 당신에게 쓸모없는 사람이라고 생각돼서 슬퍼요. 내가 잘하는 게 별로 없는 것 같아요."

"당신을 만나기 전부터 나는 실수한다는 게 부끄러운 일이라고 생각했어요. 그래서 당신으로부터 숨어 버리게 되었어요."

4. 스스로에게 물어보라: ………………를 느끼면서 이 관계에서 맴도는 것은 나에게 어떤 일이었는가? (예: 실망하게 될까 봐 두려움, 내가 당신에게 어울리지 않는 사람인 것 같아서 슬프고 외로움, 아무도 나를 진정으로 받아 줄 수 없기 때문에 상처받음 등)

이 질문들은 부부관계에서 당신의 기본적 입장과 이 태도가 당신에게 미치는 영향에 대해 묻는 것이다. 당신의 방식대로 관계를 맺는 것은 희생이 따르는 일이었는가? 이 질문을 스스로에게 던지면서 느껴지는 정서들을 인지하고 이를 받아들여라. 다시 말하지만 당신을 정서들로부터 멀어지게 하는 목소리들을 뿌리쳐라. 반응성 정서들을 인식해야 하지만 그것들을 계속 확인하면서 더욱 핵심적이고 연약한 정서들을 찾아내고 이에 집중하도록 하자. 연약한 핵심 정서에 닿고 나면, 이에 집중하라. 관계에서 외롭고 힘든 정서들을 가지고 살면서 슬픔을 느끼는 것은 흔한 일이다.

..........................................................................................

..........................................................................................

..........................................................................................

..........................................................................................

예: "이 두려움은 내가 얼어붙도록 만들어요. 나는 당신에게 좋은 배우자가 되고 싶고 이를 위해 정말로 많이 노력하기 때문에, 당신과 다투는 것은 매우 고통스러워요. 나는 실패자 같아서 절망스러워요."

정서들은 계속해서 변화하고 사라지기도 하며 흐르기도 한다. 당신에게 방금 떠오른 새로운 정서, 또는 더욱 강하게 느껴지는 이전의 정서에 대해 적어 보자. ..............................................
어떤 핵심 정서든 이를 느끼고 받아들여라.

5. 정서에 오래 집중했다면 이제 스스로에게 더욱 솔직해질 수 있도록 자신의 감정을 받아들이는 전환점이 찾아올 것이다. "나는 부부관계에서 나 자신을 좋게 생각할 자격이 있다"라는 기분이 떠오르게 된다. 이 과정을 진행하면서 정서들이 자기수용으로 변하게 되는지 주목해 보자. 이는 다음과 같이 나타날 수 있다.

"내가 위축되어 있을 때 얼마나 두려운지에 대해 이야기를 나누었어요. 나는 당신을 실망시키는게 두려워서 갑옷을 입죠. 당신의 배우자로서 내가 실패했다고 생각하면 무척 슬퍼져요. 이러한 생각을 멈추고 나니 나 자신을 그렇게 과소평가하는 것은 옳지 않다는 것을 깨달았어요. 나는 스스로를 그렇게 낙담시킨 나 자신에 대해 화도 나요. 이제 더 이상 그런 짓은 하지 않을 거예요. 내가 그런 공포를 느끼거나, 내가 당신에게 어울리지 않는 사람이라는 불안이 든다면 당신에게 터놓고 말할 거예요."

이제 당신의 진실을 직접 적어 보자.

..........................................................................

..........................................................................

..........................................................................

..........................................................................

지금 당신의 배우자와 이것에 대해 나누는 것이 편안한가?

6. 변화하는 정서들에 계속해서 집중하고 이것들이 당신의 부부관계에 대해 좋은 느낌을 가질 수 있도록 하는지 생각해 보자. 더욱 깊은 애착 욕구는 핵심 정서를 통해 알 수 있다. 정서들이 당신을 어디로 이끄는지 보자. 스스로에게 다음과 같이 물어보라. 이런 .......한 기분(예: 실패한, 부적절한, 가치없는, 당신이 날 수용하지 않을까 봐 불안전한)은 어떻게 달랠 수 있을까?

나 자신에 대해 좋게 느끼기 위해 부부관계에서 지금 원하는 것은 무엇인가?

..........................................................................

..........................................................................

당신에게 더욱 가까워질 수 있도록 지금 나에게 필요한 것은 무엇인가?

..........................................................................

..........................................................................

다음은 내담자들이 보통 이야기하는 애착 욕구 목록이다. 당신이 공감할 수 있는 것들을 찾아보자.

- 나를 있는 그대로 수용하는 것
- 당신에게 확신을 얻는 것
- 나의 장점을 당신이 인정해 줄 것
- 당신을 더욱 가깝게 느끼는 것
- 당신에게 소중하고 중요한 사람으로 여겨지는 것
- 당신에게 사랑받는 것
- 당신의 삶에 내가 가치 있는 사람이라는 것
- 내 노력을 알아주고 감사히 여기는 것
- 확신을 얻는 것
- 당신이 내 곁에 있다는 것을 아는 것
- 편안함을 얻는 것
- 안전함을 느끼는 것
- 포옹을 받고 포옹을 하는 것

이는 다음처럼 표현될 수 있다.

> "내가 당신에게 우선순위로 여겨지도록 부부관계에서 나를 더욱 많이 드러내야 할 필요가 있는 것 같아요. 나에겐 위험한 일처럼 느껴지지만 자신에게 솔직해지는 것이 중요한 일이기 때문에 그 위험을 감수할 거예요. 그러려면 당신이 나를 있는 그대로 수용할 것인지 알아야 해요. 우리가 서로 다르다는 걸 알아요. 하지만 그게 내가 열등하다는 것은 아니에요. 나에게는 당신이 그저 당신을 만족시켜 주는 어떤 사람으로서가 아니라 '진정한' 나를 원한다는 확신이 필요해요."

이제 자신의 말로 표현해 보자.

..........................................................................................

..........................................................................................

..........................................................................................

배우자의 눈을 마주 보며 이러한 욕구를 나눌 수 있는가?

.........................................................................................

.........................................................................................

## 듣는 입장의 배우자를 위한 안내 사항

배우자의 이야기를 들으면서 배우자가 당신에게 자신에 대한 중요한 이야기를 하고 있음을 알아라. 당신에게 기대고 싶어 하는 마음은 당신이 얼마나 중요한 존재인지를 의미한다. 당신의 배우자가 부부관계에서 힘든 정서들을 느끼는 것은 부정적 춤의 결과이지, 당신이 나쁜 사람, 나쁜 배우자라서가 아니다. 배우자의 이야기를 들으면서 이러한 관점을 유지하는 것은 매우 중요하다. 또한 대부분의 사람들에게 이러한 고백은 두렵고, 취약하며 적나라하고 심지어는 부끄럽게 느껴질 수 있다는 점을 이해하라. 이는 해방감 및 위안을 줄 수도 있다.

L-O-V-E 대화가 어떻게 진행되는지 복습해 보자.

**L**—*Listen*: 배우자가 하려는 말을 차단하거나 과거에 대한 배우자의 말을 바로잡아 주려고 하지 말고 끝까지 듣는다. 이는 배우자가 자신의 경험을 온전히 털어놓고 더욱 깊은 정서와 애착 욕구를 개방할 수 있도록 한다.

**O**—*Open*: 열린 마음과 태도로 배우자가 자신의 약점이나 사랑스럽지 않은 내면들을 내보이는 위험을 감수할 수 있을 안전한 공간을 만들어 주자. 진정한 친밀함은 자신의 온전한 모습을 부부관계에서 드러낼 수 있을 때 생긴다.

**V**—*Validate*: 배우자의 정서를 존중하고 인정한다. 당신이 듣고 있는 말을 이해하고 관심을 기울인다는 것을 아는 것만으로도 자신의 마음을 말하고 있는 배우자에게 격려가 된다.

**E**—*Express*: 자신의 생각과 감정을 부드럽고 천천히, 간단하게 표현하라. 충분한 시간과 공간을 두고 이를 실천하자. 아무리 사소하든지 간에 배우자에게 다시 다가갈 수 있는 방법을 찾아라.

당신이 하고 싶은 말을 생각해 보자. 당신이 나에게 이렇게 속마음을 보여 줄 때 나는 이런 감정을 느낀다.

..............................................................................................

..............................................................................................

..............................................................................................

우리가 내담자에게서 들은 예들은 다음과 같다.

- 당신에게 끌린다.
- 감동받았다.
- 당신에게 필요한 사람이 되었다.
- 공감이 된다.
- 우리 관계에서 당신이 힘들어한다니 슬프다.
- 따뜻함을 느낀다.
- 오랜만에 당신을 보는 기분이다.
- 당신과 가까워지고 교류하는 느낌이 든다.
- 이런 연약한 모습에 반응해 줄 기회가 없었다는 점에 화가 나거나 실망스럽다.
- 그렇게 힘들었던 당신이 존경스럽다.
- 이런 솔직함에 앞으로는 우리가 다르게 소통할 것 같다.

이제 배우자의 말에 당신이 어떤 영향을 받았는지 직접 배우자에게 설명해 줄 차례다. 배우자의 욕구에 답해 주는 것을 잊지 말자. 배우자가 표현했던 확신, 수용, 다른 욕구들을 제공할 수 있는가? 그렇다면 지금 그렇게 해 주자. 그렇지 않다면 당신이 힘들어한다는 사실을 인정하고, 이해할 수 있는 시간을 가져라. 준비가 되었다면 배우자와 이에 대해 대화해 보자.

결합의 경험과, 다정한 시간을 보내며 친밀감을 느꼈는가? 부부가 각각 이 순간을 어떻게 경험했는지 서로 말할 수 있는 기회를 가져라. 대부분의 부부들은 서로 더욱 가까워지고 연결감을 경험했다고 말한다. 당신이 그렇지 못했다면, 어떤 다른 방식이 마음에 드는가? 아직 당신이 대화에 예민하고 너무 마음을 열어 보인다고 느낄지도 모르겠지만, 이에 대한 당신의 생각을 부드럽게 표현해 보자.

다음은 보통 공격자의 위치에 놓여 있는 배우자가 스스로의 내면을 돌아보고 개방하도록 할 것이다. 이 책은 당신의 경험을 표현하도록 도울 것이다.

### 공격자를 위한 가이드

**이름:** ..................................................

1. 부정적인 고리에서 당신이 어떻게 하는지 분명히 하는 것에서부터 시작하라. 처음 몇 번은 공격의 과정을 적어 두는 것이 좋을 수 있다. 예는 다음과 같다.

    - "당신의 관심을 얻으려고 내가 당신을 자극하거나 때로는 싸움을 건다는 것을 알아요."
    - "당신이 위축되는 것처럼 보이면 강압적이거나 집요하게 굴 때도 있어요."
    - "내가 기대한 대로 당신이 반응하지 않으면 내가 공격한다는 것을 알아요."

    ..........................................................................

    ..........................................................................

    ..........................................................................

2. 부정적인 고리에서 당신이 자주 느끼는 핵심 정서들을 돌아보고 이에 집중하라. 아래 정서들 중 자신에게 해당하는 것을 표시해 보자. 한 번에 한 가지 정서를 탐색하라. 그것에 집중하고 이를 유지할 수 있도록 하라. 몸에서 이 정서를 느낀다는 것을 인지하고 그것을 받아들여라. 직장이나 다른 일들로 혼란스럽다면 차근차근 노력하라.

    - 슬픔(마음이 무겁다, 목에서 덩어리가 느껴진다, 눈물이

난다, 실망한다)

- 아픔(찌르는 듯한 아픔이 느껴진다, 안에서 숨이 막힌다, 마음이 무너진다)
- 두려움(무섭다, 떨린다, 배가 아프다, 긴장되어서 속이 좋지 않다, 공포에 질린다, 심장이 뛴다, 절박하다)
- 분노(짜증이 난다, 분노가 치민다, 불이 붙은 것 같다, 차갑다)
- 수치심(숨고 싶다, 부끄럽다, 망신스럽다, 열등하게 느껴진다, 자격이 없다고 느껴진다)
- 놀라움(경계한다, 흥미롭다, 호기심이 난다, 눈이 커진다)

3. 정서들을 살펴보면서 이를 경험하고 있다면 스스로에게 "이 정서가 정말로 무엇인지" 되물어 보라. 답이 바로 떠오르지 않더라도 인내심을 가져라. 내면의 변화가 느껴지는가? 정서가 이끄는 대로 따라라. 이런 기분을 느끼는 데 당신이 문제가 있다거나, 당신이 너무 절박하게 군다거나, 아니면 이것이 모두 의미가 없다든지 당신이 속으로 느끼는 것들을 무시하는 내면의 목소리를 인식해 보자. 당신의 정서에 대해 배우자한테 책임을 돌리는 식의 발언을 피하라(예: "당신이 ......했기 때문에 내가 이렇게 느끼는 거예요."). 이러한 생각을 깨달은 뒤, 이를 제쳐 두고 당신의 핵심 정서를 위한 여유를 가져라.

   이 .................... (정서)는 정말로 나에게 어떤 것을 뜻하는가?

   ..............................................................................

   ..............................................................................

   ..............................................................................

   예:

   "당신이 나의 분노는 보면서, 내 깊은 속마음은 보지 못해서 매우 슬퍼요. 당신의 관심을 끌 수 없을 때면 나는 당신에게 어떠한 영향도 줄 수 없는 것 같아요. 그리고 나면 당신이 친절하지 않기 때문에 나에게 문제가 있는 건 아닌지 두려워져요. 나는 무가치한 사람처럼 느껴지고 이것은 매우 두렵고 고통스러워요."

"우리가 서로 연결감이 없어지면 나는 그 상황을 통제하려고 드는 것 같아요. 속으로 나는 매우 절박해지고, 당신이 나에게 신경을 쓰지 않게 될까 봐 두렵고, 이것은 나에게 굉장히 연약한 감정이에요. 그 감정은 우리 관계에선 너무나 쉽게 자극되어요."

4. 스스로에게 다음과 같이 물어보라. ......................... 를 느끼면서 이 관계에서 맴도는 것은 나에게 어떤 일이었는가?

...........................................................................

...........................................................................

...........................................................................

(예: 필요 없는 존재가 된 것 같음, 거부당하는 것이 두려움, 내가 당신에게 어울리는 사람이 아니라고 생각해서 슬프고 외로움, 버려질까 봐 두려움 등)

이 질문은 부부관계에서 당신의 기본적 입장과 이 태도가 당신에게 미치는 영향에 대해 묻는 것이다. 이 질문을 스스로에게 던지면서 느껴지는 정서들을 인지하고 이를 받아들여라. 다시 말하지만 당신을 정서로부터 멀어지게 하는 목소리들을 뿌리쳐라. 반응성 정서들을 인식해야 하지만 그것들을 계속 확인하면서 더욱 핵심적이고 연약한 정서들을 찾아내고 이에 집중하도록 하자. 핵심 정서에 닿고 나면, 이에 집중해라. 이 관계에서 외롭고 힘든 정서를 가지고 살면서 슬픔을 느끼는 것은 자연스러운 일이다.

...........................................................................

...........................................................................

...........................................................................

예:

"우리 관계에서 당신한테 상처를 받고 당신에게 영향을 줄 수 없을 때 나는 거부당한 느낌이 들면서 방황하게 돼요. 여기 앉아서 이것이 나에게 진짜로 어떤 일이었는지 생각해 보니까 내가 얼마나 외로운지 알게 되고, 그래서 엄청 고통스럽고 슬픔이 밀려와요."

마치 파도처럼 정서들은 계속해서 변하고, 물러나고, 다시 밀려온다. 당신에게 방금 떠오른 새로운 정서, 또는 더욱 강하게 느껴지는 이전의 정서에 대해 적어 보자.

........................................................................................

........................................................................................

........................................................................................

이런 고백이 무섭고 예민하게 느껴질지도 모른다. 어떤 정서든간에 이를 그저 받아들여라. 당신이 두렵다는 것을 배우자에게 알려 주고, 이 두려움이 왜 생겨났는지 대화해 보는 것도 좋다.

5. 핵심 정서에 충분히 집중했다면, 이제 핵심 정서를 표현하는 것이 자기방어적이고 외로움을 느끼는 것보다 훨씬 도움이 된다는 것을 깨닫게 될 것이다. "나의 아픔과 불안을 드러낸다면 당신은 나를 이해하게 될 거예요.", "나는 이 공허함을 더 이상 참을 수 없어요. 이젠 모든 게 괜찮을 거라고 믿어 볼 거예요."라는 식으로 표현할 수 있다. 이 과정을 밟아 나가면서 당신의 배우자가 기저에 있는 연약한 정서들을 볼 수 있는 방향으로 변화하고 있음을 인지하라.

이는 다음처럼 들릴 수 있다.

"내가 상처받았을 때 당신이 필요하다는 것을 말하기보다는 더욱 공격적으로 된다는 것에 대해 이야기했어요. 나는 당신이 거리를 둘 때 두려워지는데 그건 당신이 나를 사랑하지 않는다는 느낌을 받기 때문이예요. 내가 느끼는 절망감을 표현하는 것보다 화를 내는 것이 훨씬 더 쉬워요. 하지만 그렇게 해봐야 당신을 더욱 멀어지게 할 뿐이고 그것 때문에 내가 더 우울하고 외로워지는 것을 견딜 수 없어요. 그래서 나는 당신에게 이렇게 솔직하게 털어놓는 것이고 이건 꽤 두려운 일이에요..."

이제 당신이 직접 말해 보자.

..............................................................................

..............................................................................

..............................................................................

배우자에게 지금 이에 대해 말하는 것이 두렵지 않게 되었는가?

6. 변화하는 정서들에 계속해서 집중하고 이것들이 당신의 부부관계에 대해 좋은 느낌을 가질 수 있도록 이끄는지 생각해 보자. 더욱 깊은 애착 욕구는 핵심 정서를 통해 알 수 있다. 정서들이 당신을 어디로 이끄는지 보자.

스스로에게 다음과 같이 물어보라. 이런 기분(예: 내가 사랑받지 못할까 봐 두려움, 버려질 것이라는 기분, 내가 너무 부담스럽지는 않을까 하는 두려움/부끄러움, 너무 요구가 많음, 당신이 나를 받아들여 주지 않거나 내가 필요할 때 곁에 없을까 봐 불안 등)을 어떻게 달랠 수 있을까?

..............................................................................

..............................................................................

..............................................................................

더욱 내면의 안정감을 찾을 수 있도록 이 관계에서 지금 무엇을 원하는가?

..............................................................................

..........................................................................................

..........................................................................................

당신에게 더욱 가까워질 수 있도록 지금 나에게 필요한 것은 무엇인가?

..........................................................................................

..........................................................................................

..........................................................................................

아래는 내담자들이 이야기하는 애착 욕구들의 목록이다. 당신이 공감할 수 있는 것들을 찾아보자.

- 나를 있는 그대로 수용하는 것
- 당신에게 확신을 얻는 것
- 나의 장점을 당신이 인정해 주는 것
- 당신을 더욱 가깝게 느끼는 것
- 당신에게 소중하고 중요한 사람으로 여겨지는 것
- 당신에게 사랑받는 것
- 당신의 삶에 내가 가치 있는 사람이라는 것
- 내 노력을 알아주고 감사히 여기는 것
- 확신을 얻는 것
- 당신이 내 곁에 있다는 것을 아는 것
- 편안함을 얻는 것
- 안전함을 느끼는 것
- 포옹을 받고 포옹을 하는 것

이는 다음처럼 표현될 수 있다.

> "내가 당신에게 부담을 주지 않고 당신이 나에게 반응하기 쉽게 나의 욕구들을 부드럽게 표현해야 한다는 것을 알아요. 그렇게 한다는 생각만으로도 나는 두려운 기분이 들기 때문

에, 내가 당신에게 사랑받을 만하고 당신이 내 곁에 있어 줄 것이라는 확신이 필요해요. 내가 당신을 필요로 할 때 당신이 손을 내밀어 주고 나를 안아 줄 것인지 알고 싶어요."

이제 당신의 말로 직접 표현해 보자.

..............................................................................

..............................................................................

..............................................................................

배우자의 눈을 마주보고 이러한 욕구들에 대해 이야기할 수 있는가?

..............................................................................

..............................................................................

..............................................................................

## 듣는 입장의 배우자를 위한 안내 사항

배우자의 이야기를 들으면서 배우자가 당신에게 자신에 대한 중요한 이야기를 하고 있음을 이해하라. 당신의 배우자가 자신의 연약한 감정들과 요구에 대해 이야기할 때 두려움과 맞서야 한다는 점을 또한 인정하라. 자신의 매력적이지 않은 부분들을 드러내는 것은 어려운 일이며, 특히 자신을 드러내면 사랑받지 못한다고 학습되어 왔다면 더욱 그러하다. 이런 고백들은 두렵고, 취약하며, 적나라하고, 심지어는 수치스러울 수 있다는 것을 기억하자. 당신은 어떤 것을 고쳐 주거나 개선시켜 줄 의무는 없다. 당신이 해야 할 일은 그저 대화 내내 관심을 가지고 열린 마음으로 배우자의 옆에 끝까지 앉아 있어 주는 것이다.

L-O-V-E 대화가 어떻게 진행되는지 복습해 보자.

**L**—*Listen*: 배우자가 하려는 말을 차단하거나 자신을 방어하려고 하지 말고 끝까지 듣는다. 이는 배우자가 자신의 경험을 온전

히 털어놓고 더욱 깊은 정서와 애착 욕구들을 알아낼 수 있도록 한다.

**O**—*Open*: 열린 마음과 태도로 배우자가 자신의 약점이나 사랑스럽지 않은 내면들을 내보이는 위험을 감수할 수 있을 안전한 공간을 만들어 주자. 진정한 친밀함은 자신의 온전한 모습을 부부관계에서 드러낼 수 있을 때 생긴다.

**V**—*Validate*: 배우자의 정서를 존중하고 인정한다. 당신이 듣고 있는 말을 이해하고 관심을 기울인다는 것을 아는 것만으로도 정서적 위험을 감수하고 있는 배우자에게 격려가 된다.

**E**—*Express*: 자신의 생각과 감정을 부드럽고 천천히, 간단하게 표현하라. 충분한 시간과 공간을 두고 이를 실천하자. 아무리 사소하든지 간에 배우자에게 다시 다가갈 수 있을 방법을 찾아라.

당신이 하고 싶은 말을 생각해 보자. 당신이 나에게 이렇게 속마음을 보여 줄 때 나는 이런 감정을 느낀다.

..................................................................................................

..................................................................................................

..................................................................................................

우리가 내담자에게서 들은 예들은 다음과 같다.

- 당신에게 끌린다.
- 감동을 받았다.
- 당신에게 필요한 사람이 되었다.
- 공감이 된다.
- 우리 관계에서 당신이 힘들어한다니 슬프다.
- 따뜻함을 느낀다.
- 보호해 주고 싶은 마음이 든다.
- 당신과 가까워지고 교류하는 느낌이 든다.
- 이런 연약한 모습에 반응해 줄 기회가 없었다는 점에 화가 나거나

실망스럽다.

- 그렇게 힘들었던 당신이 존경스럽다.
- 이런 솔직함에 앞으로는 우리가 다르게 소통할 것 같다.
- 이전의 춤에 너무나 많은 세월을 낭비해서 슬프다.

이제 배우자의 말에 당신이 어떤 영향을 받았는지 직접 배우자에게 설명해 줄 차례다. 배우자의 욕구에 답해 주는 것을 잊지 말자. 배우자가 표현했던 확신, 수용 또는 다른 욕구들을 제공할 수 있는가? 그렇다면 지금 그렇게 해 주자. 그렇지 않다면 당신이 힘들어한다는 사실을 인정하고, 이해할 수 있는 시간을 가져라. 준비가 되었다면 배우자와 이에 대해 대화해 보자.

이제 부부가 교감하고 연결되도록 돕는 관계 결합의 대화를 마쳤다. 이 대화를 통해 무엇을 느꼈는지 함께 나누는 시간을 갖도록 권하고 싶다. 대부분의 부부들은 더욱 서로 가까워지고 연결감을 경험했다고 말한다. 당신이 그렇지 못했다면, 다른 어떤 방식이 더욱 마음에 드는가? 아직도 당신이 대화에 대해 예민하고 적나라하게 느낄지도 모르겠지만, 이에 대한 당신의 생각을 부드럽게 표현해 보자.

오랫동안 많은 부부들을 겪으면서 우리는 이런 친밀한 대화들이 이전의 부정적인 상호작용 패턴을 바꾸어 놓을 수 있다는 것을 발견했다. 당신이 부정적인 고리에서 위축자라면 이 대화는 당신이 배우자와 마주 보고 당신이 쌓아 왔던 감정과 욕구들에 대해 이야기를 나누도록 한다는 점을 인식하라. 당신이 공격자라면 이 대화는 당신의 욕구를 더욱 부드럽게 전달하도록 도울 것이다. 이러한 변화는 당신의 가장 순수하고 연약한 욕구를 다른 방식으로 표현해서 당신의 문제를 더욱 명확하게 알리고 배우자가 애정을 가지고 반응하도록 한다. 이러한 대화의 영향은 점진적으로 또는 극적으로 나타날 수도 있지만, 이 방법을 지속할수록 당신의 관계를 안정적인 결합으로 바꾸어 줄 것이다. 이 결합은 당신의 관계를 더욱 긍정적인 방향으로 변화시킨 것으로서 서로에게 위안이 되며, 있는 그대로 서로를 받아들이고 인정하며 소중하게 여길 수 있도록 할 것이다.

# 제10장

# 관계 손상

## 어떻게 손상을 회복할 수 있는가?

지금까지 건강과 행복을 위한 친밀 관계의 중요성에 대해서 언급했다. 부부간에 형성되는 정서적 결합은 매우 소중한 것이다. 부부는 서로에게 편안함(안식처)과 격려(안전기지)를 제공해 주지만, 서로 가까워진다는 것은 또 다른 위험을 뜻하기도 한다. 친밀한 관계는 상처를 입거나 입힐 가능성을 가지고 있으며, 대부분의 사람들은 이것이 정말 가슴 아픈 일이라고 말한다. 앞 장의 성찰하기 문제들을 통하여 당신은 부부관계에서 겪은 상처를 알게 되었을 것이다. 이러한 일들은 관계 개선을 필요로 하지만, 때로 관계 개선은 어렵게 느껴질 수 있다. 상처가 되는 일들이 아직 언급되지 않았거나 성공적으로 해결되지 않았다면, 상처는 더욱 악화되어 부부의 정서적 결합을 저해할 수 있다. 이 장의 목표는 친밀한 관계에서 나타날 수 있는 크고 작은 손상을 회복시킬 수 있도록 더욱 깊이 생각해 보는 것이다. 작고 쉬운 단계들로부터 관계 회복을 차근차근 밟아 나가 보자.

## 외도 및 다른 상처들

오스트레일리아 브리즈번에서 실행된 부부관계의 상처에 대한 연구에 참가했던 부부들은 부부관계에서 상처가 되는 다양한 경험들에 대해서 다음과 같이 이야기했다.

- "해외에서 귀국한 후 아내가 우리 관계를 계속하고 싶지 않다고 말했어요. 처참한 기분이 들었어요."
- "입덧이 심했던 적이 있었어요. 나는 침대에 누워 있었고 남편은 제가 집안일을 하지 않으려고 꾀를 부린다고 비난했어요."
- "우리는 함께 파티에 갔는데, 아내가 제가 말하는 방식이 마음에 안 든다고 공개적으로 비난했어요. 집에 돌아오는 길에 우리는 크게 다퉜습니다."
- "그는 생일 기념으로 딸을 카페에 데려간다고 말했어요. 나중에 은행 내역을 보니 비싼 레스토랑의 영수증이 찍혀 있었고, 또 전처를 초대했다는 것도 알게 되었지요."
- "제 딸의 출산을 도우러 몇 주간 자리를 비웠던 적이 있었어요. 돌아와 보니 남편이 같은 교회에 다니는 여성과 새로운 관계를 시작했어요."

이 중 두 사례가 일어났던 일의 즉각적 결과에 대해 말하고 있다. 하나는 "처참한 기분이 들었다"라는 반응이었고, 다른 하나는 "집에 돌아오는 길에 크게 다투었다"라는 심각한 갈등의 발생이었다. 이러한 비교적 흔한 반응들은 자신과 대인관계에 지속적인 고통을 줄 수 있다.

'제삼자'와 관련되는 일 역시 개인에게 심각한 고통을 안겨 줄 수 있으며, 관계에 손상을 입힐 수 있다. 혼외 성관계에 대한 부정적인 강한 사회적 규범에도 불구하고, 미국에서 남편들의 25%, 아내들의 10%가 결혼 생활 동안 혼외 성관계를 맺는 것으로 나타났다. 당신은 외도로 인한 관계 손상을 회복하기 위해 이 책을 읽고 있을지도 모르겠다. "어떻게 이것을 극복할 수 있을까?" 또는 "왜 이런 일이 생겼지?"라는 혼란스러움과 함께 말이다.

외도가 일어나는 데에는 여러 가지 이유(낮은 자존감, 지루함, 충족되지 못한 친밀감이나 성욕, 외도를 자연스럽게 받아들이는 집안 분위기 등)가 있을 수 있지만, 외도가 일어날 가능성은 결혼 생활이 '매우' 만족스럽다고 응답한 사람보다 '제법' 만족스럽다고 말한 사람에게 28% 더 높은 것으로 나타났다. 이 결과는 부부가 결혼 생활을 삶의 일순위로 놓는 것이 중요하다는 점을 알려 준다. 질적인 부부관계는 외도를 예방하기 때문이다. 부부가 서로 화목하게 지낸다면 제삼자가 그 사이에 끼어들 자리가 없어진다.

## 외도로 인한 상처

대개 외도는 극심한 상처와 불화를 낳게 된다. 예외가 있다면 서로 온전히 헌신하지 않고 개방적인 성적 관계를 유지하기로 합의를 본 부부 정도일 것이다. 그런데도 대부분의 경우 외도는 배신당한 쪽에게 엄청난 상처를 안겨 준다. 제7장에서 언급했듯이 외도는 배신당한 배우자와 부부관계 모두에게 장기적으로 심각한 상처를 안겨 주는 사건이다. 또 다른 연구에 따르면, 외도에서 느끼는 배신감은 극단적인 부정적 감정과 생각들을 불러일으키며, 복수에 대한 충동을 자극한다.

또 다른 연구는 사람들이 다른 부정적인 대인관계 행동보다도 외도에 더 많은 죄책감을 느끼는 점을 밝혀냈다. 외도에 대한 죄책감과 두려움은 종종 외도에 대한 거짓 행위를 하도록 만들기도 한다. 상처를 입은 배우자들은 그 눈속임이 외도 사실만큼이나, 또는 그보다도 더욱 고통스럽다고 말하며 결국 이것은 신뢰를 심각하게 무너뜨리게 된다. "내가 배우자를 어떻게 다시 믿을 수 있겠어요?" 대부분의 경우, 외도 이후 부부 양 쪽이 겪는 극심한 부정적인 감정들로 인해 관계가 흔들리며 혼란에 빠진다.

## 상처가 되는 사건을 해결하기

브리즈번의 '상처받은 감정에 대한 연구'에 참가한, 만족스러운 관계를 유지하는 100쌍이 넘는 부부들은 상처가 되는 사건들을 어떻게 성공적으로 해결했는지에 대한 질문을 받았다. 그들은 다음과 같은 것이 도움이 되었다고 답변했다.

- 진심으로 문제를 해결하려고 하기
- 긍정적이고 건설적인 대화를 나누기
- 서로의 시각과 감정을 배려해 주기
- 진심 어린 후회와 부부관계를 소중히 여긴다는 것을 보여 줄 수 있는 행동을 하기

특히 부부들은 상처를 준 배우자가 다음과 같이 행동하는 것이 도움이 되었다고 밝혔다.

- 상처받은 쪽의 말을 들어 주기
- 상대의 관점을 이해하려고 하고 마음의 상처를 진심으로 알아주기
- 어떤 행동이 상처가 되었는지 인지하기
- 사과하기

또 상처받은 배우자의 다음과 같은 행동이 도움이 된다.

- 감정을 표현할 때 최대한 침착하기
- 분명하게 감정을 표현하기
- 이 사건을 과대평가하지 않기
- 상처를 준 배우자의 입장을 경청하기

외도 부부들과 상담을 하면서 외도 이후에 관계를 회복하는 것은 보통 어려운 일이 아니라는 것을 알 수 있었다. 외도에서 회복하는 것은 많은 부부에게 위기를 불러일으킨다. 외도에 대한 반응이 위기로 느껴진다는 것을 인정하는 것이 필요한데, 이는 그것이 정말로 위기이기 때문이다. 외도 사

실이 드러난 이후 많은 부부관계가 지속되지 못한다. 하지만 다른 많은 부부들은 위기를 이겨 내고 회복 과정에 많은 노력을 투자한다. 이들 중 많은 부부들이 회복 이후에 전보다 더욱 서로에게 가까워졌다고 말한다.

외도를 다루기 위한 몇 가지 추가 제안들은 다음과 같다.

- 부부 모두가 성병 검사를 받아야 한다.
- 아이들을 포함해서 다른 사람들한테 말할 때에는 과장하지 말고 있는 그대로 추가적 피해를 감안하여 이야기해야 한다.
- 당신이 배신당한 쪽이라면 외도의 내용에 대해 자세히 알고 싶어하는 것은 자연스러운 일이다. 하지만 지나치게 자세한 내용(노골적인 성적 행위나 정확히 어떻게 이 일이 비밀이 되었는가에 관한 내용 등)을 알아내는 것은 다시금 정신적 충격을 줄 수 있으며, 대개는 회복 과정에 도움이 되지 않는다. 그러나 외도를 한 쪽이 기본적인 정보, 감정, 외도할 때의 심정에 대하여 답을 하는 것은 도움이 될 것이다. 이런 질문들은 극심한 심문이 아닌 존중하는 분위기에서 전달되는 것이 좋다.
- 분노는 당연한 것이지만 이에 사로잡히게 되면 부부가 겪고 있는 문제를 더욱 부풀리게 마련이다. 분노는 극심한 고통, 수치심, 두려움, 슬픔에 대한 반응이다. 장기적으로 볼 때 자신의 상처나 두려움, 슬픔에 대해서 이야기하는 것이 분노를 표출하는 것보다 도움이 될 것이다.
- 만약에 당신이 외도한 쪽이라면, 당신이 부부관계에서 너무나 불행했기 때문에 외도가 정당화될 수 있다고 생각하고 있을지도 모른다. 부부관계에서 당신이 겪은 불행의 원인을 밝혀내는 것이 중요하다고 해도, 스스로를 정당화하거나 배우자를 비난하는 것은 관계 회복을 더욱 어렵게 만드는 일이다.

## 외도 극복하기

대부분의 부부들은 외도 위기를 겪은 다음 무엇인가 관계에서 빠졌거나 잘못되었다는 느낌을 받으며, 부부관계에 어떻게든 제삼자가 끼어들 수 있었기 때문에 또 다시 외도를 겪게 될지도 모른다는 것을 깨닫는다. 이는 헌신적이지 못했던 배우자에게 책임을 묻는 것이 아니라, 회복 과정에서 무엇이 중요한지를 알려 주는 것이다.

> 외도를 효과적으로 극복하기 위해서, 부부는 외도 이전에 관계가 어땠는지 주의를 기울여 볼 필요가 있다.

어떤 부부에게 이는 비난이나 통제에 관한 것일 수도 있으며, 또 어떤 부부에게는 비현실적으로 높은 기대감을 낮추는 것이나, 자존감과 관련된 문제, 연약함을 드러내 보이는 것에 대한 두려움을 극복하는 것과 관련이 될 것이다. 어떤 부부는 정서적 연결 및 친밀감을 위해 더 많은 기회를 만드는 것을 필요로 할 것이며, 또 다른 부부는 성관계에서 의학적 전문가나 정신적 전문가의 도움을 받을 필요가 있을 것이다. 문제가 무엇이든 간에 문제를 충분히 알고 부부가 함께 노력해야 할 것들이다. 문제를 무시하는 것은 부부가 다시 미래의 위험에 노출되게 놔두는 일일 뿐이다.

## 복수 대 회복

개인의 상처에 대해 복수나 회피로서 대처하고자 하는 경향은 이해할 수 있는 일이다. 위협이나 위험이 신체적일 때 이러한 반응들은 자기 보호를 위한 전략으로서, 생존에 도움을 준다. 대부분의 사람들은 살면서 한 번쯤은 복수를 통해 만족감을 얻었던 경험이 있을 것이다. 하지만 이 만족감은 단기적이다. 샬럿 브론테Charlotte Brontë는『제인 에어』에서 다음과 같이 말하고 있다.

> 내가 처음으로 맛본 복수는 다음과 같았다. 겉보기에는 감미로운 와인 같았지만, 삼킬 때에는 따뜻하고 짜릿했다. 그것의 뒷맛은 비릿하고 녹슬었으며 마치 독살당하는 느낌을 주었다.

보복하기, 대립하기, 부루퉁하기, 배우자와 거리 두기 등은 상처를 입은 배우자에게 만족감을 가져다줄지도 모른다. 그러나 이런 반응들은 부부관계에 지속적으로 부정적인 영향을 미치게 될 것이다. 정서를 과도하게 억제하는 것(냉담한 회피나 침묵으로 대응하기) 또는 너무 조절하지 않는 것(불같은 보복)은 문제를 빠르게 악화시킨다. 그렇다면 서로에게 도움이 될 수 있는 쪽으로 어떻게 관계를 회복시킬 수 있을까? 건설적인 의사소통, 개방적인 고백, 고통스러운 정서들을 다루는 것이 회복 과정에서 도움이 된다. 하지만 결과적으로 상처가 되는 일을 경험하면서 고통을 받았다면, 우선 배우자를 용서하고 싶은지, 그리고 그렇게 하는 것이 안전한 일인지에 대한 질문을 하게 될 것이다.

## 용서?

용서란 대인관계의 문제를 치유하기 위한 방법으로 추천되는 것이다. 용서는 말보다 실천이 훨씬 어렵다. 용서를 관계 개선의 전략으로 보기 위해서는 우선 어떤 것이 진정한 용서인지 알아야 한다. 수년간 용서에 대해서 연구한 미국 심리학자 로버트 엔라이트Robert Enright는 용서가 선택의 문제라고 말한다. 즉, 용서는 우리가 꼭 해야 하는 것이 아니라 선택권이 주어진 것이다. 표 10.1은 엔라이트의 주장을 자세히 보여 준다.

또 다른 연구자들은 용서가 어떤 행위가 아니라 과정이라고 말하기도 한다. 용서에는 오랜 시간이 걸리며, 다른 사람들을 단순히 우리 자신의 욕구나 소망, 갈망에만 비추어 보고자 하는 욕구를 포기하는 것을 의미한다. 용서를 통해 상처를 입은 사람은 끝내 복수나 회피하고자 하는 생각을 줄이고, 선의를 향한 마음을 다잡게 되므로 용서는 결국 도움이 되는 과정이라고 생각할 수 있다. 이 과정은 다음에 나타나듯 우선 한 걸음 물러나 더욱 넓은 시각을 가지거나, 사건을 다른 태도로 바라보는 것을 필요로 하기도 한다.

남아프리카공화국의 심리학자들은 용서에 대해 한 걸음 나아간 견해를 제시한다. "성숙한 용서란 스스로와 타인에 대한 좋은 점과 나쁜 점을

**표 10.1 용서를 명료히 하기**

| | |
|---|---|
| 용서는 다음의 것들과는 다르다. | • 묵인하기(묵인은 종종 나쁜 대우를 침묵하면서 참는 것, 우리 자신에게 우리가 그런 대우를 받을 만하다고 말하는 것, 배우자의 행동이 다 그럴 만한 이유가 있는 것처럼 구는 것 등을 의미한다.)<br>• 잊어버리기(용서는 기억 상실을 유발하는 것이 아니라, 우리가 과거를 바라보는 관점을 바꾸는 것이다.)<br>• 침착하기(시간이 지나면서 분노는 사그라들지도 모르지만, 이는 적극적으로 용서하기로 결정하는 것과는 다르다.)<br>• 거짓 용서(진심이 아니면서 용서한다고 말하는 것)<br>• 화해(용서는 개인의 마음에서 우러나는 것이지만, 화해는 두 사람 사이에서 생겨나는 일이다. 때로 사람들은 잘못한 이들을 용서하지만 그들과 화해하지 않기로 하는 경우도 있다.) |
| 용서는 다음의 것들 이상이다. | • 무슨 일이 있었는지 받아들이는 것(우리는 상처로부터 '나아갈' 수는 있지만 여전히 차갑고 무관심하게 느낄 수도 있다.)<br>• 상대에게 중립적인 감정을 느끼는 것 |

포함한, 통합적이고 현실적인 시각을 의미한다." 상처를 극복하려고 노력하는 부부들에게 이는 당신이 완벽하거나 악한 동화 속 주인공이 아니라는 점을 깨닫는 것이다. 부부 모두가 이 이야기에 등장하게 되며 모두가 인간이다. 어느 쪽도 완벽하지 않다. 부부 모두가 좋은 점을 가지고 있으며 나쁜 짓을 얼마든지 저지를 수 있다. 만약 당신이 상처를 받은 쪽이라면, 용서할 때 스스로와 배우자의 장점 및 단점을 모두 인지하며 더욱 넓은 시각을 가져야 할 것이다.

## 용서의 이점들

용서에 따르는 신체적 이점에 대한 연구 결과들이 있다. 기본적으로 분노나 억울함, 원한을 내려놓으면서 우리는 또한 싸우기 위해 흥분하며 긴장하는 상태를 놓게 된다. 우리의 몸이 갈등을 맞을 준비를 할 때면 혈압과 심장 박동 수는 증가하며, 이런 신체적 흥분 상태가 오랜 시간 만성적인 것으로 변하게 되면서 건강이 위협받게 된다. 원한을 푸는 것은 신체적 긴장 상태를 풀어 주는 결과를 낳는다.

용서는 관계의 건강에도 이롭다. 오랜 시간 지속된 결혼 생활의 특징들을 조사한 결과, 용서는 건강하고 오래 지속되는 관계를 가져다주는 것으로 밝혀졌다. 이 연구에서 20년 이상 결혼 생활을 유지했던 많은 부부들에게, 장기적 관계에 도움이 된 열 가지가 밝혀졌다. 부부들은 헌신, 존중, 성적 정절, 좋은 부모가 되고자 하는 욕구 등을 꼽았다. 또한 기꺼이 용서하고 용서받고자 하는 의지가 10순위 안에 들었다. 개인의 건강과 정신적 안정을 위해서, 관계를 이롭게 하기 위해서 용서는 매우 도움이 될 것이다. 하지만 이것이 과연 쉬운 일인가? 어떤 사람들에게는 그럴 수도 있고 아닐 수도 있다.

## 어떤 것이 부부가 용서할 수 있도록 해 주는가?

잘못에 대해 사과하는 것이 용서 과정을 돕는다는 것은 당연한 사실이다. 진심 어린 사과는 상처받은 사람이 잘못한 사람에게 부드러운 감정을 느낄 수 있도록 도와주기 때문이다. 잘못한 사람 역시 고통스러웠고, 이 고통이 자신의 잘못에 대한 대가이기도 하다. 사과는 다시는 잘못을 저지르지 않으려는 의지를 드러냄으로써 같은 실수를 반복하는 것에 대한 두려움을 줄여 준다. 이유가 무엇이든 간에 잘못에 대한 진심 어린 사과와 용서를 구하는 행동은 상처받은 사람에게 선의를 행하는 한 걸음이 될 수 있다.

상처를 받고 난 후 용서할 마음이 들지 않았다면, 당신은 다시 상처받을까 봐 두려워하고 있을 수도 있다. 상처 입은 배우자는 보통 "어떻게 그 사람이 그런 일을 또 하지 않을 거라고 장담할 수 있지?"라고 묻는다. 다음 말을 마음에 새기길 바란다. 미래에 대해 두려움을 덜고 용서할 수 있도록 도와줄 수 있는 최고의 사람은 바로 상처를 입힌 사람이다. 이 말은 상처를 가한 사람에게는 충격으로 다가오는데, 그 이유는 용서가 전적으로 상처받은 사람에게 달려 있다고 생각하기 때문이다. 상처를 가한 배우자가 자신이 한 일에 대해 진정으로 인정하고 그들의 행동에 대해 책임을 질 때, 그들은 의미 있고 진심 어린 사과를 할 수 있다. 이는 "내가 얼마나 당신에게 상처를 주었는지 이해해요. 때로는 내가 온전히 이해하진 못했지만, 이제야 내가 당신에게 큰 상처를 주었다는 것을 알겠어요. 내가 그것에 대해 엄청 죄책감을 느낀다는 것을 알아주었으면 해요. 내가 얼마나 미안한지 말로 표현하기 어렵지만, 언젠가는 내가 미안해 하는 걸 알아주었으면 해요."와 같은 말로 표현될 수 있다. 이렇듯 당신이 입힌 피해에 대해 인정하는 것은 상처 입은 배우자가 당신을 다시 신뢰할 수 있도록 도와주는 중요한 단계이다.

배신을 경험한 부부들에 대한 연구는 상처를 준 배우자들이 '진심으로 미안'해 하며, 부부관계가 가장 중요하고, 그들이 용서받아야만 함을 표현하기 위해 지속적으로 노력할 필요가 있다고 말한다. 상황을 개선시키기 위한 노력에는 사려 깊음이나 친절함에 대한 표현, 음주나 도벽 같은 습관을 고치기 위한 상담, 혼외 관계들을 단호하게 정리하는 것이 포함될 수 있다. 한 회복을 위한 연구에서는 상처를 준 사람들이 그 배우자를 위해 분명한 후회(왜 상처를 입히게 되었는지, 무엇에 대해 후회하는지를 인지하는 것), 책임감(관계 손상을 일으켰다는 것에 대해 책임을 지는 것), 회복(사과에 대한 표현과, 이제 배우자가 상처를 극복할 수 있도록 해야 할 일에 대한 이해를 포함)을 분명하게 표현한 편지를 쓰도록 했다. 이 편지를 받고 이해한 뒤, 상처를 입은 배우자들은 자신들이 그 사건을 극복하고 용서하려는 과정에 있으며, 극복하고 용서할 수 있었던 것들, 아직 용서할 수 없는 것들, 지금 상처와 분노를 극복하고 용서할 수 있도록 배우자들이 도와야 할 점들에 대하여 답장을 쓰도록 했다.

## 성찰하기 10.1 우리의 상처를 탐구하기

**이 장은 우리 관계에 어떤 의미를 가지는가?**

우리 관계에서 회복시켜야 할 크고 작은 손상은 무엇인가? 많은 사건들을 떠올릴 수 있을 것이다. 오늘 내가 집중하고 싶은 것은 다음과 같다.

............................................................................................................................................

(다음 쪽에 계속)

……………………………………………………………………………………………

**내가 상처를 입었을 때**

정확히 어떤 것이 내게 상처를 주었는가? 그 사건이 당신에게 어떤 의미를 가지는지 명확히 서술하라.

……………………………………………………………………………………………

……………………………………………………………………………………………

상처를 주었던 그 사건이 아직도 아픔을 가져다주는가? 어떤 다른 정서들을 겪는가? (예: 분노, 슬픔, 두려움)

……………………………………………………………………………………………

……………………………………………………………………………………………

……………………………………………………………………………………………

……………………………………………………………………………………………

내가 용서할 수 있는 것들은 무엇인가? 내가 용서할 수 없는 것들은 무엇인가? 지금 나는 배우자에게 무엇을 필요로 하는가? 무엇이 내가 상처를 이겨 낼 수 있도록 도울 수 있는가?

……………………………………………………………………………………………

……………………………………………………………………………………………

……………………………………………………………………………………………

……………………………………………………………………………………………

배우자가 사과를 했거나 내 상처에 대해 자신의 책임을 인정했는가? (배우자는 내가 상처를 받았다는 사실을 알고는 있는가?) 앞서 말한 사건에 대해 배우자의 사과/인정을 방해하는 요소들은 무엇인가? 내 반응들이 우리 사이의 갈등과 문제를 지속시키고 있는 것은 아닌가?

……………………………………………………………………………………………

……………………………………………………………………………………………

……………………………………………………………………………………………

……………………………………………………………………………………………

위의 사건에 대해 내가 상처를 극복하고 용서하는 것을 막는 방해 요소들은 무엇인가?

……………………………………………………………………………………………

……………………………………………………………………………………………

……………………………………………………………………………………………

……………………………………………………………………………………………

# 용서할 수 없는 것들을 용서하기

## 애착 손상 해결하기

부부의 애착 결합을 손상시키는 심각한 상처들을 정서중심상담에서는 '애착 손상'이라고 일컫는다. 이러한 손상들은 일상에서 겪는 사소한 일들이 아니다. 이 용어는 부부의 정서적 결합을 저해하며 부부관계를 불안정하게 만들어 버리는 것을 의미한다. 손상을 입은 배우자는 더 이상 상대 배우자를 신뢰하거나 의지하지 않기로 다짐하게 되는데, 이처럼 "나는 이제 부부관계에서 혼자고, 나 자신은 내가 돌보아야 한다."라고 생각한다. 이러한 생각은 향후 부부관계에 계속해서 영향을 미치게 된다.

이것이 치료되기 위해서는 심도 있는 노력을 기울여야 한다. 어떤 일로 인해 부부간 정서적 결합이 심각하게 손상되었을 수도 있다. 그 일은 외도일 수도 있고, 배우자를 매우 다급하게 필요로 할 때 그가 그 자리에 없어서 실망한 경우가 될 수도 있다. 극도로 심신이 연약해졌거나 격려를 필요로 하는 경우, 예를 들어 출산 후 후유증을 앓을 때, 부모를 여의였을 때, 자녀가 중병에 걸렸을 때, 또는 항암 치료를 받을 때 등이다. 약해진 사람이 도움을 요청하기 두려워하거나, 도움을 부탁했는데도 도움을 받지 못할 때 깊은 상처를 받게 되며 애착 결합에 균열이 생기게 된다.

당신은 아직도 아픔을 느낄 수 있으며, 짜증이 나고 화가 나며, 어쩌면 배우자와 애착 손상에 대해 이야기할 때 압도당했을지도 모른다. 그 아픔은 지금도 새것처럼 느껴질지도 모른다. 다음 이야기는 첫아이가 태어난 후 경험한 애착 손상과 장기간의 부부 불화를 경험한 부부의 예이다. 이 이야기는 애착 손상이 얼마나 심각한 것인지, 그런데도 애착 손상이 치유되는 것을 보여 줌으로써 희망이 있다는 점을 제시하고 있다.

# 조지와 실베스터

조지와 실베스터는 제2차 세계대전 당시 부모님이 네덜란드에서 오스트레일리아로 이민을 온 네덜란드계 부부이다. 그들은 돈을 벌고, 건강한 자녀를 키우며 좋은 집과 정원을 가꾸는, 표면적으로 볼 때는 아주 성공적인 부부였다. 하지만 그들은 22년간의 부부 생활에도 불구하고 고통스러운 많은 문제들을 가지고 있었으며, 그로 인해 상담에 오게 되었다.

조지가 실베스터와 자신의 결혼 생활을 회의적으로 바라보게 된 계기는 첫아이를 낳을 때였다. 조지의 산통은 월요일 아침 일찍 시작되었는데, 이 시기에 실베스터가 직장에서 새로운 업무를 맡게 되었다. 실베스터의 입장에서 이는 최악의 상황이었다. 그는 짜증스럽고 화가 났으며 조지를 병원으로 태워다 주는 동안 그런 감정을 다 드러냈다. 실베스터가 운전을 하며 불평하는 동안 조지는 화내지 않으려고 노력했고, 진통이 있는 동안 자신의 몸을 안정시키고 최대한 침착함을 유지하고자 했다.

병원에 입원하자 실베스터는 조지를 격려해 주는 것과 그의 직장 동료들의 기대에 부응하는 것 사이에 갈등하게 되었다. 결국 그는 병원 커피숍에서 새로운 업무에 대해 직장 동료들과 꽤 오랜 시간 전화 통화를 하게 되었다. 그는 매 시간마다 잠깐씩 조지를 살피러 왔고 다행히도 첫아이의 출생을 지켜볼 수 있었다. 실베스터가 보기에 자기는 할 일을 완수했던 것이다. 그는 아내를 병원으로 데려다주었고, 몇 시간마다 짬짬이 아내를 살피러 왔으며, 아들이 태어나는 것을 지켜보았다.

조지 입장에서 이는 기대했던 것이 아니었다. 진통이 심해질수록 조지는 엄청나게 고통을 받았고, 이런 고통을 앞으로도 몇 시간 동안 계속 받아야 한다는 것에 긴장하기 시작했다. 하지만 그녀는 이에 대해 '난리'를 피우지 말아야 한다고 느껴서 실베스터에게 곁에 있어 달라고 요청하지 않았다. 출산 시간이 길어질수록 실베스터는 동료들과 다시 통화를 해야 한다며 병실을 나갔고, 조지는 엄청난 외로움을 느꼈다. 부모 교육 시간에 봤던 영화에서는 아버지가 될 사람이 아이를 낳는 동안 자신의 아내 곁에 앉아서 등을 문질러 주고 손을 꼭 잡아 주었다. 진통을 겪으면서 조지는 남편이 어디에 있는지 궁금해했다. 그녀의 실망감은 매우 깊었다. 그녀는 고통스러웠고, 상처를 받았고, 홀로 남겨진 기분이 들었다. "심지어 아이를 낳는 동안조차 내가 우선순위가 되지 못한다는 것을 깨달았어요."

아이가 태어나고 몇 주가 지난 뒤, 조지는 자신의 분노와 실망감을 실베스터에게 표현했다. 그는 그녀가 그렇게 '분노'하는 것에 매우 놀랐고, 결국 모든 일이 잘 되지 않았냐고 반문했다. 간호사들은 친절했고 그녀를 잘 보살펴 주었으며, 아이는 예쁘고 건강했으며, 조지는 잘 회복되었다고 말이다. 그는 그녀의 고통을 이해할 수 없었으며, 그것을 산후 '신경증'이라고 표현했다. 조지는 아이와 함께 집에 혼자 앉아서 울었다. 그때 그녀는 다시는 실베스터를 그렇게 원하지 않겠다고 다짐했다. 20년이 지나 그녀는 상담사에게 이렇게 말했다. "나는 그날 우리가 아이를 더 낳게 된다면 어머니에게 병원에 같이 가 달라고 하기로 마음먹었어요. 나는 다시는 그렇게 실망하고 싶지 않았어요. 그는 나를 지지할 수가 없는 사람이었어요."

조지는 실베스터와의 애착 결합에 심각한 손상을 입었다. 그녀가 실베스터를 필요로 할 때 곁에 있어 줄 것이라는 생각이 완전히 깨졌기 때문이다. 이는 그가 그녀의 생일을 잊었거나 자신의 어머니에 대해 비판적인 발언을 했을 때처럼 일상적인 상처나 짜증이 아니었다. 첫아이 마크를 낳는 동안 그녀는 실베스터의 위로와 격려가 필요했지만 그는 그녀 곁에 없었다. 그 이후에도 실베스터는 그 사건에 대해, 자신이 한 일에 대해, 그녀의 정서적 고통에 대해 들어 줄 마음이 없었다. 상황은 점점 악화되고 있었다.

그 이후 몇 년간 조지는 이 일에 대해 거의 언급하지 않았고, 그 이야기를 해야 하는 상황이 되면 그녀의 목소리는 단호하고 차가웠다. 오랜 상처라고 할지라도, 그것은 가끔씩 불쑥 튀어나와 다시 고통을 주었다. 이런 순간들이면 실베스터는 짜증스러운 태도로 그녀에게 오래전 일은 잊으라고 말하고, 상황을 피해 버렸다. 하지만 이러한 손상은 그냥 '잊혀지는' 것이 아니었고, 부부의 관계는 조지에게 배신감과 신뢰에 대한 저항감("그가 곁에 없을 테니 너무 많은 것을 바라지 말자.")으로, 실베스터에게는 무가치함("나는 절대, 절대 그녀에게 충분한 사람이 아니다.")으로 정의되게 되었다.

## 애착 손상으로부터의 회복

손상을 주는 사건들을 부부간 애착 결합의 측면에서 살펴볼 필요가 있다.

애착 손상 사건은 부부간의 정서적 결합을 손상시켜 관계가 불안정해지는 것이다. 애착 손상을 경험하였다면 당신은 배우자에 대한 신뢰를 잃었을 것이며, 더 이상 당신이 배우자를 믿을 수 없다고 느끼고, 현재 진행 중인 갈등을 겪거나 무력감에 거리를 두려고 할지도 모른다.

수전 존슨 교수와 연구진들은 당신이 현재 겪는 고통을 다룰 수 있는

**표 10.2 상처받은 배우자를 위한 치유 과정의 단계들**

| 수전 존슨 교수과 연구진들이 제안하는, 상처 입은 배우자들이 생각해 봐야 할 점들 | 조지가 실베스터에게 한 말들의 예 |
|---|---|
| 상처가 되는 사건에서 잃게 된 것 | "나는 우리 아이를 낳는 순간에도 당신에게 내가 원하는 것을 우선시해 주기를 기대할 수 없다는 것을 알았어요!" |
| 이에 뒤따르는 부정적이고 심지어는 절망스러운 감정들 | "나는 매우 외로웠고, 흐느껴 울었어요." |
| 자신을 방어하려고 한 방식 | "나는 그날, 만약 우리가 아이를 또 낳게 된다면 어머니한테 병원에 같이 가 달라고 말하기로 결심했어요. 나는 또다시 그렇게 실망하고 싶지 않았어요." |
| 그리고 나면...<br>관계의 안전감에 대해 깨어진 생각들 | "나는 내가 가장 필요로 한 순간에 당신이 나를 지지할 수 없다고 결론을 내렸어요." |
| 애착 손상 사건을 통해 어떻게 부정적 상호작용 고리가 생겨났는지 또는 지속되었는지 부부가 깨닫는 점이 중요하다. | "내가 더욱 분노하면 할수록, 당신은 더욱 죄책감을 느끼고 거리를 두려고 하죠. 그것은 내가 더 짜증을 내고 더 외로워하도록 만들고 그러면 당신은 나를 더욱 비판적으로 보게 되어요." |
| 부부가 손상을 고쳐 나가려고 한 방법들 | "당신이 미안하다고 말했던 건 알지만, 그러면서도 당신은 '내가 뭘 더 해 주기를 바래?'라고 묻죠. 당신이 그런 식으로 말할 때면 나는 속이 무너지고 '그는 이해하지 못하는구나. 내 감정은 신경 써주지 않는구나.'라고 생각돼요." |
| 이를 인정하는 과정이 고통스럽더라도, 친밀감에 대한 희망과 갈망을 얼마나 억누르고 있었는지 표현하는 것이 도움이 된다. | "나는 이제 당신에게 이에 대해 이야기하는 것조차 포기했어요. 내가 원하는 것을 얻을 수도 없는데 무슨 소용이죠?" |

도움말들을 표 10.2에 하고 있다.

대화가 이 시점까지 도달했을 때, 손상을 입었던 배우자는 분노 대신 자신이 그 사건에서 느꼈던 고통과 감정들에 대해 터놓고 표현하게 된다. 그러면 상처를 가한 배우자는 이제 상대를 '비이성적'이거나 '항상 불평만 하는' 것이 아닌, 좀 더 연약한 사람으로 바라볼 수 있게 될 것이다. 나아가 이 시점에서 상처를 주었던 배우자는 또한 그들이 상대에게 얼마나 중요한 사람인지, 그리고 자신의 격려가 특별히 더 도움이 되고 배우자는 이를 소중히 한다는 점을 명확히 이해하게 될 것이다. 부부가 자신의 부드러운 핵심 정서를 살펴보고 서로에게 반응하는 것은, 그렇지 않은 부부들보다 더욱 애착 손상을 잘 극복할 수 있도록 돕는다. 일단 부부가 이를 위해 노력하기 시작하면, 이런 대화들은 상처 입은 배우자가 다가설 수 있는 기회를 열어 주며, 상처를 준 배우자에게는 진정한 후회를 경험하고 그들의 행동에 대한 책임을 지고 진심 어린 사과를 할 수 있도록 돕는다. 사과를 할 때 자신이 한 행동의 심각함에 대해 충분히 이해하고, 이에 대해 수치심 또는 후회를 표현하며, 핑계나 변명, 자기방어를 하지 않을 때 상처 받은 배우자는 상대방에게 더욱 공감적인 태도를 취할 수 있게 된다. 그리고 나면 점점 용서를 구하고 신뢰를 회복할 수 있는 길이 열린다.

표 10.3은 상처를 준 배우자가 회복 과정을 도울 수 있는 방법들을 요약한 것이다.

**표 10.3 상처를 준 배우자가 관계 개선을 위해 실천할 수 있는 것들**

- 배우자의 경험과 상처에 대한 표현을 주의 깊게 듣기
- 배우자의 고통이 자신에게 영향을 미치도록 하기
- 배우자에게 자신이 얼마나 중요한지 인정하기. 만약 당신이 배우자에게 중요하지 않았다면 배우자가 이렇게 상처를 받지도 않았을 것이다.
- 방어적 태도를 접고 자신의 행동(혹은 행동하지 않았던 것)에 대해 책임을 지기
- 자신이 가한 고통을 충분히 인정하며 진정성 있는 단어로 후회감을 표현하기. 겸손한 자세로 배우자가 당신의 슬픔과 수치심을 알 수 있도록 할 것.
- 배우자에게 어떻게 하면 위로가 될지, 치유가 될지 물어볼 것

## 조지와 실베스터를 위한 해결 방안

여러 번의 상담을 통해 조지와 실베스터는 부정적인 상호작용 고리와 정서적 욕구를 이해하고 다룰 수 있게 되었으며, 조지는 이제 과거 애착 손상 사건에 대해 말할 필요가 있다고 생각했다. 마크의 탄생과 관련해서 있었던 자신의 분노와 절망을 표현하기보다는, 조지는 자신의 상처와 슬픔을 표현할 수 있게 되었다. 이를 말없이 개방적인 마음으로 경청한 실베스터는 부끄러움을 느꼈다. 20년 만에 처음으로 그는 자신의 자존심을 접어 두고 아주 오래전 어느 월요일 그녀가 격려와 보살핌이 필요하다고 했을 때 이를 무시한 점에 대해 얼마나 죄책감을 느꼈는지 인정했다. 그의 얼굴에서 분명하게 드러나는 후회의 감정 및 눈물과 함께, 실베스터는 진심으로 사과했다. "오랫동안 당신을 실망시켰다는 점이 부끄럽고 슬퍼. 당신이 겪고 있었던 고통을 짐작도 할 수 없었어. 나는 당신 곁에 있었어야만 했어. 미안해. 이게 과거의 일이기 때문에 지나간 일로 여기고 당신이 나를 용서해 주기를 기대할 자격이 나한테는 없어." 그들은 눈물을 흘리며 오랜 침묵 속에 함께 앉아 있었다.

조지는 의자에 똑바로 앉아, 더욱 안정된 모습으로 이렇게 말했다. "당신이 나를 실망시켰다는 것을 인정하는 게 얼마나 나에게 위안이 되는지 모를 거야. 당신이 그렇게 말하는 것을 들으니 정말 위안이 되네!" 실베스터가 겸손한 태도로 어떻게 하면 그녀의 기분을 나아지게 할 수 있을지 물었을 때, 그녀는 조용하게 말했다. "오늘 나를 위해 무언가를 더 해 줄 필요는 없어. 몇 년 동안 내 마음의 상처는 치유된 것이 아니라 그냥 가슴을 짓누르고 있는 것 같았거든. 지난 몇 달간 우리 관계를 위해 함께 노력하면서, 특히 오늘 당신이 내 실망감과 배신감에 어느 정도 책임이 있다는 걸 듣게 되면서 많이 나아졌어요. 이제 그 상처를 정말 치유할 수 있을 것 같은 기분이 들어." 또다시 오랜 침묵과 눈물을 닦아 낸 후 조지는 조용하게 덧붙였다. "시간이 지나면 당신을 용서할 수 있게 되리라는 것을 알아. 이미 내 짐이 덜어진 것처럼 느껴져." 그 순간에 실베스터 역시 자신의 무거운 짐이 덜어진 것처럼 보였다.

상처가 되는 행동을 인정하고 진심 어린 사과가 전달되고 받아들여진 이후, 그다음에 이어지는 대화는 상처 입은 배우자가 상대방의 관점에서 관계 손상이 어떻게 생기게 되었는지 이해할 수 있도록 돕기도 한다. 예를 들어 조지와 실베스터의 경우, 그들은 실베스터가 직장에서의 성공을 강요받았던 느낌과 경제적 성공을 중요시하게 된 점, 이런 성향을 만들어 낸 어린 시절의 경험에 대해 이야기할 수 있었다. 그는 학문적 성공이 부모님의 관심과 칭찬을 받을 수 있었던 유일한 방법이었다는 점을 아내인 조지가 이해할 수 있도록 이야기했다. 그는 결혼하면서 조지에게 자신이 얼마나 성공한 사람인지 보여 주고 싶어 했다. 마크의 생일날 시작했던 업무가 자신의 성공 가능성을 보여 줄 중요한 기회라고 생각했던 것이다.

이 장을 마치면서 당신과 배우자가 정서적 고통을 가지도록 만든 과거의 사건들을 다시 되짚어 볼 수 있는 연습문제들을 첨부했다. 함께 풀어 나가는 성찰하기 문제들이 관계 손상을 치유할 수 있도록 돕기를 바란다.

## 마지막 두 가지

### 용서가 적절하지 않을 때는 언제인가?

배우자의 잘못에 대해 용서를 요구할 수 있는 권리는 아무에게도 주어지지 않는다. 이것은 선택의 문제이며, 상처를 받은 사람이 반드시 용서를 해야 할 의무도 없다. 특히 학대나 폭력을 저지른 사람은 배우자에게 용서를 요구할 권리를 가지고 있지 않은데, 이는 그것이 피해자를 또 다른 폭력에 노출시킬 수 있기 때문이다. 예를 들어 여성이 폭력적인 배우자를 용서할 때 그들은 부부관계를 유지할 확률이 더욱 커진다는 점을 알 필요가 있다. 용서가 묵인이나 잊어버리는 것과는 다르다는 점을 이미 강조했듯이, '미숙한' 용서는 묵인으로 작용할 수 있으며, 결국 관계 속의 폭력이 다루어지지 않았을 때 이는 도움이 되지 못할 것이다.

학대를 받거나 폭력적인 관계에 있다면, 당신의 건강과 안전을 저해할 수 있는 심각한 문제를 해결할 수 있도록 전문적 도움을 빨리 받을 것을 권한다. 변화는 가능하며, 문제는 극복될 수 있다. 부부관계 역시 변화될 수 있다. 하지만 안전과 존중을 구축하는 것이 우선이다.

## 자신을 용서하는 것에 대해서는?

자신에 대한 용서도 다루어야 할 필요가 있다. 자신에게 상처를 준 사람에 대해 많은 공감을 한다면 어쩌면 당신은 자신에 대해서는 적게 공감할지도 모른다. 반대로 당신이 자신의 잘못에 대하여 자신을 빨리 용서하고, 자신의 행동에 따르는 결과들을 잊어버린다면, 당신이 상처를 준 상대방에 대해 공감하지 못하는 경향을 가진 것일 수도 있다. 죄책감은 건강하고 도움이 되는 감정으로서 사과를 하게 만들고, 관계 손상을 개선시키려고 노력하도록 만든다. 우리가 일으킨 고통에 대해 정확히 인지하는 것 역시 우리의 '방식을 고쳐 나가도록' 하는 것이다. 이런 점에서 볼 때 자신을 용서하는 것 역시 급하게 이루어져서는 안 된다.

당신이 후회를 표현하고, 변화하려는 의지를 드러내며, 개선해 나가려는 책임을 다함으로써 당신이 했던 일은 적절한 것이었다고 결론을 지을지도 모른다. 특히 배우자가 용서하려는 마음을 드러냈다면, 장기적인 자기 비하는 쓸모없는 일일 것이다. 용서는 선택의 문제이며 마음의 변화를 필요로 하는 것이다. 우리는 타인을 용서함과 동시에, 스스로를 더욱 넓은 맥락에서 바라보는 것(한 가지 행동이 아닌 전체적으로 평가하기), 우리의 약점만큼이나 장점을 인식하는 것, "내가 얼마나 스스로에게 벌을 줘야 하는 걸까?"라고 묻는 것, 그리고 실수와 고통을 통해 어떠한 의미와 교훈을 얻게 되었는지 스스로에게 질문하면서 자신의 태도를 변화시켜야 할 것이다.

## 성찰하기 10.2 애착 손상

성찰하기 10.1이 심한 손상을 생각나게 했다면, 다음 문제들을 자세히 살펴보자.

상처가 되었던 일에서 나는 무엇을 잃었는가?

..........................................................................................

..........................................................................................

그 결과로 내가 겪은 부정적이고, 무력하거나 절망적인 감정은 어떤 것이었는가?

..........................................................................................

..........................................................................................

그 일이 있은 후 내가 스스로를 보호하기 위해 했던 일은 무엇이었는가?

..........................................................................................

..........................................................................................

우리 관계의 안전함의 측면에서 그날 깨어진 것은 무엇이었는가?

..........................................................................................

..........................................................................................

그 사건 이후 우리의 부정적인 상호작용은 어떻게 생겨나게 되었는가?

..........................................................................................

..........................................................................................

..........................................................................................

우리는 관계 손상을 어떻게 개선하려고 노력했는가?

..........................................................................................

..........................................................................................

억압했던 친밀감에 대한 희망과 갈망에는 무엇이 있는가?

..........................................................................................

..........................................................................................

..........................................................................................

위의 문제들에 대해 배우자와 이야기를 나누기 전에, 이에 대해 이야기 나누는 것이 안전한 일인지 다시 되짚어 보기를 권한다. 민감한 부분을 건드릴 수 있는 주제들에 대해 이야기를 나눌 준비가 되었는지 살펴보기 위해 성찰하기 9.1을 돌아보는 것이 도움이 된다.

## 성찰하기 10.3 대화를 통해 되짚어 보기

배우자에게 상처가 되는 과거의 일에 대해 대화하는 것을 생각하는 것은 어떤 일인가? 나는 무슨 말을 하고 싶은가?

..................................................................................................................

..................................................................................................................

..................................................................................................................

어떻게 하면 나는 상처를 주지 않고 우리 관계를 저해하지 않는 방식으로 그 생각들과 감정들을 표현할 수 있는가?

..................................................................................................................

..................................................................................................................

비난하지 않는 방식으로 대화를 시작하려면 어떻게 해야 하는가?

..................................................................................................................

..................................................................................................................

분노나 감정 발산에 빠지지 않고 내 상처를 분명히 표현하려면 어떻게 해야 하는가?

..................................................................................................................

..................................................................................................................

이런 대화를 나누는 것이 걱정스러운가?

..................................................................................................................

..................................................................................................................

부정적인 고리 및 반응성 정서와 핵심 정서들을 다룬 이전의 장들을 다시 살펴보자. 당신의 정서들에 대해, 이들을 어떻게 표현하는가에 대해, 그리고 부정적인 상호작용 고리에서 당신의 역할에 대해 무엇을 배웠는지 생각해 보라. L-O-V-E 대화가 알려 주는 간단한 방법에 대해 생각해 보자. 개방적인 마음과 태도로 서로에게 귀를 기울이고, 서로를 인정하고 존중하며, 생각과 감정들을 간단하고, 부드럽고, 천천히 표현하라.

당신이 전달하고 싶은 내용을 곧바로 말하는 것보다, 이 과정에 대해 당신이 걱정하고 있는 점들을 표현하며 대화를 시작하는 것이 도움이 될 수 있다. 예를 들어, "나에게 중요한 일에 대해 당신에게 말을 하고 싶은데, 내가 냉정함을 잃을까 봐 두렵기도 하고 불편하기도 해요. 이건 어려운 일이지만 당신에게 나쁜 경험이 되게 하고 싶지는 않아요. 다른 이야기를 하지 않도록 이 책에 나온 성찰하기 문제들에 기록해 두었어요. 지금 이야기를 나누는 것이 괜찮을까요, 아니면 ..........까지 기다리는 것이 좋을까요?"라고 말해 볼 수 있다.

## 성찰하기 10.4 내가 배우자에게 상처를 주었다면

내 배우자에게 상처를 입힌 것은 정확히 무엇인가? 배우자가 경험한 다른 정서들은 무엇이 있는가? (예: 분노, 슬픔, 두려움) 내가 했거나 하지 않았던 일중에 특히 상처가 되었던 것은 무엇인가?

..........................................................................................................

..........................................................................................................

배우자가 지금 나에게 필요로 하는 것은 무엇인가? 배우자가 상처를 극복하도록 도울 수 있는 일에는 무엇이 있는가?

..........................................................................................................

..........................................................................................................

위의 사건에 대해 배우자에게 진심 어린 사과를 하지 못하도록 하는 것이 있는가? 배우자에게 사과를 한다는 것은 나에게 어떤 느낌인가?

..........................................................................................................

..........................................................................................................

과거 사건에 대해 배우자가 나를 용서하는 것을 막는 것은 무엇이 있는가?

..........................................................................................................

..........................................................................................................

내가 배우자를 위해 해 줄 일이나 하고 싶은 말은 무엇이 있는가?

..........................................................................................................

..........................................................................................................

사과를 할 때 당신이 무엇을 후회하는지에 집중하고, 관계 손상에 대해 당신이 한 일에 책임을 지며 그 상처를 회복할 수 있기를 바란다는 점에 대해 이야기하라. 자신을 방어하거나 핑계를 대지 말아야 한다. 당신이 하고 싶은 말을 적어 두었다가 배우자에게 편지를 쓰거나 직접 전달하는 것도 도움이 될 수 있다.

사과하고 용서를 구하는 것이 중요한 만큼, 용서가 조작되거나 강요될 수 없다는 점을 명심해야 한다. 용서를 기다리는 동안 부정적인 행동을 줄이려고 노력(비난, 과음, 도박 또는 추파)하고 친절함, 들어 주기, 가족과 함께 응원하기 또는 집안일 돕기와 같은 긍정적인 행동을 많이 하려고 노력하라. 특히 외도 이후라면 당신이 배우자와 떨어져 있는 동안 어디에 있고 무엇을 하는지 솔직하게 말해 주는 것이 큰 도움이 될 것이다. 이는 배우자가 당신에 대한 신뢰를 다시 쌓을 수 있도록 돕는다.

## 성찰하기 10.5 배우자에게 성찰 내용에 대해 알려 주고 대화하기

이 장의 성찰하기 문제들은 나에게 어떤 경험을 주었는가?

..........

..........

어떤 것이 도움이 되었는가?

..........

..........

아직도 해결이 되지 않은 부분은 무엇인가?

..........

..........

배우자에게 말을 하는 것은 어떤 느낌이었는가?

..........

..........

배우자가 자신의 연약한 감정을 표현하는 것을 들으면서 어떤 느낌이 들었는가?

..........

..........

내 자신의 연약한 감정들을 드러내면서 나는 어떤 기분이 들었는가?

..........

..........

배우자에게 말하기 너무 힘든 부분이 있었는가?

..........

..........

개인적으로나 부부로서 다루기 힘든 성찰하기 문제들이 있었다면, 전문가의 도움을 받기를 권한다. 가까운 지역의 상담사, 목사 또는 의사의 도움을 통해 이러한 어려움을 극복해 나갈 수 있다.

제11장

# 변화의 이야기들

이제 상담실을 찾은 부부들의 이야기를 소개하려 한다. 개인의 신원을 보호하기 위해 몇몇 부분은 각색했지만 일상적 문제들은 최대한 살렸다. 또한 어린 시절 경험이 성인이 되고 난 뒤 그들의 정서와 상호작용에 어떤 영향을 주었는지 설명하기 위해서 그들의 애착 역사를 기술했다. 자신에 대한 자각, 헌신, 새로운 것에 도전하려는 의지가 그들의 관계를 회복할 수 있도록 도왔다. 읽어 나가면서 그들이 관계의 음악을 바꾸고 춤을 변화시키면서 만족스러운 결과를 가지게 되었음을 알게 될 것이다. 이 변화의 이야기가 당신이 부부관계의 변화를 위해 노력할 수 있도록 희망을 주길 바란다.

## 앤절라와 데니스: 소속감을 찾기

앤절라와 데니스는 제2장에서 언급한 적이 있는 부부이다. 그들이 분노에 찬 고리에서 벗어나 안정적이고 서로 힘을 북돋아 주는 관계를 형성했다는 점을 알게 되면 아마도 놀라게 될 것이다. 다음 내용은 그들이 어떻게 했는지를 보여 준다.

## 문제

여성 동성애자인 앤절라와 데니스는 둘 다 경쟁심이 강했다. 그들은 사업과 광고 직종에서 성공을 거두었고 책임자 자리를 맡는 것을 좋아했다. 그들이 거의 모든 것에 대해서 의견이 불일치하게 되었을 때 어느 한쪽이 화를 내고 방어적으로 변하는 것은 시간 문제였다. 비난이 시작되면 다툼은 격렬해졌고 서로 심한 말을 내뱉기 일쑤였다. 다툼은 항상 앤절라에게 마음의 상처와 불안감, 그리고 분노의 눈물을 남겼고 데니스는 퉁명스러운 태도로 침묵했다.

이런 상호작용을 자극하는 것은 주로 데니스의 가족들이었다. 데니스의 부모님과 네 명의 형제들은 그들의 보수적인 종교관과 정치관에 대해 숨기지 않고 표현했다. 엄밀히 말해 데니스는 20년 전에 커밍아웃을 했지만, 그녀의 가족들은 항상 딸의 성적 취향을 부정했다. 데니스 역시 가족들과 있을 때면 자신의 성적 취향을 부정하려 드는 것처럼 보였다. 가족 모임에서 데니스는 최대한 앤절라와의 신체 접촉을 피하고, 그녀에게 말을 잘 걸지도 않았으며 부부처럼 보이는 모든 행동을 피했다. 그 결과로 앤절라는 소외감을 느끼며 자신이 중요하지 않은 것처럼 여겨졌고 큰 마음의 상처를 입었다. 이런 일이 있을 때면 그녀는 말을 줄이고 최대한 평안함을 유지하려고 했지만, 가족 모임이 끝난 다음에 그녀의 상처와 분노는 폭발하여 신랄한 말들로 쏟아져 나왔다. 다시 말해 앤절라는 자신이 데니스의 관심을 끌 수 있을지 확인하기 위해서 싸움을 걸고 있는 것이었다. 데니스는 짜증으로 가득 차서 "내가 오랫동안 우리 가족들과 어떻게 지내왔는지 안다면 나한테 이렇게 하지는 않을 거야!"라고 응수했다.

문제는 데니스가 교통사고를 당했을 때 드러나게 되었다. 처음 며칠간은 그녀가 살 수 있을지도 불분명했으며, 이후 몇 주간 그녀는 다시 재활 훈련을 받아야 했다. 앤절라는 두려움과 슬픔에 빠졌다. 더욱 최악인 점은 데니스의 가족들은 앤절라가 병원에 있다는 점에 화를 냈고 어느 날 병원 주차장에서 그녀에게 언어 폭력을 한 것이다. 앤절라는 이 사람들을 더 이상 만나지 않겠다고 결심했고, 데니스가 퇴원했을 때 이 결심을 말했다. 그러나 데니스는 "나랑 함께 가족 모임에 참석하지 않으면, 우리 관계도 끝이야!"라고 대답했다. 이어진 다툼은 두 사람을 모두 의기소침하게 만들었고, 그들은 도움이 필요하다는 것을 깨달았다. 그들은 상담을 받으러 왔고, 그들의 관계를 좀먹던 고통스러운 상호작용에 대해 슬프게 털어놓았다.

## 이전의 애착 경험들

상담 과정에서 이 부부는 자신들의 성적 취향을 받아들이고 커밍아웃을 하기까지의 과정과 그들이 발달 과정에서 겪었던 경험들에 대해 이야기했다. 데니스는 자신의 가족들을 변덕스럽고 예측할 수 없다고 했다. 때로 그들은 친절하고 도움이 되었지만, 다른 순간 그들은 데니스를 판단하고 잔인하게 굴었다. 그녀의 가족 모두가 자신들이 옳다고 여기는 것처럼 보였으며, 서로의 말을 듣고 의견을 나누기보다는 대부분 그녀의 아버지나 형제들의 '일방적 연설'이 이어졌다. 데니스의 어머니는 우울증과 불안으로 고생했다. 때로 어머니는 데니스가 자신이 원하던 딸이 아니며, 그녀가 실망스럽고 부끄럽다고 말했다. 데니스의 청소년기는 죄책감, 의심, 두려움으로 점철되어 있었다. 20대 초반에 데니스는 가족들을 기쁘게 하기 위해 이성애자와 결혼을 했으나, 그 관계는 부부 모두에게 불만족스러웠으며 오래지 않아 그들은 이혼했다.

앤절라의 가족생활은 매우 달랐다. 그녀는 외동딸이었다. 부모님은 불행한 결혼 생활을 했으며 자주 다투었다. 어린 시절 그녀의 아버지는 술을 많이 마셨으며, 어머니는 우울증을 앓고 있었다. 그들은 자신들의 문제와 불행에 빠져서 앤절라가 중요하거나 소중한 존재라고 느낄 수 없었다. 앤절라는 주로 자신만의 세계에서 살았고, 외롭고 자신이 하찮다고 느꼈다. 자신의 성적 취향에 대해 부모님에게 말했을 때, 그들은 별다른 반응을 보이지 않았다. 앤절라는 "부모님은 내가 누구인지, 어떤 사람인지 별로 신경 쓰지도 않나 봐." 하고 이상하게 여기게 되었다.

데니스나 앤절라 모두 성장 과정에서 애정 어린 보살핌이나 정서적 안정감을 경험하지 못했다. 그들은 가족에게 진정한 소속감을 느낄 수 없었으며, 이해하고 존중하는 태도로 그들을 중요하게 여겨 주는 가족도 없었다. 둘 다 사랑받고 자신의 가치를 인정받고 싶은 애착 욕구들이 충족되지 못한 상태였다. 둘의 관계 갈등은 내면의 취약한 부분을 건드렸고, 결국 비난과 비판이라는 자기 보호적 반응들을 하게 되었다.

## 음악을 바꾸고, 춤을 바꾸기

상담 과정 동안 데니스와 앤절라는 그들의 부정적인 상호작용 고리에 대해 빠르게 이해할 수 있었다. 그들은 얼마나 서로를 빨리 자극하고 어떻게 다툼으로 이어지게 되는지 깨달았다. 둘 다 관계가 이렇게까지 악화되었다는 점에 대해 슬픔을 표현했으며, 그들이 수년간 서로에게 상처를 입힌 것에 대해 후회를 표현했다. 하지만 둘 다 자신들이 변화할 수 있을지에 대해서는 회의를 품었다.

둘의 관계의 전환점은 그들이 데니스의 사고에 대해 말하게 되었을 때이다. 앤절라가 눈물을 흘리며 데니스가 죽을지도 모른다는 두려움과 슬픔에 대해 설명할 때 데니스는 믿지 못하겠다는 태도로 듣고 있었다. 그녀는 자신이 누군가에게 그렇게 소중한 사람이라는 것을 믿는 것이 어렵다고 인정했다. 그녀는 앤절라가 재활 기간에 힘이 되어 주었다는 것에 대해 감사를 표현했고, 앤절라의 사랑이 데니스가 고난을 버텨 낼 수 있도록 도왔다고 했다.

앤절라는 조용하지만 분명한 어조로 데니스의 가족들과 있을 때 무시당하는 것이 힘들었으며, 자신이 소중하지 않고 가치가 없으며 하찮은 사람처럼 느껴져 고통스러웠다고 말했다. 처음으로 데니스의 가족에 대한 대화가 비난과 비판으로 격앙되지 않게 되었다. 조심스럽게 부부는 서로의 연약한 감정에 대해 들어 주었다. 그들은 즉각적인 반응을 자제하고 각자의 내면에서 무슨 일이 일어나는지 서로 이해할 수 있도록 도왔다. 앤절라는 데니스에게 자신이 소중한 사람이며, 데니스에게 중요한 존재라는 것을 확인받고 싶었다고 말할 수 있었다.

데니스는 조심스럽게 자신이 가족과 겪었던 슬픔과 상처에 대해 드러내기 시작했다. "가족이 없는 내 삶을 상상하기가 무서워요. 나는 그들의 잘못에 맞서는 법을 몰랐고 그들의 의견이나 요구에 반대할 수 없었어요." 데니스는 계속해서 자신의 동성애 관계가 가족 모임을 망쳐 놓을까 봐 두려웠다고 말했다. 앤절라가 느낀 나쁜 감정들과 자신이 그녀를 함부로 대했다는 점에 대해 데니스는 부끄러움을 표현했다. 상기된 얼굴, 두근거리는 심장, 떨리는 목소리로 그녀는 앤절라에게 용서를 구했다. 이들은 서로에 대한 사랑과 헌신을 표현했고 다시 소통할 수 있는 더욱 나은 방법을 찾고자 했다.

이런 중요한 대화를 가진 이후에도 그들의 과정이 순탄하기만 했던 것은 아니었다. 데니스는 앤절라에 대한 자신의 사랑을 표현하면서도 가족들의 요구와 인정을 얻기 위해서는 상당한 노력과 시간이 필요했다. 하지만 그녀와 앤절라는 이제 새로운 곳에 있었고, 그들은 자신들의 연약함과 욕구에 대해 이야기를 계속했다. 그들은 감정적 반응을 덜 하고 경청하는 법을 배웠다. 그들은 데니스의 가족들과 교류할 수 있는 새로운 방식들을 살펴보았다. 시간이 지나면서 그들의 긍정적인 소통과 격려 및 사랑에 대한 표현은 관계의 안정감을 강화시켰다. 데니스는 점차 자기 자신과 스스로의 가치에 대해 확신을 하게 되었다.

몇 달이 지나고 난 뒤에 앤절라에게 다른 지역에 있는 직장을 잡을 기회가 왔다. 데니스는 그녀가 그 기회를 잡도록 격려해 주었다. 그들은 흥이 나서 새로운 자유와 다른 여성 동성애자 친구들을 사귈 수 있는 기회, 사회적으로 적어진 압력, 자신들의 관계를 집중할 수 있게 될 새로운 삶에 대한 계획들을 세우기 시작했다. 삶의 새로운 장이 펼쳐졌으며, 둘 다 미래에 대해 긍정적인 시각을 가지게 되었다.

## 유코와 마이클: 집요함에 지치다

마이클과 유코의 상담은 겁에 질린 마이클이 아내가 자신을 떠날 거라고 말하는 전화로 시작되었다. 그는 아내가 상담에 참여할 의사가 있는지에 대해 확신이 없었으며 결혼 생활이 끝날까 봐 매우 두려워하고 있었다.

유코와 마이클은 자녀를 한 명 두고 있는 30대 후반의 부부였다. 일본에서 태어난 유코는 20대에 영어를 공부하러 캐나다에 왔다. 그녀와 마이클은 대학에서 만나 사랑에 빠졌다. 유코가 데려온 외국인 어학 연수생들과 마이클이 데려온 북아메리카 대학 학생들의 모임을 그들은 좋아했다. 유코의 학생 비자가 만료되고 난 후 유코는 일본으로 돌아가 그들은 멀리 떨어져 있어야 했는데, 이 기간은 그들의 사랑을 증폭시키는 기간이었다.

그러나 유코가 북아메리카로 이민을 오고 난 뒤 그들의 삶은 바뀌게 되었다. 그들의 사랑은 여전히 강했지만 그들은 성인기의 발달 단계인 책임감에 맞추어 변하고 있었다. 이제 대학을 졸업한 마이클은 직장 생활을 하느라 바빴고 몇몇의 어울리는 친구들하고만 다녔다. 유코의 친구들은 다시 고국으로 돌아갔고, 그녀는 외로워했다. 직장과 사회적인 관계에 정신이 없었던 마이클은 유코의 소외감에 주의를 기울이지 않았다. 문화적 영향으로 유코는 자신의 감정을 명료하게 표현하지 않았다. 예를 들어 마이클에게 자신이 외롭다고 말하는 대신, 그녀는 마이클이 저녁에 외출을 하지 못하게 했다. 마이클이 그녀의 문제에 대해 알지 못하고 무신경한 것처럼 보였기 때문에 그녀는 처음에는 가볍게 불평했지만, 시간이 지나면서 이 불평은 점점 격렬해졌다. 그녀의 불만에 마이클은 회피하고 무심하게 굴었다. 마이클의 회피는 유코에게 더욱 큰 절망감과 분노를 일으켰고, 그녀의 불평은 마이클이 정서적으로 차단하고 위축되도록 하는 순환 구조를 만들게 되었다.

아이가 태어나고 난 뒤에도 마이클과 유코는 계속해서 충돌했다. 주변에 가족도 없이 갓 태어난 아이와 함께 있던 유코는 마이클을 이전보다 더 필요로 했다. 수면 부족과 함께 힘이 되어 주는 사람이 없어, 유코는 마이클이 곁에 없다는 것에 대해 계속 불평하고 비난했다. 마이클은 비난받는 느낌에 모든 힘을 일하는 데 쏟기 시작했고, 가정에서의 부정적인 일들을 회피하기 위해 직장에서 많은 시간을 보냈다. 이 생활은 딸의 영유아 시기 동안 지속되었다. 하지만 아이가 학교에 들어갈 나이가 되자 유코는 직장을 구하게 되었다. 유코는 자신의 일과 사회 활동에 참여하게 되었고 부부 사이의 긴장감은 잠깐이나마 풀어지게 되었다. 마이클은 유코의 우선순위가 바뀌었음을 알아차렸고, 처음에는 그 덕에 그녀가 행복해하고 그들 사이의 끝없는 불평, 방어, 부정적인 분위기가 줄어들었기에 안심했다. 하지만 그는 유코가 자신에게 더 이상 관심을 기울이지 않고, 함께할 수 있는 활동들을 더 이상 계획하지 않게 되면서 걱정하기 시작했다. 마이클의 걱정은 유코가 직장 밖에서 그녀의 상사와 어울린다는 사실을 알게 되면서 더욱 커졌다. 유코는 외도 사실을 부정했지만, 그녀도 상사가 자신의 말을 잘 들어 주고 친한 친구가 되어 준다는 사실은 인정했다.

## 부정적인 고리

처음에 유코는 마이클의 관심을 끌려고 노력했지만, 그가 반응하지 않자 불평을 했다. 마이클은 부부관계가 상당히 부정적이라는 것을 감지했다. 유코의 불평에 대한 그의 대응은 그저 순간적으로 그녀를 달래고 '모든 게 괜찮다'고 그녀를 설득하려고 노력하는 것이었다. 하지만 그는 유코의 관심과 격려에 대한 욕구에 진심으로 반응하지 않았다. 마이클은 그녀의 부정성을 피하기 위해 집 밖에서 더욱 많은 시간을 보냈다. 그들이 상담을 받으러 왔을 때 유코는 더 이상 마이클의 반응을 얻기 위해 노력하지 않았고 관계에서 멀어지고 있었다. 그녀는 직장이나 친구들과 함께 자신의 삶을 추구했으며, 상사와 정서적으로 친밀하고 의지가 되는 관계를 만들었고, 마이클과의 이별을 생각하고 있었다. 마이클은 유코와의 애착 결합이 손상되었다는 것을 깨닫지 못했으며, 그것은 그에게 세상이 무너지는 것처럼 느껴졌다. 그제서야 마이클은 상담실에 공포에 질린 전화를 걸게 되었던 것이다.

마이클과 유코의 예는 부부가 연결감을 추구하는 데 지치게 되면 어떤 일이 일어나는지 보여 준다. 공격을 해 왔던 배우자는 지쳐서 결국에는 문을 두드리는 것을 포기하게 된다. 그래서 부부관계에서 멀어지고 독립적으로 삶의 목표들을 추구하게 될 수 있다. 이런 변화는 때로 부부의 대체물과 연관이 있으며 때로 이별을 암시하기도 한다. 마이클과 유코의 사례처럼, 이전엔 위축되던 배우자가 이별에 대한 위협 또는 두려움에 대한 반응으로 공격을 취하는 식의 고리의 반전은 드문 일이 아니다.

## 음악을 바꾸고, 춤을 바꾸기

마이클과 유코의 단절이 어떻게 생겨났는지 알기 위해 둘의 문화적 차이를 이해하는 것이 중요하다. 유코는 내면의 욕구와 정서를 직접 표현하지 않는 전통적인 일본인 가정에서 자랐다. 그래서 드러내 놓고 자신의 외로움과 자신에 대한 관심과 지지를 표현하는 것은 낯선 일이었다. 그래서 유코가 불평했을 때 마이클은 이것이 부부관계에 대한 불행의 표현이라고 이해했다. 그는 유코가 그의 존재와 위로를 필요로 한다는 점을 깨닫지 못했다.

마이클은 자신의 부부관계가 전통적인 성 역할을 따르고 있다고 말했다. 그는 자신이 부부 생활에서 좋은 부양자가 되어야 한다고 생각했다. 정서적인 문제가 닥쳤을 때 자신이 무능력하게 느껴졌다. 유코가 불행하다는 점에 걱정이 되긴 했지만, 그가 할 수 있는 유일한 일은 그녀가 더욱 긍정적인 시각을 갖도록 돕는 것이라고 생각했고, 실제로 그는 그렇게 노력했다. 하지만 이 방법이 소용이 없게 되자 그녀를 도울 수 없다고 여겼고, 결국에는 그녀의 불평이 지나가기만을 바라면서 회피하기 시작했다.

상담 초반에 마이클은 초기 결혼 생활에서 유코의 불평이 삶에 대한 불만이 아닌 자신의 격려와 친밀함에 대한 욕구의 표현이라는 점을 깨달았다. 그는 유코가 이민을 오면서 희생한 것들에 대해 책임감을 느끼고 있었고, 그녀의 캐나다 생활을 행복하게 만들어 줄 수 없어서 우울했기에 이는 그에게 민감한 부분이었다. 마이클은 유코의 기분을 북돋아 주기 위하여 노력하고는 했다. 상담에서 마이클의 슬픔과 자신을 행복하게 해 주려는 의도들에 대해 들으면서 유코는 마이클에게 마음의 문을 열게 되었지만, 처음에는 잘되지 않았다. 마이클과 유코가 서로에게 다가가기 위해 했던, 성공적이지 못했던 노력들을 '교차 신호'로 재구성하는 것은 서로의 의도를 이해하면서도 비난하지 않는 좋은 방법이었다. 그들의 관계는 그들이 같은 활동을 하며 시간을 보내고, 함께 대화하면서 점점 개선되었다.

## 충족되지 못한 애착 욕구들

상담이 진행되면서 마이클은 내면의 정서를 탐색하게 되었다. 그는 자신이 감정들을 쌓아 두고, 문제가 생기면 바쁜 사회 활동으로 주의를 돌리려고 하는 성향이 있다는 것을 발견했다. 또한 자신이 정서를 인간의 정상적인 한부분이라기보다는 '극복'해야 할 '문제'로 여긴다는 점을 깨달았다. 이는 자신의 정서와 유코의 정서에 대해서도 마찬가지였다. 자신의 정서에 주의를 기울이지 않으면서 마이클은 그것들이 주는 중요한 메시지를 놓치고 있었다. 그가 자신의 정서를 돌아보게 되었을 때 마이클은 자신 역시 오랫동안 불행했으며, 유코의 불평을 들으면서 슬프고 무력감을 느꼈고, 부부가 한때 나눴던 기쁨과 친밀감을 그리워한다는 점을 알 수 있었다. 그는 고통스럽게 자신의 후회와 유코에게 집중하고, 다시 그녀와 가까워지고 싶다는 갈망을 고통스럽게 표현했다. 마이클이 상담 과정에서 정서들을 경험하고 유코에게 이를 표현하게 되면서, 유코는 훨씬 그에게 가까워진 기분을 느꼈다.

마이클이 유코와의 관계에서 자신을 드러내고, 그녀의 욕구에 관심을 기울이게 되면서 유코 역시 그에게 마음을 여는 것에 대한 두려움에 맞서기 시작했다. 그녀는 마이클에게 끌리고 안정적인 관계에 기대고 싶어 하는 부분이 자신에게 있음을 인정했다. 하지만 한편으로는 마이클을 받아들이고 그가 자신의 곁에 있어 줄 것이라는 믿음을 가지기 두려워하기도 했다. 마이클은 유코의 두려움을 알 수 있었으며 그녀가 자신을 못미더워한다는 점을 이해하고, 이제는 달라지겠다고 말했다. 그는 또한 그녀가 남편인 자신을 필요로 하고 자신을 받아 준다면 항상 곁에 있겠다고 말하며 그녀를 안심시켰다.

유코가 마이클과 다시 가까워지는 것은 우선 자신이 지난 몇 년 동안 그에게 화를 품고 마음이 굳어졌다는 것을 인식하는 것을 필요로 했다. 그녀는 자신이 분노하는 사람이 되었다고 여겼으며, 이러한 자신의 모습을 좋아하지 않았다. 또한 마이클과 비슷하게 그녀는 타인에게 의존하는 것과, 정서적인 면에서는 자신이 약하다고 느꼈다. 유코는 자신이 마이클을 필요로 한다는 것에 자신이 약하고 무력하게 느껴진다고 말했다. 하지만 마이클의 이끎과 지지, 확신을 통해 유코는 그녀의 분노 밑에 놓여 있는 상처와 외로움에 대해 공유하기 시작했다. 그녀는 자신에게 마이클이 필요한데도 그에게 다가갈 수 없었던 시간들을 떠올리며 흐느껴 울었다. 마이클은 유코가 울기 시작하자 그녀를 안아 주었고, 서로를 놓친 시간들에 대한 그녀의 고통과 슬픔에 대해 공감했다. 유코는 자신의 두려움을 감수했고 마이클은 그녀의 곁에 있어 주었다. 부부는 자신들의 결합을 다시 만들어 가고 있었다.

상담의 종결에 다다르자 마이클과 유코는 일상에서 그들이 어떻게 서로 계속 가깝게 지낼 것인지에 대해 이야기했다. 정기적으로 서로 확인하고 대화를 하는 시간을 마련하는 것을 포함해서, 그들은 제12장에서 소개된 여러 방법들을 이용했다. 마이클과 유코는 오랫동안 서로 소원한 관계에 있었고, 거의 따로 삶을 살고 있었다. 그들은 의식적으로 자신들의 삶과 생활을 다시 함께 만들 필요가 있었다. 그들은 매주 '데이트하는 밤'을 정해 다른 일이 생긴다고 해도 꼭 이 시간을 지키기로 했다. 나아가 관계의 변화를 표시하기 위해 마이클과 유코는 함께 이전까지 경험하지 못했던 새로운 관심사를 찾기로 했다. 마지막 상담에서 마이클과 유코는 춤 강습을 받기로 했다고 수줍게 말했다. 춤은 변화를 향해 움직여 나가고자 하는 그들의 열망을 표현했고, 그들이 자기 자신에 대해 편안함을 느꼈으며 새로운 관계의 춤을 만들어 나갈 수 있다는 점에 대하여 서로 축하하는 것이었다.

## 래피얼과 매슈: 우리는 너무나 다른데도 함께할 수 있을까?

남성 동성 부부인 43세의 래피얼과 55세의 매슈는 상담을 받기 전 14년의 세월을 함께했다. 래피얼은 외향적이고 말이 많고 활동적인 반면, 매슈는 내성적이고 내향적인 정반대의 부부였다. 서로 너무나 달랐기 때문에 그들은 부부관계를 지속해야 할지 궁금해 했다.

래피얼은 자신이 변화를 좋아하며, 중고차 전시, 여행, 스키, 암벽 등반과 같은 새로운 관심사를 찾으면 안정적인 것들을 흔들어 놓는 것을 좋아하고, 계속해서 움직이려고 한다고 말했다. 매슈는 자신이 별로 변화를 추구하지 않는다고 말하며, 래피얼의 삶의 방식에 대해 불편함을 느꼈다. 직장 일로 정기적으로 출장을 가는 매슈는 주말 동안 쉬고 싶어 했다. 하지만 그는 래피얼의 계획을 따르지 않으면 자신이 혼자 남겨질까 봐 두렵다고 말했다.

어쩌면 당신도 래피얼과 매슈 같은 부부를 알거나, 이런 관계를 직접 경험해 보았을 수 있다. 이렇듯 서로 너무나 다른 감성을 가진 사람끼리는 이 관계를 유지해 줄 만한 공감대가 충분히 있는지 의아해지게 된다. 래피얼과 매슈는 "우리가 함께할 수 있을까?" 하고 물었다. 부부들은 서로가 다른 점을 참아 낼 수 있다. 부부의 차이를 자신의 세계를 확장하는 방식으로 다루는지, 아니면 소외감을 느끼는 방식으로 다루는지가 중요하다. 개인적인 차이가 관용을 통해 다루어지거나, 완전히 무시당하는 경우 이는 정체성과 통제력, 관계에서의 만족감에 영향을 주게 된다. 부부는 서로 다르다는 차이점으로 인해 결국에는 관계를 망치는 부정적인 고리로 이어지게 될 행동 습관들을 만들어 낼지도 모른다.

## 부정적인 고리

래피얼과 매슈는 둘의 차이점에 위기를 느껴 이를 없애려고 노력했다. 오랜 시간 동안 래피얼은 자신의 계획에 대해 열정적으로 말하면서 매슈를 참여시키려고 노력했다. 매슈가 열정을 보이지 않으면 래피얼은 고집을 부렸지만, 이것은 마치 '이를 뽑는 것처럼 어려운' 일이었다. 매슈의 느릿한 반응에 래피얼은 자신이 매슈를 억지로 끌고 다닌다는 느낌이 들면서 관계에서 멀어지고 억압받는 기분이 들었다고 말했다. 매슈가 동의하고 함께 활동에 참여하면서 언짢거나 무관심해 보이면 래피얼은 실망감을 느꼈다. 래피얼은 매슈가 그의 활동에 관심이 없어 보이면 상처를 입고 낙심했다. 이러한 상처는 매슈에게 "당신이 꼭 따라올 필요는 없어. 나랑 즐겁게 어울려 줄 사람은 얼마든지 있거든." 하는 식으로 불평과 협박을 하도록 했다.

매슈는 래피얼의 장단을 맞춰 주거나 그가 좀 더 속도를 늦추도록 영향력을 행사할 수 없었다. 매슈는 래피얼을 잃을까 봐 두려워서 마지못해 함께 어울렸음을 인정했다. 매슈가 쾌활하게 어울리려고 노력했지만 그렇게 하기는 어려운 일이었다. 이 부부의 역동은 매슈가 무력감을 느끼고 래피얼의 바람이 매슈의 바람을 넘어섰기 때문에 매슈가 이 관계에서 중요하지 않은 사람이고 그래서 무력감을 느끼도록 만들었다. 부부 모두 서로 이해받지 못한 채 표면적 타협만 한다고 생각하고 있었다.

## 이전의 애착 경험

두 형제 중 막내로 태어난 매슈는 영국에서 북아메리카로 이민 온 어머니의 보살핌을 받고 자랐다. 그는 2주에 한 번씩 주말마다 인도 출신의 아버지에게 연락을 했다. 매슈는 부모님 모두 겸손하고 보수적인 사람이라고 설명했다. 그의 가정은 전반적으로 조용했다. 그래서 매슈가 열 살 때 잠깐 부모님이 갈라섰을 때 두 형제가 모두 놀랐다. 결혼 생활에 문제라고는 보이지 않았기 때문이다. 매슈의 부모님은 그가 드러내 놓고 커밍아웃을 하진 않았어도 아들의 성적 취향에 대해 짐작하고 있었다. 비록 말은 하지 않았어도 이해를 해 주었다. 매슈는 자신이 가족들과 잘 지내기는 하지만 그렇게 친밀한 사이는 아니라고 말했다. 그는 또 자신에 대해 자신감이나 안정감을 가져 본 적이 없었기 때문에 래피얼과의 관계에서도 자기주장을 하기 어려웠다.

반면에 다섯 명의 자녀들 중 장남이었던 래피얼은 형제들 사이에서 항상 리더 격이었다. 그는 동생들이 서로 다투고 부모님을 괴롭히는 것을 보았다. 이런 혼란이 불편했던 그는 모험에 대한 상상을 해 내어 동생들을 이끌고 밖에 나가 놀고 세상을 탐험하는 역할을 자처하게 되었다. 지친 래피얼의 부모님은 래피얼이 어린 동생들을 돌보는 동안 가질 수 있는 휴식과 평화를 소중히 여겼다. 그는 상황을 다루는 데 능숙해졌고 자신감을 가지게 되었으며, 그 역할을 통해 자신이 능력 있고 소중한 사람이라는 것을 느끼면서 자랐다. 하지만 래피얼이 집을 떠나 대학에 갈 때까지 '자신'에 대해 탐색해 볼 기회는 많지 않았다.

대학 진학 후에야 래피얼은 자신의 성적 취향을 알고 자신이 동성애자라는 사실을 받아들이게 되었다. 대학교 3학년이 된 래피얼은 어느 주말 집에 가서 가족들에게 이 사실을 털어놓았다. 부모님은 그 이야기에 깜짝 놀랐지만, 자신들은 그를 사랑하고 있는 그대로 받아들일 것이라며 래피얼을 안심시켜 주었다. 긍정적인 애착 경험을 했지만 래피얼이 새로운 상황이나 새로운 사람들과의 관계 속에서도 그가 원가족 내에서 맡았던 역할에서 벗어날 수 없었다. 그는 광대 노릇을 맡았다. 이 역할은 그에게 성공과 많은 친구들을 가져다주었지만 동시에 그를 억누르기도 했다. 그는 다른 사람들을 즐겁게 해 주지 않으면 그들은 곧 지루해지고 그래서 자신에 대한 관심도 잃게 된다고 믿고 있다.

## 음악을 바꾸고, 춤을 바꾸기

매슈와 래피얼은 서로를 설득하고자 하는 노력을 멈추고 서로의 말을 경청하는 방향으로 상호작용을 전환시키기 시작했다. 어느 날 무력감에 빠진 래피얼은 밀어붙이기를 그만두었다. 의도한 바는 아니었지만 그 일은 이 부부에게 새로운 방향을 제시해 주었다. 래피얼의 말을 듣지 않게 되면서 매슈는 래피얼을 실망시키는 것에 대한 슬픔과, 이것이 이별의 시작이라는 두려움을 가지게 되었다. 래피얼이 실망하는 모습을 보면서 매슈는 자신이 그렇게 역동적인 사람이 되지 못하는 것에 대해 점점 무력감을 느끼게 되었다. 그는 자신이 래피얼의 장단을 맞춰 줄 수 있기를 바라지만, 그것은 결국 자신의 힘에 부치는 일이라는 것을 깨달을 뿐이라고 힘없이 말했다. 그는 자신의 연약함 때문에 관계가 끝나는 것은 시간 문제라고 생각하고 있었다.

매슈가 말하는 동안 래피얼은 가만히 앉은 채 그를 바라보고 있었다. 그러고 난 후에 래피얼은 매슈가 말다툼에 그렇게 영향을 받는지, 그가 자신을 기쁘게 하는 것에 그렇게 신경 쓰는지조차 몰랐다고 말했다. 래피얼은 매슈에게 자신이 항상 골칫거리일 것이라 생각했기 때문이다. 래피얼은 서로 성격이 달라서 그들이 서로 다른 속도로 삶을 산다는 점을 인정했다. 하지만 그는 이러한 차이점들이 계속 두드러지는 이유는 자신이 평생 행사의 주최자이자 광대 노릇을 하도록 내면의 압박을 받아 왔기 때문이라고 말했다. 그는 삶을 다양하게 만들지 않으면 매슈가 책 속으로 도피하게 되고, 자신은 매슈의 관심을 잃을지도 모르는 불안감을 가지고 있다는 점을 말했다. 매슈는 그에게 더욱 가까이 다가가 때로는 자신이 혼자서 할 수 있는 활동들로 도피하기도 했다는 점을 인정했다. 하지만 매슈가 도피하려고 했던 것은 자기 자신의 걱정과 열등감이지, 래피얼이 아니었던 것이다. 그들은 말을 멈추고, 자신들이 한 말을 이해한 뒤 이 역설적인 상황을 깨달았다. 자신의 내면으로 서로를 받아들이려고 했던 그 행동들이 래피얼을 더욱 여유 있고 의연하게 만든 반면 매슈를 더욱 적극적으로 만들었다. 그들은 드디어 서로를 만나게 된 것이다.

## 충족되지 못한 애착 욕구

매슈와 래피얼이 더욱 '진정성' 있게 서로를 대하게 되면서 그들은 부부관계에서 나타나는 호기심과 관심을 가지게 되었다. 이것은 그들이 서로에게 더욱 관심을 기울이며 나아가 자기 자신의 정체성, 신념, 감정을 살펴볼 수 있도록 했다. 매슈와 래피얼은 비록 자신들이 성격이 다른 '창조물'이지만, 자신들이 함께하지 못할 이유가 없다고 생각하게 되었다. 사실 그들이 서로의 차이를 두려워하지 않게 되고 건설적인 방법으로 이를 타협할 수 있게 되자, 그들은 기쁨을 누리게 되었다. 래피얼은 매슈의 사려 깊음과, 유머 감각, 차분한 행동을 좋아했다. 매슈는 래피얼의 따뜻함과 관대함을 사랑했다. 그들은 처음에 가졌던 "우리가 계속 함께해야 할까?" 하는 궁금증을 해결하게 되었다. 그들은 부정적인 상호작용에서, 자기 자신의 모습을 희생하지 않으면서도 서로 친밀하게 지내는 것에 대한 딜레마를 가지고 있었다는 것을 깨달았다. 관계가 더욱 안정적으로 변하면서 매슈와 래피얼은 공통의 딜레마를 기반으로 한 스스로의 불안을 더욱 자세히 살펴볼 수 있게 되었다.

매슈는 평생 자기 자신에 대해 확고한 태도를 가질 수 없었다. 부모님의 이혼은 그에게 충격적인 일이었으며, 그가 세상에 대해 가진 확신에 영향을 주었다. 두 가지 문화 속에서의 삶과 자기 자신이 남자에게 끌린다는 사실은 매슈가 자신이 남들과는 다르다고 느끼도록 만들었다. 그가 부모님과 드러내 놓고 자신의 성적 취향에 대해 말한 적이 없다는 사실은 계속해서 스스로를 의심하게 만들었다. 매슈는 이런 자기 회의를 래피얼과의 관계에서 속마음을 드러내지 않거나 내성적으로 구는 방식으로 표출했는데, 이는 그가 거부당하는 것을 두려워했기 때문이다. 하지만 매슈는 이로 인해 자신이 그토록 원하던, 래피얼이 그를 받아들이고 대답하는 것을 힘들게 만든다는 것을 깨달았다. 매슈가 래피얼에게 이러한 속마음을 고백했을 때, 래피얼은 왜 매슈가 자기 말을 들어 준 다음에 불만스러워 보이는지에 대해서 더 잘 이해할 수 있게 되었다. 매슈는 자기 자신이 원하는 것과 필요로 하는 것이 받아들여질 수 없었던 상황을 계속해서 되풀이하고 있었고, 래피얼의 집요함은 이를 더욱 악화시키고 있었다. 부부 모두가 이것을 깨닫고 슬픔을 느꼈으며, 매슈가 자기 자신의 속마음을 털어놓고 이에 래피얼은 자기 자신의 반응이 매슈의 불안을 증폭시켰다는 것에 후회를 표현하며 결국에는 친밀감을 느끼게 되었다.

자기 자신의 문제를 고백할 수 있었던 매슈의 용기는 래피얼이 자신의 문제들을 돌아볼 수 있도록 했다. 래피얼은 자신이 오랜 시간 다른 사람들을 즐겁게 하는 역할들을 도맡아 했던 것과, 매슈가 자신과 함께하도록 고집을 부렸던 것을 되짚어 보았다. 그는 이 역할로 인해 자신이 느꼈던 속박감과 공허함이 섞인 감정을 느끼게 되었다. 광대가 아닌 래피얼은 누구인가? 래피얼은 성인이 되고 난 후 이 질문을 두려워하고 그 질문을 회피하기 위해 많은 시간을 보냈다는 것을 깨달았다. 매슈는 래피얼에게 다가가서 그가 많은 사랑스러운 점들을 가지고 있으며 그가 매슈의 사랑이나 관심을 위해 '연극'을 할 필요는 없다는 점을 확인시켜 주었다. 진지한 목소리로 래피얼은 매슈에게 자기 자신을 진정시키고 스스로가 누구인지 찾아갈 수 있도록 힘이 되어 달라고 부탁했다. 매슈와 래피얼은 자아를 찾기 위한 안정적인 기반을 제공하는 결합을 형성하게 되었다. 그들은 자기 자신을 더욱 잘 파악하게 되었고 서로에게 터놓고 의지할 수 있는 사이가 되었다. 그들의 기대와는 반대로 차이점을 공유하는 것은 친밀감을 만들어 냈고, 이는 설레임으로 교감하는 경험이 되었다.

마지막으로, 매슈와 래피얼이 성격과 일상생활의 관심사에서 오는 차이를 어떻게 극복했는가에 대한 것이다. 첫째, 부부 모두가 서로의 에너지 수준에 자연스럽게 끌리게 되었다. 래피얼의 성찰 결과로 그가 이전에 가졌던 광적인 페이스는 점차 속도를 늦추게 되었다. 반대로 매슈는 그가 자기 자신에게 진실할 수 있으며 래피얼에게 마음을 열 수 있을 때 더 활기찬 모습을 보이게 되었다. 둘째, 매슈와 래피얼은 함께 앉아서 보내는 시간을 마련했다. 그들은 함께 소중한 시간을 보내며 같이 여러 활동을 했으며, 매슈가 집에서 조용히 혼자하는 활동을 하는 동안 래피얼은 집 밖에서 다른 일들을 하는 시간을 가지기도 했다. 서로를 수용하고 긍정하려는 갈망에 따라 그들은 열린 마음으로 타협했다. 매슈와 래피얼은 서로의 차이를 받아들이고 그들의 관계를 통합할 수 있게 되었다.

# 제12장

# 친밀감 유지와 성생활의 활력 증진

앞 장의 이야기들이 드러내듯이, 이 책에서 제시하는 절차들을 밟아 나가며 친밀하고 치유되는 대화들에 참여하는 부부들은 그들의 관계 결합을 다시 쌓아 나가기 위해 많은 힘을 들이게 된다. 부부들은 친밀감, 서로에게 의지하기, 다가가고 반응하기, 경험을 나누고 두려움과 불안을 개방하기 등 자신들의 애착 결합의 질에 대해서 이야기를 나눈다. 중요한 것은 자신이 누구인지와 배우자가 곁에 있어 줄 것이라는 것에 대한 확신을 가지는 것이다. 이제 남은 것은 당신이 지금까지 쌓아 나가려고 그렇게 노력했던 관계를 유지하는 전략을 개발하는 것이다. 이제 서로를 되찾은 시점에서 우리는 서로 계속 가깝게 지낼 수 있는 방법과 성 문제 등의 남은 쟁점들을 살펴볼 것이다.

## 조화를 유지하기

이 책에 제시된 많은 연습문제들이 핵심 정서들에 집중할 수 있도록 도움을 제공하고 있다. 대부분의 사람들은 이를 통해 자신의 새로운 모습을 발견할 수 있다. 보통 자기 자신에 대해 알아가고 이를 통해 사랑과 일, 여가 생활에서 확고한 결정을 내릴 수 있는 자신감을 얻는 데 만족감을 느끼기도 한다. 하지만 스포츠, 요가, 명상, 음악과 마찬가지로 스스로에게 집중하는 것 역시 관계 유지를 위해 노력이 필요하다. 스스로의 내면을 돌아보기 위해 정기적인 시간을 가지기를 권한다. 이를 매일 하기로 정하는 사람들도 있고, 어떤 사람들은 일주일에 몇 번씩 하기도 하지만 최소한 일주일에 한 번 이상이 효과적이다. 표 12.1은 자신의 내면에 집중할 수 있도록

**표 12.1 조화를 유지하기: 어떻게 스스로를 점검하는가**

| | |
|---|---|
| **정기적인 점검 시간을 정하라** | 점검 시간을 정하고, 조용히 명상할 수 있는 공간을 마련하라 |
| **당신의 전반적인 건강을 관리하라** | 스스로에게 다음과 같이 질문함으로써 건강의 지표인 정서를 관리하라. 요즘 나의 전반적인 정서 상태는 어떠한가? 기분의 최고점과 최하점을 알아보자. 당신의 정서가 얼마나 안정적이며 얼마나 불안정한지 알아보자. 균형이나 안정감, 행복감을 느끼는가? |
| **중요한 일들에 대해 되짚어 보자** | 삶에서 일어나는 중요한 일들이 당신에게 어떻게 영향을 주고 있는지 살펴보자. 최근 일에 대해 나는 어떻게 느끼고 있는가? 이 일을 겪는 동안 어떤 것이 놀라웠는가? 나는 그것에 대해 어떻게 느끼는가? 중요한 사건에 대해 이러한 질문을 여러 번 던져 보고 당신의 감정이 어떻게 바뀌고, 시간에 따라 어떻게 변하게 되는지 알아보자. |
| **정서적 고통에 대한 경고 사인에 주의를 기울여라** | 만약 스스로가 불안해하고 참을성이 없어지며, 조용하거나 정신이 팔려 있다는 것을 깨닫게 된다면, 어떤 것이 당신을 괴롭히는지 살펴보기 위한 여유를 마련하라. 당신 내부의 정서적 세계를 '스캐닝'하는 것을 상상해 보자. 우선 불편함이나 짜증처럼 폭넓은 정서가 먼저 떠오를 수 있지만, 일단 이것에 집중하고, 따라가며 "나는 불편하다"라고 말하는 것으로 시작해 보자. 불편한 정서가 더욱 분명해지고 구체적으로(예: 슬프다, 걱정된다, 상처받는다, 화가 난다) 변할 때까지 이를 느끼고 받아들일 수 있도록 하라. 이제 자신에게 물어보자. 이 상처와 불안, 분노는 무엇 때문인가? |
| **몸의 소리를 들어 보자** | 몸을 스캐닝해 보면서 근육통이나 속이 불편함, 또는 마음이 무겁거나 가라앉음, 상기된 얼굴이나 땀을 흘리는 것, 심장이 뛰는 것, 꾹 다물어진 입이나 주먹 등 신체적 감각에 대해 살펴보라. 이러한 감각에 집중하면서 다음과 같이 스스로에게 물어보자. 무엇이 내 마음을 이렇게 짓누르는가? 나를 걱정하게 만드는 것이 있는가? 내가 중요한 감정들을 속에 쌓아 두고만 있는가? |

도와주는 제안들이다.

자신의 정서를 살펴보는 것은 중요한 자기 관리 활동이다. 부부가 함께 정서를 나누는 것은 편안한 관계를 맺고 서로 연결될 수 있도록 해 주는 방법이다. 당신은 배우자와 함께 이 책을 통해 관계에 대해 깊이 생각해 보고 이에 대해 이야기해 보았을 것이다. 일상에서 벌어지는 일들과, 가족 밖에서 생긴 일들에 대해서도 이야기할 수 있는 것은 관계를 가깝게 느끼게 해 주는 '접착제' 역할을 한다. 우리가 상담했던 한 부부는 매주 일요일 저녁을 함께 보내는 시간으로 정해 두었다. 집안일들을 끝내 놓고 아이들을 제시간에 재워서 차를 마시며 부부가 함께 쉴 수 있는 시간을 마련했다. 자신의 생각을 나누면서 시간을 보냈고 걱정거리나 문제들에 대해 털어놓고 다음 주의 계획에 대해서 이야기를 나누었다. 그들은 다가오는 중요한 일이나 행사들에 대해 말하며 한 주 내내 서로 격려했다. 이 시간을 정해 두는 것이 사소한 노력인데도 서로 가깝게 지내고, 든든한 기반을 마련하며 바쁜 가정 및 직장 생활을 통제할 수 있도록 엄청난 결과를 가져왔다고 말했다. 비록 그들은 이 시간을 엄격하게 지키고 이 시간과 겹치는 다른 일들을 거절했어야 했지만, 함께 있을 때의 느낌은 그만한 가치가 있었다.

## 우선순위로서의 당신의 관계

당신의 시간과 관심을 놓고 다투는 일들이 여러 가지 있다고 느끼는 것은 자연스러운 일이다. 어쩌면 당신은 직장 생활도 바쁘고, 아이들을 키워야 하거나 나이 들고 건강이 점점 나빠지는 부모님을 돌보아야 해서 이미 압박감을 느끼고 있을 수도 있다. 하지만 관계가 무시당하고 친밀감이 줄어들게 되면 그 자체로도 엄청난 스트레스가 된다. 많은 연구는 친밀한 관계들이 지지의 원천이 되며 스트레스에서 회복하는 데 중요한 역할을 한다는 점을 보여 준다. 높은 스트레스와 여러 가지 요구 사항에도 불구하고, 주기적인 점검을 통해 관계를 친밀하게 유지하는 것은 가능하다. 아래는 관계의 '문화'에 적용할 수 있는 몇 가지 제안들이다.

## 관계 의식 만들기

친밀한 부부들은 데이트하는 밤, 자기 전에 함께하는 습관들, 그리고 결혼 기념일을 챙기거나 생일, 졸업, 승진과 같은 자신들에게 특별한 일들을 축하하는 의식을 만들기도 한다. 연구에 따르면 농담하기, 애정 표현이나 자신들만의 별명 만들기와 같은 부부의 '놀이'와 관계 만족도 사이에는 긍정적인 연관성이 있다. 우리는 또한 수전 존슨과 그 동료들이 제안하듯 서로 떨어질 때 그리고 다시 만날 때에 서로에게 주의를 기울일 것을 권한다. 당신은 서로 떨어질 때 어떻게 인사를 하며 다시 만났을 때 배우자를 어떻게 반기는가? 애완동물이 당신보다도 배우자를 더욱 반기는가? 이것은 당연하게 들릴 수 있지만, 많은 부부들이 매일의 기회와 중요한 절차들을 무시하면서 기쁜 순간을 놓치게 된다. 부부로서 대화를 할 수 있는 시간을 마련하고, 세 가지, 그중에서 최소한 한두 가지는 매일 실천할 수 있는 새로운 의식들을 만들어 보자. 점심시간이나 자기 전 서로의 일상을 확인하는 것처럼 간단한 것이어도 좋다.

## 함께 '놀이'를 할 시간을 만들어라

재미와 놀이를 통해 정서적 강도의 균형을 찾자. 공유할 수 있는 관심사를 찾고 이를 함께할 시간을 만들어라(예: 소풍, 정원 가꾸기, 요리하기, 음악 듣기, 운동하기). 만약 배우자의 관심사에 흥미가 없더라도, 관중으로서나 응원자로서 등 어떻게든 참여하도록 노력할 수 있는가? 배우자와 함께 보내는 시간을 늘리려는 의도로 계획을 짜면 당신의 삶에도 긍정적인 변화가 올 것이다. 함께 참여할 수 있는 관심사를 만들어라.

## 함께 결정을 내려라

우리의 경험과 연구에 따르면, 개인적 목표와 결정들을 공유하며 각자의 노력을 알아주는 부부들은 더욱 만족스러운 결과를 가져온다. 당신의 소망과 목표, 결정에 대해 대화하는 것은 배우자를 당신의 내면으로 초대할 수 있기 때문이다. 둘째, 당신의 배우자가 자신의 의견이나 걱정을 말할 기회가 있고, 창의적인 해결책을 함께 고안해 낼 수 있다면 배우자는 당신이 목표를 이룰 수 있도록 지지하게 될 것이다. 예를 들어, 배우자가 "나의 목표는 더 좋은 몸매를 가지는 것인데, 내가 헬스장에 등록하고 일주일에 세 번씩 운동을 한다면 어떨 것 같아요?"라고 말을 한다면, 이는 자신의 행동이 당신에게 영향을 미친다는 것을 인지하고 자신의 목표를 당신과 가족에게 맞추어 나갈 수 있도록 해 준다. 이런 식의 대화는 직장 생활에서의 변화, 집 안에서 새로운 계획을 만드는 것, 또는 여가 생활 등을 포함한 여러 가지 문맥에서 중요하다. 이것은 허락을 구하고자 하는 것이 아니다. 이는 당신의 삶에서 중요한 사람들을 포함하고 그들에게 협조적인 방식으로 목표를 세우고 결정을 내리기 위한 것이다. 이렇게 시작하는 대화들은 관련된 사람들 전부에게 긍정적인 결과를 가져오는데, 이는 모두가 원하는 것과 필요로 하는 것들을 통합하는 쪽으로 노력하게 되기 때문이다.

## 미래를 계획하기

개인의 목표라는 주제를 조금 더 넓혀, 부부로서나 가족으로서 미래의 목표들을 생각해 보자. 즉흥적으로 행동하는 것에서 오는 '삶의 환희'는 친밀한 관계에 새로움을 불어넣어 줄 수 있지만, 미리 세운 계획은 중요한 장기적 목표들을 놓치지 않도록 해 준다. 서로에게 "우리가 2년 후, 5년 후 그리고 10년 후 어떤 삶을 살 거라고 생각해요?"라고 물어보자. 미래를 계획하는 대화들은 당신이 계획을 지킬 수 있도록 해 주거나, 그렇지 못하더라도 최소한 무엇이 달라졌는지 알 수 있게 하고 실망감을 최소화하도록 돕는다. 계획이 지켜지지 않는다고 해서 절망하지 말아야 하는데, 아래에서 볼 수 있듯이 안정적인 결합과 선의를 통해 부부는 문제를 창의적으로 해결할 수 있기 때문이다.

## 오래된 차이점 해결하기

부부가 자신과 관계에 대해 안정감을 느끼게 되면 그들은 더욱 개방적이고 유연한 자세를 가지게 된다. 이때가 집안일을 나누기, 거주지를 정하기, 또는 자녀 양육에서 종교적 차이를 해결하기와 같이 아직 관계에서 풀리지 않은 부분들에 주목하기 좋은 시점이다. 우선 부부간의 차이점들을 부부관계에 대한 위협보다는 친밀감을 더하기 위한 기회로 볼 수 있도록 대화를 나누는 것이 좋다. 부부는 전체적인 목표를 유지하면서도 매우 창의적으로 문제를 해결할 수도 있다는 점을 기억하자.

샌드라와 브라이언은 브라이언의 흡연에 대해 계속 다투곤 했다. 샌드라는 흡연을 몹시 싫어했다. 그녀는 브라이언에게 담배를 끊으라고 고집스럽게 요구했으며, 그가 거부하면 그것이 자신을 사랑하지 않는다는 증거라고 말했다. 브라이언이 압박감을 느끼고 비난을 받으면 오히려 담배를 끊고 싶은 마음이 사라졌다. 그는 담배를 끊지 않는 것에 대해 핑계를 대며 자신을 방어하곤 했다. 상담을 통해 샌드라가 브라이언의 애정에 대해 가진 의심을 풀고 브라이언이 스트레스를 해소하기 위해 샌드라에게 의지할 수 있는 방법들을 찾아내게 되면서, 그들은 이 문제를 다시 점검할 준비를 했다. 이 문제를 이야기하면서 부부는 완전히 다른 접근법을 사용했다. 샌드라는 브라이언에게 그가 흡연에 대해 솔직한 대화를 할 준비가 되었는지 물었으며, 브라이언은 그렇다고 대답했다. 그녀는 브라이언의 흡연이 아직도 자신에게 문제라고 말을 하면서, 이는 간접흡연과 브라이언을 일찍 잃는 것에 대한 두려움 때문이라는 대화를 시작했다. 그녀는 브라이언만이 자신의 건강에 대해 결정을 내릴 수 있는 사람임을 인정하면서 그에게 강압적으로 행동하는 것을 그만두겠다고 말했지만, 여전히 그녀는 간접흡연을 예방하고 싶다고 말했다. 브라이언은 샌드라의 말을 이해하고 오랫동안 금연하고 싶었지만, 자기 의지로 준비가 되었을 때 실천해야 한다고 대답했다. 그는 완전히 금연을 할 의지가 갖추어질 때까지 집에서 멀리 떨어진 곳에서 담배를 피우는 건 어떻겠느냐고 물었다. 샌드라는 그의 제안을 받아들였고 그들은 합의를 보았다. 약속을 한 지 6개월 후 브라이언은 금연 프로그램을 시작했다.

샌드라와 브라이언의 사례는 부부가 더 이상 부정적인 춤에 사로잡혀 있지 않을 때 쟁점이 되는 문제도 해결될 수 있다는 점을 보여 준다. 애착 불화에만 사로잡혀 있지 않으면 문제를 효과적으로 해결하기 위한 좋은 생각들과 의지들이 자유롭게 나타나게 된다. 샌드라와 브라이언은 L-O-V-E 대화를 사용했다. 열린 마음과 태도로 들어 주고, 서로의 관점을 중요하게 여기며, 자신이 필요로 하는 것을 솔직한 태도로 표현한 것이다. 샌드라는 브라이언이 자신의 삶을 스스로 관리하고 싶어 한다는 점을 이해했다. 브라이언은 샌드라가 자신의 건강과 그를 일찍 잃을지도 모른다는 점에 대해 걱정하는 것을 들어 주었다. 그들은 서로의 시각을 무시하지 않으면서도 각자의 입장에서 드러나는 중요한 의미, 감정, 욕구들을 표현하게 되었다.

샌드라와 브라이언이 서로 동의할 수 있는 해결책이 제시되면서 거두게 된 성공에서 중요한 요소는 그들이 서로의 욕구를 소중하게 여길 수 있었다는 점이다. 많은 사람들이 자신에게 중요한 주제에서 다른 의견과 맞닥뜨리게 될 때 위협감을 느낀다. 이 위협감은 배우자를 설득하거나, 배우자가 포기할 때까지 고집을 부리거나, 아니면 배우자 몰래 행동하는 것으로 나타난다. 의견 충돌은 말다툼과 분노로 변할 수 있는데, 이때 상대방은 무시당하는 기분이 들기 때문이다. 이런 식으로 단순히 갈등을 없애려는 노력은 효과가 없다. 그 대신 부부는 서로 다른 관점을 존중하고 인정한 뒤, 둘의 욕구가 고려되는 해결책을 찾아야 한다.

> 기억하라. 좋은 해결책은 부부 모두의 욕구를 통합하고 만족하는 것이다.

## 성찰하기 12.1 차이를 극복하기

우리가 해결해야 할 문제나 결정, 또는 차이점들이 남아 있는가?

(다음 쪽에 계속)

……………………………………………………………………………………………………

……………………………………………………………………………………………………

이 대화에 대해 나는 어떤 두려움을 가지고 있는가?

……………………………………………………………………………………………………

……………………………………………………………………………………………………

이 문제에 대해 내가 가장 중요하게 생각하는 요구 사항은 무엇인가?

……………………………………………………………………………………………………

……………………………………………………………………………………………………

이제 가능한 모든 해결책의 목록을 함께 작성해 보라. 틀에 박히지 않은 창의적인 생각을 해 보자. 아무리 비현실적으로 보이는 생각이라도 비판하거나 없애 버리지 말라.

……………………………………………………………………………………………………

……………………………………………………………………………………………………

……………………………………………………………………………………………………

……………………………………………………………………………………………………

부부 모두의 요구를 충족하는 해결책을 점검하라. 다른 생각이나 상황들을 '시도'해 볼 시간을 가져보라. 당신의 감정을 믿자. 스스로에게 이 해결책이 당신의 관계와 개인적인 욕구 모두를 충족하고 있는지 물어보자. 최선의 해결책은 좋은 느낌을 주며 당신의 관계를 보살피기도 한다. 일단 최선의 시나리오나 해결책을 결정했다면 이것을 실천하기 위한 계획을 적어 보자.

……………………………………………………………………………………………………

……………………………………………………………………………………………………

……………………………………………………………………………………………………

### 표 12.2 특정 문제들을 해결하는 도움말

1. 푹 쉬고 부부 사이의 분위기가 친밀할 때, 함께 문제에 대해 이야기를 나눌 시간을 정하라.
2. L-O-V-E 대화를 기억하라. 즉, 열린 마음과 자세로 들어라. 서로를 인정하고 소중히 여겨라. 당신의 기분을 부드럽고 간단하게, 천천히 표현하라.
3. 여러 가지 대안들을, 곧장 비난하지 말고 브레인스토밍 하라.
4. 결정을 내리기 전에 여러 상황들을 '시도'해 보고 당신의 상황과 요구에 가장 적당한 해결책이 무엇인지 생각해 볼 시간을 가져라.

이런 제안들은 부부가 더욱 돈독하고 친밀해질 수 있도록 할 것이다. 이 장의 나머지 부분에서 우리는 부부관계에서 신체적 애정과 성적 친밀감을 증진시키는 것을 다룰 것이다. 많은 부부에게 삶의 스트레스와 관계의 문제는 성적 관계로부터 파생되기도 한다. 친밀한 관계에서의 중요 요소들이 다루어져야만 한다.

## 성적 친밀감을 유지하기

### 부부관계에서의 성관계

연구자들은 남편이 집안일에 더욱 많이 참여하는 부부가 성적인 만족감을 더 크게 느끼며, 더욱 많은 성적 홍분, 욕구, 성관계를 즐기는 아내가 더욱 큰 행복감을 느낀다고 보고하고 있다. 당연히 성생활이나 부부관계에 대해 상담에 오는 부부들은 관계에서 높은 만족감을 느끼는 부부들보다 덜 쾌활하고 덜 적극적이다.

행복하고 서로 만족스러운 성관계를 가지는 것은 대부분의 부부관계에서 중요하게 여겨지는 부분이다. 신체적인 접촉은 적극적이고 홍분될 뿐만 아니라 애정 어린 스킨십은 위로와 안정감을 주며, 이는 강한 정서 결합을 형성시킨다. 안정적인 애착은 개인과 부부 생활에서 탐색, 창의성, 위험 감수를 촉진하며, 이는 성(性)이라는 중요한 주제를 포함하고 있다. 수전 존슨Susan Johnson은 다음과 같이 말했다.

> 정서적 연결은 좋은 성관계를 가져오며, 좋은 성관계는 깊은 정서적 연결을 낳는다. 부부가 정서적으로 다가가고 반응하며 교감한다면 성은 친밀한 놀이이자 안전한 탐험이 된다. 안정적인 부부는 서로의 품 속에서 느끼게 되는 감각에 편안해하고, 각자의 성적 욕구를 탐구하고 충족시키며, 그들의 가장 깊은 기쁨과 열망, 자신의 연약함에 대해 나눌 수 있도록 편안함과 자신감을 느끼게 된다.

'사랑을 하는 것'이 만족감과 기쁨을 주고 많은 부부들에게 깊은 결합을 가져다주는 반면, 어떤 부부들에게는 엄청난 실망감, 불만, 정서적 고통의 원인이 되기도 한다. 성 문제는 부부들이 자신의 관계를 평가하는 방식에 영향을 주기도 한다. 성 상담 전문가이자 교육자인 배리 매카시Barry McCarthy와 에밀리 매카시Emily McCarthy는 성생활이 원활하다면 성관계는 부부의 결혼 생활의 활력과 만족감에 15~20% 정도만 영향을 준다고 말한다. 하지만 성기능 장애가 있는 부부나 섹스리스 부부의 경우, 이는 결혼 생활의 활력과 만족감에 50~70%의 큰 영향을 미친다.

부부의 성관계에 대한 사적인 측면은 의료 전문가나 가족, 친구들에게 도움을 요청하기 힘들게 만들며, 이는 결국 부부가 성 문제에 대해 고립감을 느끼도록 만든다. 자녀 양육이나 재정적인 문제 등을 가족이나 친구들과 나누고, 정보나 안심, 새로운 의견을 구하는 것은 흔한 일이지만, 사람들이 바비큐 모임이나 파티에서 자신들의 성적 고통이나 발기 불능에 대해 솔직히 털어놓는 일은 훨씬 드물다. 그 결과, 많은 사람들이 "우리 부부만 이런 문제를 가지고 있다."라는 잘못된 생각을 가지게 된다.

전 세계를 걸쳐 사람들은 삶의 과정에서 성적인 아픔, 낮은 욕구, 부부간의 욕구 차이, 오르가슴의 부재, 조루, 또는 발기 불능을 한 번쯤 겪게 될 수 있다. 당신이나 당신의 배우자가 이런 문제들이나 기타의 성적인 문제들을 겪고 있다면, 의료 전문가나 상담사의 도움을 받기를 바란다. 많은 문제들이 결국 해결되거나, 최소한 그것이 가져올 부정적인 영향들을 줄여 나갈 수 있다.

또한 당신의 성관계를 타인, 특히 영화에 나오는 부부들의 성관계와 비교하고 싶다면, 마이클 플라우트Michael Plaut와 그의 연구진들의 다음 말을 읽어 보라.

> 아무런 제한 없이 놀라운 성관계를 맺는 아름다운 부부에 대한 대중적인 이미지와, 보통의 남녀가 정서적 · 기술적 조언 없이 어려운 일을 해 내는 현실에는 차이가 있다. 부부에게 가장 중요한 한 가지는 성적인 만족감이다. 무엇을 해야 하고, 얼마나 자주 해야 하는지에 대한 기준은 없다.

## 성에 관련한 주제와 문제들에 대해 말하기

부부가 성에 관련된 주제나 문제들에 대해 말하고 답하는 방식은 그다음에 부부에게 일어날 일을 결정하는 중요한 요소가 된다. 어색한 침묵, 해결되지 못한 말다툼, 말하지 못한 상처나 두려움은 부부가 각자 민감한 문제를 꺼내지 않으려고 애쓰는 동안 서로로부터 멀어지게 만들 것이다. 당신은 성 문제로 인해 전문가를 찾았던 적이 있을 수도 있다. "성적 어려움과 그것의 결과라는 두 가지 문제가 있어요." 또한 원래 있었던 성 문제를 해결하려는 노력의 결과로서 생겨난 부부 불화와 부정적인 상호작용이 더 많은 불안감과 스트레스를 낳았을 수도 있으며, 이는 대개 모든 성 문제들을 악화시키게 된다.

성에 관련한 주제와 문제에 대해 대화하는 것은 힘든 일일 수 있다. 성적 욕구와 관련된 어려움과 부부간 차이는 슬픔, 분노, 두려움, 상처, 실망, 수치심과 같은 부정적인 정서의 원인이 될 수 있다. 이러한 정서에 대해 편안하게 이야기를 할 수 없거나 이런 표현들을 파괴적인 방식으로 표현한다면 부부는 심각한 불화, 심지어는 고뇌를 겪고 있을 수 있다.

당신은 창피하지 않기 위해서 말을 하지 않을 수도 있다. 또한 당신의 배우자는 당신의 침묵을 무관심함이나 이 문제를 중요하게 생각하지 않는다고 오해하고 있을 수도 있다. 아마도 당신은 이미 배우자에게 이 주제에 대해서 여러 번 말해 왔으며, 이는 갈등과 더 많은 상처 그리고 오해로 이어졌을 수도 있다. 이는 당신의 배우자와 부부관계가 소중하게 여겨지기 때문에, 성 문제에 대해 강렬한 감정을 가지게 된 것일 수 있다. 강렬한 감정들은 대화를 나누는 것을 어렵게 한다. 강한 고통스러운 감정들은 "그녀는 분명히 나를 더 이상 사랑하지 않아."라든지, "그가 진짜로 신경을 썼다면 그런 짓을 하진 않았겠지."라는 식의 잘못된 결론을 내리도록 유도하기도 한다.

자신의 성적 욕구와 취향들에 대해 이야기하는 것을 부끄러워할 수도 있다. 원가족들이 당신의 신체와 성적 표현, 친밀감에 대해 부정적인 표현을 했을 수도 있다. 이전의 배우자가 당신의 성적 욕구를 비웃고 당신이 스스로를 하찮게 여기고 불안감이나 '이상함'을 느끼도록 만들었을 수도 있다. 당신은 배우자가 당신이 원하는 것보다 더 많은 성적 접촉을 강요한 것에 대해 화를 품었을 수도 있다. 그것에 대해 몇 년도 넘게 침묵해 왔던 당신은 더 이상 참을 수 없게 되었을 것이다. 당신이 이전에 겪었던 경험들이 무엇이든 간에, 당신과 배우자는 함께 노력하고, 서로에게 도움을 요청하고 솔직해지려는 의지를 가짐으로써 문제를 극복해 나갈 수 있다. 이제 발기 불능, 성교 통증, 외상 후 스트레스로 인한 성 문제 등, 아무리 민감한 문제라도 해결책은 있다는 것을 보여 준 몇몇 부부의 이야기들을 살펴보자.

## 로레인과 키스

부부관계의 질은 그들이 성 문제를 어떻게 해결하는지에 잘 나타난다. 예를 들어 50대 중반의 부부인 로레인과 키스는 몇 년 동안이나 갈등을 가지고 있었다. 로레인은 키스가 자신에게 정서적 지지를 제대로 해 주지 않는다는 점에 불만스러워했으며, 불만을 비판적이고 화가 난 태도로 표현하여 키스가 상처를 받고, 자신이 무능하다는 감정과 분노를 느끼도록 만들었다. 그들의 성적 관계는 결혼 생활을 유지하는 데 중요한 역할을 해 왔으며, 그들이 크게 다툰 뒤에 '화해'할 수 있도록 하는 확실하고 효과적인 방식이었다. 하지만 중년이 되면서 키스는 발기 불능 문제를 겪게 되었다. 그는 이 문제로 병원에 가는 것을 상상하는 것만으로도 수치스러워했는데, 의사의 치료를 꺼리는 그의 태도는 로레인이 그가 부부관계에 신경 쓰지 않는다고 생각하게 만들었다. 그녀는 극도로 날카롭고 분노에 찬 태도로 그를 대하게 되었으며, 이는 더 많은 갈등과 고통을 가져오게 되었다. 의사에게 가 보라고 로레인이 잔소리를 할수록 키스는 더욱 큰 수치심을 느끼며 자신의 동굴 안으로 위축되었다. 그가 더욱 위축될수록 로레인은 더욱 절박함을 느끼며 더 많이 잔소리를 하게 되었다. 그들의 부정적인 고리는 생생하게 진행되고 있었으며 성 문제는 결코 해결되지 않았다.

부부 모두 외롭고 두려웠으며, 서로에게 멀어진 기분이 들었다. 로레인과 키스가 부정적인 고리(잔소리-위축)를 극복하려면 엄청난 노력과 지지가 필요했다. 하지만 시간이 지나면서 그들은 새로운 것을 시도해 보는 법을 배웠다. 비난하고 공격하는 대신 로레인은 키스가 발기 불능 문제를 겪는 것이 당뇨나 고혈압 같은 건강 문제 때문은 아닌지 걱정하는 자신의 마음을 표현했다. 그녀는 또한 그에게 성관계를 갖지 않으면서 이별을 겪게 될까 봐 두려운 연약한 속마음을 털어놓았다.

이 부부는 점차 서로에 대한 이해와 신뢰를 높여 나갔고 키스는 건강 검진을 받게 되었다. 부부 모두 키스의 건강에 문제가 없다는 점에 안심하게 되었지만, 그의 발기 불능은 노화, 스트레스, 관계에 대한 불안감에서 기인했을 가능성이 높았다. 의사는 그가 더욱 운동을 많이 하고, 업무 시간을 줄이고 부부 상담을 받아 보라고 권했다. 부부는 키스의 발기 문제를 더욱 가벼운 자세("이런 일이 일어날 수도 있지. 이것에 대해 걱정하지 말아요. 몇 분 기다려 보면 더 나아질 거예요. 지금은 그냥 껴안고 있자고요.")로 대하는 법을 배우게 되었다. 부정적인 상호작용 고리를 해소함으로써 로레인과 키스는 서로에게서 안정감을 찾을 수 있게 되었고, 성 문제를 무시하거나 다투는 대신 함께 노력하며 자신감을 가지게 되었다.

## 스티브와 캐런

젊은 부부인 스티브와 캐런은 캐런이 성교할 때 통증을 느끼는 문제로 상담을 받게 되었다. 그녀는 스티브에게 얼마나 통증이 심한지 털어놓기 이전까지도 통증을 단단히 참고 있었다. 침묵 속에서 통증을 견딘 결과, 캐런은 큰 불안감과, 성관계에 대해 혐오감을 느끼게 되었다. "그가 나를 만진다는 생각만 해도 소름이 돋아요,"라고 그녀는 슬프게 말했다. 이 관계에서 희망적이었던 것은 첫 세션에서 스티브가 "나도 이 자리에 함께할 수 있어서 기뻐요. 나는 우리 관계에 50%를 차지하고 있고 캐런을 돕고 싶습니다. 캐런이 나를 거부하고 회피하는 것을 잘 참지 못하는 나도 도움이 필요한 것 같아요."라고 말했다는 것이다. 스티브는 캐런이 성 문제가 부부 공통의 문제이며 함께 해결해야 한다는 것을 알기를 원했다.

이 부부는 상담 초반부터 해결책을 찾는 데 헌신했으며, 부부 모두가 연약한 감정들을 마주하고 드러낼 의향을 보였고, 또 진전이 없을 때마다 서로 침착함과 끈기를 가지도록 격려했다. 배리 매카시Barry McCarthy와 에밀리 매카시Emily McCarthy는 성 문제를 겪고 있는 부부가 서로를 적처럼 대하는 대신 '친밀한 팀'이 되어 문제를 놓고 협동해야 한다고 말한다. 캐런과 스티브는 확실히 친밀한 팀이었고, 그들은 많은 성과를 이루어 냈다.

불안감을 줄이고 성교를 통증과 연관 짓지 않도록 하는 연습을 하는 동안 부부는 인내심을 가지고 서로를 독려했다. 스티브는 격려받고 소속감을 느끼며 캐런이 성관계를 거절할 때 드는 거부당한 느낌을 대하는 법을 배웠다. 상담이 끝날 무렵, 그들은 성 문제가 있었다는 점에 대해 오히려 감사한다고 말했는데, 이는 함께 해결하려고 노력하는 것이 서로를 더욱 가깝게 만들어 주었고, 전에는 상상할 수 없을 정도로 부부관계를 안정적으로 만들어 주었기 때문이다. 1년 후 태어난 아름다운 아기와 함께 찍었던 사진과 함께, 이 고백은 부부가 큰 문제들을 해결할 수 있다는 점을 되새겨 주었다.

## 수지와 타이

성적 트라우마를 경험한 뒤, 배우자와 건강하고 서로 만족스러운 연결감을 가지는 것은 복잡한 일이다. 어린 시절에 성적 학대를 경험한 수지와 그녀의 여성 상대인 타이는 과거의 깊은 상처에도 불구하고 부부의 연결감을 다시 강력하게 회복할 수 있다는 것을 보여 주는 사례이다. 상담 초기에 수지는 타이를 정서적으로 추적했으나 신체적 접촉에 대해서는 회피하고 거부하는 모습을 보였다. 수년간의 거부와 '공허한' 성관계를 경험한 타이 역시 위축되고 있었다. 많은 노력 끝에 수지와 타이는 자신들의 정서적 결합을 개선하고 친밀해질 수 있었다. 수지와 타이는 이제 행복한 부부처럼 보였으나 그들의 성적 관계를 회복하지 않은 채로는 관계 회복에 대한 노력을 멈출 수 없었다. 성적으로 관계를 재구축하는 것은 아주 중요한 일이었다. 서로 만족스러운 성적 교감이 없는 부부관계는 아직도 연약하며 절망으로 빠질 위험을 안고 있기 마련이다. 그들의 안정감과 안전함은 신체적 친밀감이라는 민감한 주제를 이야기 나눌 수 있도록 했다.

한 세션에서 수지는 성관계 도중 갑작스럽게 두려움과 공포를 느끼며 이전의 트라우마 경험을 되살리게 된다고 말했다. 과거에 그녀는 이 순간에 완전히 마음을 차단해버리곤 했고, 그러면 타이는 공허함을 느끼게 되었다. 수지는 "내가 두려움을 느낄 때 정말 필요한 것은 성관계를 멈추고 그저 저를 안아 주는 것이에요."라고 말했다. 성적 교감을 되찾으려는 의지가 강했던 타이는 이를 노력하기로 동의했다. 수지의 필요에 따라, 몇 주에 걸쳐 수지와 타이는 성관계보다는 위로를 하는 간단한 방법을 시도하게 되었다. 때로 성관계 중에 공포심이 들지 않게 될 때가 있긴 했지만, 공포심이 들 때면 그들은 행동을 바꾸었다.

수지와 타이가 실험을 하게 되면서 그들의 성적 관계는 확장되었다. 타이가 거부당하는 것을 두려워한다는 점을 알게 되면서 수지는 친밀한 성관계를 하도록 더욱 노력하게 되었다. 타이는 다시 자신이 매력적이라고 느끼게 되었다. 수지는 자신이 자극받게 되면 성관계를 통제할 수 있다는 점을 알게 되면서 두려움이 감소되었다. 타이는 그녀를 항상 보호하는 마음으로 안아 주었다. 수지는 타이의 포옹으로 위로받았다는 점에 대해 말했다. 그에 대해 타이는 자신이 수지에게 편안함과 바람의 대상이 되어 기분이 좋아졌다. 그들의 성적 교감이 성장하면서 부부관계 역시 새로운 에너지와 활력이 넘치게 되었다.

이 부부들은 성 문제나 과거의 트라우마, 건강 문제, 인생의 스트레스에서 오는 개인적 한계, 또는 관계의 문제와 마주하게 될 때, 이를 넘어서는 가장 좋은 방법은 함께 손을 잡고 헤쳐 나가는 것이라는 점을 보여 준다. 문제를 관계 안으로 가져오고 이를 해결하기 위해 함께 노력하라. 다시 안정적인 관계 결합을 구축하는 것은 새로운 것을 시도하고 유연한 태도를 가질 수 있도록 하는 중요한 요소이다. 팀으로서 이 문제를 해결하는데 헌신하고, 해결책을 찾기 위해 함께 노력하고 연약함을 공유하고 솔직해지고 인내심과 끈기를 가지려는 의지가 더욱 좋은 결과를 낳는다.

**표 12.3 성적인 연결감을 생생하게 유지하기 위한 도움말**

1. 배우자가 만지거나, 안거나, 키스하는 것이 좋다면, 배우자에게 때로 그것에 대한 감사를 표현하라. 스킨십이 더욱 자주 일어나기를 바란다면 이를 긍정적인 방식으로 말하라. "나는 ……를 좋아하고, 당신이 그걸 더욱 자주 해 주면 좋겠어요." 만약 배우자가 아프거나, 슬프거나 어떤 문제를 가지고 있다면, 성적인 요구가 깃들지 않은 애정 어린 신체 접촉은 당신이 배우자를 신경 쓰고 있음을 표현하는 효과적인 방법이다.
2. 당신이 성관계에서 실망했거나 불만스러운 부분이 있다면, 이를 배우자와 소통하면서 반영하고 성 문제에서 부정적인 고리로 빠져들게 되는지 돌아보라(예: 요구-위축; 어떤 식으로든 갈등을 피하려고 하는 것). 우선 부정적인 상호작용을 먼저 짚어 보는 것이 도움이 될 것이다. ("우리가 ……에 대한 문제를 이야기하려고 할 때마다 나는 요구하고 당신은 등을 돌려 버리는 것으로 대화를 끝내 버려요. 나도 계속 요구하는 게 싫지만 당신에게 말을 하고 싶어요. 더 나은 방법을 찾을 수는 없을까요?). 관계 고리와 정서들을 다룬 이전 장으로 돌아가 성찰하기 문제들을 다시 살펴보는 것도 도움이 될 것이다.
3. 성과 관련된 걱정이나 실망감에 대해 배우자와 이야기하려고 시도하는 중이라면, 배우자를 비난하기보다는 자신의 감정을 고백하려고 노력하라. "당신은 절대 ……하지 않죠."라고 말하기보다 "나는 ……할 때 실망해요."라고 말하는 것이다. 당신의 짜증이나 실망 밑에 깔려 있는 연약한 감정들을 밝혀내고, 이에 대해 배우자에게 말해 보자. "나는 ……할 때 상처 입어요/외로워요/무서워요/원치 않은 기분을 느껴요." 배우자는 비난받지 않을 때 당신의 말을 더욱 잘 듣게 된다.
4. 부부의 성 욕구가 다르다면, L-O-V-E 대화를 이용해서 대화해 보라. 서로가 다음을 이해할 수 있도록 도와주자. 더 많은 것을 원하는 배우자가 되는 것은 어떤 느낌인가? 더 적게 느끼는 배우자가 된다는 것은 어떤 느낌인가? '싫다'는 대답을 듣는 입장이 되는 것은 어떤 느낌인가? 배우자를 비난하거나 비판하지 말고 자신의 경험에 대해 이야기해 보자. 다른 사람들이 얼마나 자주, 어떤 성관계를 하는지에 대해 걱정하지 말고, 자신의 성관계를 더욱 행복하고, 즐겁고 사랑받는 둘만의 경험으로 만들어 나가는 것에 집중한다.
5. 발기 불능이나 조루, 성교 통증 등 성 문제가 있다면 의사와 상의하라. 발기 문제는 흡연, 비만 등의 건강 문제와 관련되어 있을 수 있으므로 적절한 검진은 삶을 구할지도 모른다.
6. 성 문제가 관계 문제에서 비롯되었거나 문제의 원인이 되고 있다면 전문적 도움을 받아라. 관계 전문 상담사들은 친밀감에 관한 문제를 다루는 데 능숙하며, 당신이 말하는 것을 존중하며 들어 줄 것이다. 관계 문제를 해결해 나가는 것은 당신이 애정 어린 접촉을 자유롭게 할 수 있도록 도울 것이며 성적 교감에 활력을 불어넣어 줄 것이다.
7. 당신이 성관계를 어떻게 유지시켜 나갈지 모른다면, 당신의 신체 건강과 정서적 건강에 관심을 기울이며, 배우자가 매일 사랑받고 존중받고 특별하다는 느낌을 받을 수 있도록 노력하는 것이 첫걸음이 되어 줄 것이다.

## 성찰하기 12.2 성관계에 대해 이야기해 보자

배우자와의 성관계에서 어떤 긍정적인 기억과 감정들이 떠오르는가? 내가 배우자에게 해 주고 싶은 긍정적인 메시지는 무엇인가?

..............................

..............................

..............................

내가 이야기하고 싶은 문제가 있는가? 우리는 이전에도 이 주제에 대해 이야기하려고 하다가 싸운 적이 있는가? 부정적인 고리는 어떻게 시작되고 지속되는가?

..............................

..............................

..............................

..............................

우리의 성관계, 친밀감 또는 신체적 접촉에 대한 욕구에 대해서 배우자에게 하고 싶은 말은 무엇인가? 어떻게 이전의 부정적인 고리가 아닌 다른 방식으로 대화를 시작할 수 있을까?

..............................

..............................

..............................

..............................

이 성찰하기에 대해 배우자와 함께 이야기하는 것에 대해 어떤 기분이 드는가?

..............................

..............................

..............................

앞으로의 성관계에 대한 나의 기대는 무엇인가?

..............................

..............................

..............................

제13장

# 앞을 내다보기

## 삶에서의 변화를 기대하며

이 책을 마치기 전에 우리는 관계를 개선해 나가면서 지금까지의 단계들을 되돌아보고자 한다. 또한 우리는 당신이 미래의 변화들을 적극적으로 주도해 나갈 수 있기를 바란다. 지금까지 변화를 요약하고 되짚어보는 것은 당신만의 변화를 만들어 내는 것의 중요한 부분이다. 이 책을 읽어 나가면서 겪은 당신의 여정에 대한 이야기를 만드는 것은 당신이 지금까지 걸어온 여정을 기념하며 미래의 삶을 위한 참고가 될 것이다. 다음을 읽어 나가면서 시간을 가지고 당신의 여정에서 중요했던 과정들과, 발견과 친밀감의 순간들을 살펴보자.

### 우리의 걸음을 되돌아보기

제1장에서 당신은 L-O-V-E 대화법을 배웠다. L-O-V-E 대화를 사용하는 것이 부부가 서로 멀어지지 않고 가까워질 수 있도록 서로의 말에 귀를 기울이고 자신을 표현할 수 있도록 도왔기를 바란다. 제2장에서는 부부가 어떻게 부정적인 상호작용 패턴에 사로잡히게 되는지에 대해 배웠고, 이 장

의 성찰하기 문제들은 당신이 부정적인 고리에 어떻게 빠지게 되는지 살펴볼 수 있도록 했다. 제3장은 애착 이론의 관점에서, 당신이 부부관계를 기본적 욕구인 안전함, 안정감 그리고 친밀감을 얻기 위한 애착 결합으로 볼 수 있도록 했다. 제4장은 당신 부부가 자신의 애착 경험을 되돌아보고 이를 안정감이나 관계가 위협받을 때 어떻게 연관을 짓는지 소개했다. 이렇듯 앞부분은 부부가 어떻게 서로를 멀어지게 하는 부정적인 패턴에 빠지게 되는지 이해할 수 있도록 고안되었다. 상호작용이 통제 불가능한 데에는 부부 모두의 책임이 있고, 부부 모두가 이에 영향을 받는다는 점을 깨달았기를 바란다. 수전 존슨이 말하는 것처럼, 부정적인 고리는 당신의 적이며, 당신의 상처와 실망감의 원인은 배우자가 아닌 바로 이 고리이다.

불화 관계의 춤에는 복잡한 정서들이 내재되어 있으며, 이는 우리가 제5, 6, 7장에서 다룬 내용이다. 제5장에서는 정서의 역할을 설명했으며, 부정적인 관계의 고리를 지속시키는 반응성 정서와, 사람들이 태도를 바꾸고 서로 의미 있게 소통할 수 있도록 해 주는 연약한 핵심 정서들을 구분했다. 제6장에서는 친밀한 관계에서 경험하는 주요한 핵심 정서들을 설명했고, 제7장에서는 질투나 경멸 그리고 수치심과 같은 복잡한 정서들에 대한 이해를 도왔다. 제8장에서는 당신이 부정적인 상호작용에서 내세우고 있을지도 모르는 반응성 또는 방어적 행동 밑에 깔려 있는 긍정적인 의도들을 끌어내는 데 집중했다. 이런 의도들과 같이 나타나는 핵심 정서들에 대해 인식하고 공유하는 것은 부부에게는 중요한 전환점이 되어 준다. 당신의 배우자가 당신에게 다가가고 싶지만 그렇지 못할 때 배우자의 얼굴에 나타난 슬픔을 볼 때, 또는 당신을 기쁘게 할 수 없을까 봐 두려워하는 것을 볼 때 부부 모두가 상처를 받고 있으며, 함께 이 일을 겪고 있다는 것, 그리고 다시 관계를 되살리기 위해 같이 노력해야 한다는 점을 깨닫게 해 준다.

부부가 자신의 행동, 정서, 긍정적인 의도들에 대해 알게 되면서 관계에서의 긴장감과 갈등을 줄여 나가게 된다. 우리는 당신이 부정적인 춤으로부터 탈출하고 함께 노력하면서 당신의 상호작용을 바꾸어 나갈 수 있다는 점을 깨달았기를 바란다. 이것은 더욱 강한 관계 결합을 맺도록 돕는 중요한 반석이 되어 준다. 제9장은 당신이 핵심 정서와 애착 욕구들에 대해 더욱 깊이 이해할 수 있도록 도와준다. 정서를 표현하고 서로에게 정서적으로 반응함으로써 관계의 안정감과 친밀감을 더욱 증진시킬 수 있다. 이는 당신의 정서적 애착을 다져 나가는 핵심적인 대화들이다. 하지만 때로 건강 문제 등에서 받은 상처들은 흉터를 남기고, 부부가 다시금 온전히 결합하지 못하도록 한다. 따라서 제10장에서는 관계 개선과 상처들을 용서하는 과정들을 설명했다. 제11장에서는 당신이 변화의 과정에서 당신의 이야기를 만드는 데 혼자가 아닌 것을 깨닫도록 했다. 제11장에서는 관계를 변화시키고자 하는 부부의 목표와 변화를 위하여 정서중심상담을 받은 세 부부의 삶과 친밀감의 여정을 기술했다. 그들의 이야기는 변화가 가능하고 변화의 과정과 그 과정에서의 중요한 단계를 강조하기 위하여 기술되었다. 제12장에서는 어떻게 성적 연결감을 새롭게 하고 그와 관계된 문제를 해결할 수 있을지에 대하여 다루었다. 부부관계에 안전감이 있을 때 함께 문제를 해결한다는 일이 쉽다는 점도 알았을 것이다. 안전감은 문제해결에 중요한 요소인 선한 의도, 개방성, 호기심, 창의성을 강조한다. 당신이 경험한 바와 같이 관계는 지속적인 관심과 에너지를 요구한다. 또한 제12장에서는 재연결되기 위해서 당신이 쏟는 모든 노력을 유지하기 위한 몇 가지 제안을 제시했다.

## 우리가 이전의 방식으로 다시 빠져들게 된다면?

안정적인 관계 결합을 만들어 가는 과정에서 당신이 가졌던 목표를 달성했기를 바란다. 강한 정서적 결합과 부정적인 상호작용을 탈출할 유용한 방식들과 재결합을 위한 효과적인 방식들을 밑받침으로 당신이 삶의 여러 면모를 함께 탐색해 볼 수 있는 귀중한 도구들을 찾았기를 바란다. 하지만 아무리 노력을 한다고 해도 아직도 때로 긴장감과 갈등을 겪거나, 심지어 가끔 '이전 방식의' 말다툼을 경험할지도 모른다. 지쳤거나 스트레스를 받았을 때 이런 실수를 경험하는 것은 정상적인 것이며, 우리는 내담자들에게 이런 일이 있다는 것을 알고 있으라고 말해 준다. 오래된 습관은 없애기 힘들기 때문이다. 실수는 당신의 인간다운 면모를 보여 주는 것이지, 일이 잘못되어 가고 있고 당신의 노력이 헛수고라는 점을 나타내는 것이 아니다.

만약 당신이 다음을 해 낼 수 있다면 이제 당신은 서로에게 되돌아가는 길을 다시 찾아낼 수 있을 것이다.

- 속도를 늦춘다.
- 인내심을 가지고 스스로에게 자비를 베푼다.
- 자신이 필요로 하는 도구들을 다시 상기시켜 본다.
- 이전의 춤에 사로잡혔다는 것을 인식한다.
- 차분하게 L-O-V-E 대화로 되돌아간다.

이전의 부정적 상호작용으로 다시 빠져드는 이유는 스트레스 때문이거나 부부관계를 우선순위로 두지 않기 때문이다. 높은 스트레스와 피로, 수면 부족은 친밀한 관계에서뿐만 아니라 어떤 상황에서든 적절한 반응을 하지 못하도록 만든다. 배우자와 당신의 삶을 공유하는 것은 스트레스를 풀어 주며 정서적인 안정감을 주는 중요한 방법이다. 당신의 문제를 속으로 쌓아 두는 것은 혼자서 문제에 대해 고군분투하도록 할 뿐만 아니라, 당신과 배우자 사이의 벽을 만들 수 있다. 시간이 흐르면서 제12장에서 정했던 부부간의 의식(ritual)을 정기적으로 지켜 나가는 등 부부관계에 신경을 쓰지 않는 것도 서로 멀어지게 하는 이유가 될 수 있으며, 의심과 불안이 스며드는 틈을 만들어 낸다. 부부는 관계를 돌보는 자신만의 방식을 만들어 내지만, 모든 관계들은 지속적 보살핌이 있어야 한다. 자신이 이전의 부정적인 춤으로 돌아가는 것을 발견할 때, 당신은 이를 인식하고 이 문제에 대해 대화할 수 있는 방법들을 알고 있다는 점에서 위로를 받을 수 있을 것이다. 이제 새로운 삶으로의 변화를 다룰 것인데, 이 변화는 삶에서 피할 수 없는 부분이며, 가족의 역할과 관계를 재정립하는 것이 될 것이다.

## 미래의 변화를 함께 탐구하는 것

부부가 얼마나 오래 함께 살았는지 상관없이, 삶이 여러 변화를 가져오며 새로운 환경에 함께 적응하는 것은 부부에게 중요한 부분이다. 당신은 부부로서, 이사나 직업상 변화, 가족의 시작이나 가족 구성원을 늘리는 등 변화를 경험했을 것이다. 당신은 또한 서로의 건강, 외모 또는 기분의 변화를 경험했을 수도 있다. 어떤 사람들은 변화를 좋아하며 그것이 가져올 새로운 도전을 기대하는 반면, 다른 이들은 안정성을 더 선호하고 새로운 환경에 적응하는 것에 더 많은 시간을 필요로 한다. 변화에 대해 '옳거나', '틀리다'는 것은 없으며, 오로지 관계 안에서 반영되고 새롭게 만들어지는 당신만의 특별한 반응만이 있을 뿐이다.

다음에서는 가족 발달 주기와 건강 문제 또는 죽음과 관련된 어려움에 대응하는 방식을 토대로 삶의 변화들에 대해 살펴볼 것이다. 이러한 변화는 큰 부담이 될 수 있으며 이전의 두려움이나 불안전감, 상호작용 패턴들을 다시 일깨워 과거의 고리로 돌아가도록 할 수 있기에 짚어 볼 필요가 있다. 또한 인생 주기는 문화나 재정적 상황, 성적 취향, 이혼, 재혼, 가족의 결합 등 크고 작은 변수들로 이루어져 있다. 이렇게 다양한 경험들은 독특한 현실을 만들어 낸다. 이 책이 부부의 정서적 현실을 돌아보고, 서로에게 이를 표현하며 도움이 되기를 바란다. 우리의 목표는 부부의 삶에서 잠시 멈추고 기본으로 돌아가 다시 시작할 수 있는 중요한 순간들을 강조하는 것이다. 이 장에서 우리는 가족생활의 주기와 부부가 현재 상황을 재정립하고 관계를 변화시키며 새로운 삶에 적응하도록 만드는 시기에 집중할 것이다. 하지만 그 밑에 깔려 있는 메시지는 늘 같은 것이다.

> 새로운 문제에 부딪혔을 때 서로에게 의지하라. 삶이 가져다주는 것들을 가장 잘 참아 낼 수 있는 방법은 함께하는 것이다.

가족생활 주기에서 생겨나는 변화들은 강렬한 정서를 자극할 수 있는데, 그것들이 종종 가장 친밀한 관계에서 적응을 필요로 하기 때문이다. 가족 구성원의 변화, 즉, 자녀가 학교에 가는 것, 집을 떠나는 것, 가족 구성원의 죽음, 출생, 분가는 부부에게 가장 큰 영향을 준다. 변화는 두려움과 불안을 가져올 수 있으며, 그 결과로 더욱 연결감을 원하게 될 수도 있다. 이제 변화를 최대한 부드럽게 헤쳐 나가면서, '서로에게 의지하고' 관계를 더욱 깊게 할 수 있는 방법들을 제안하고자 한다.

## 가족생활 주기의 발달 단계

### 젊은 부부

젊은 부부들은 자신들의 삶을 함께하기로 결정한 다음부터 흥분되는 기간을 가진다. 부부 생활은 두 사람의 삶을 한데 모으고, 서로를 개인으로서 존중하는 '우리'를 만들며 관계 결합을 형성해 나가는 과정이다. 직장 생활을 시작하고, 가정을 꾸려나가며, 함께 친구들을 사귀어 나가는 것과 마찬가지로 많은 부부에게 아이를 갖는다는 것은 큰 변화를 가져온다.

#### ✻ 아이를 당신의 세계로 데려오기

많은 부부들은 첫아이의 출생을 많은 흥분과 기대를 가지고 맞이한다. 어떤 부부들에게 임신 과정과 임신 그 자체는 순조롭게 진행되기도 한다. 그러나 어떤 부부들은 계획 없이 부모가 되기도 하며, 다른 부부들은 불임과 입양의 문제들을 마주하기도 한다. 부모가 되고 싶지만 임신을 할 수 없는 사람들은 고통스러운 정서를 겪게 된다. 불임의 슬픔은 친밀한 관계에도 긴장감을 줄 수 있다. 이것이 당신의 경우라면, 꿈을 잃은 상실감에 적응할 때까지 자기 자신을 부드럽게, 인내심을 가지고 대할 것을 권하고 싶다.

계획된 것이든, 갑작스러운 것이든 간에 아이가 생긴다는 것은 대개 부모 모두에게 정서적이고 민감한 시기를 가져온다. 사랑하는 관계로서 부부 사이의 결합은 확장되어야 하고 아이를 포함시킬 자리를 만들어야 하는 것이다. 메리 단코스키Mary Dankoski가 말하듯이, 문제는 부부관계의 친밀감을 잃지 않으면서도 '부모로서의 부부'가 되어야 한다는 점이다. 출산 경험이 있는 많은 여성들은 자신의 신체적 변화와 피로감으로 힘들어하며, 그들이 아직도 배우자에게 매력적인지 의구심을 가지게 된다. 그 반면 많은 남성 배우자들은 병원 예약 및 과정들이 예비 엄마에게 집중되기 때문에 소외된 기분을 느끼게 된다고 말한다. 이 감정은 아이가 태어나고 모든 관심의 대상이 되면서 더욱 심화될 수 있다. 새로 부모가 되어 아이 키우는 것을 배워야 하고, 수유 문제를 겪고, 난리 법석을 피우면서 잠을 설치는 밤들이 늘어가는 것은 처음에는 힘든 일일 수 있다.

오스트레일리아 브리즈번과 미국 미네소타 주에서 수행된 두 연구는 애착 이론을 바탕으로, 임신 후기의 부부들에게서 아이가 태어나고 몇 달 이상이 지나기까지 추적하며, 부모로서의 변화를 조사했다. 오스트레일리아에서 수행된 이 연구는 부모와 상담사들을 위한 책, 『부모가 된다는 것: 어머니들, 아버지들, 그리고 아이들 사이의 결합에 대한 연구』에 서술되어 있다. 이 연구는 기쁨과 어려움 측면 모두에서 부모로서 겪는 경험의 다양성과, 아이가 태어나기 전에 경험하는 관계 불안들을 다루는 것의 중요성을 기술하고 있다. 높은 관계 불안을 경험하는 부부("내 배우자는 나를 사

**표 13.1 부모가 되어 가는 과정에서 건강한 부부관계를 유지하기 위한 도움말**

- 정서적으로 연결되고, 자신의 걱정과 감정에 대해 L-O-V-E 대화를 나눌 시간을 만들어라. 임신 기간 동안 서로에게 더 관심을 기울이고 안심시켜 주는 것은 서로에게 얼마나 매력적이고 중요한지 알 수 있도록 한다.
- 이제 막 어머니나 양육자가 된 부모는 자신의 배우자가 곁에 있고 자신에 대해 신경 쓴다는 점을 더욱 알고 싶어 한다. 이 시기는 자녀와 함께하는 아버지와 배우자가 더욱 필요한 시기이다. 당신이 해 줄 수 있는 최대한을 해 주어라. 아기의 기저귀를 갈아 주고, 먹여 주고, 집안일을 도맡아 하는 것에서부터 배우자와 어린 자녀를 안고 위로해 주는 것까지, 당신은 실질적인 도움과 정서적인 격려를 충분히 해 줄 수 있는 중요한 사람이다.
- 양육 역할을 맡은 아버지들 역시 아이가 태어난 후에는 추가적인 욕구들을 가지게 되는데, 대개 이들은 자신의 자리를 찾는 데 어려움을 겪는다. 그들은 가족생활이나 양육과 관련된 결정에 관여하고 싶어 하지만, 그렇게 하지 못하는 경우 소외감을 느낄 수 있기 때문에 그들의 참여를 지지해 주는 것이 필수적이다.
- 서로의 기분을 확인하고, 삶이 바뀐 다음부터 이에 어떻게 대처하고, 어떻게 느끼고 있는지 질문하며, 격려받는 느낌을 위해 어떤 것을 필요로 하는지 물어보는 등의 노력들은 장기적인 이점을 가져다줄 것이다.

랑하는가? 내 배우자는 장기적으로 헌신할 것인가?")는 적응하는 데 어려움을 겪을 가능성이 높으며, 임신과 아이의 탄생에 대해 더 많은 이해와 격려를 필요로 하는 것으로 나타났다. 나아가 많은 부부는 자녀의 출생 이후 가사를 분담하는 것에 대한 생각이 서로 달라서 부모로서 적응하는 데 스트레스를 주었다고 말했다. 두 연구에서 모두 관계 불안과 배우자의 격려는 산후 우울증에 중요한 요소들이었다.

### ✻ 어린 자녀들

부모가 되면서 직장 생활, 집안일, 양육들 사이의 난제에 빠지게 된다. 아이들이 유아가 되고 유치원에 다니게 되면서 부모 역시 육아에 관해 공유된 시각과 철학을 발달시켜야 한다. 육아 가치들에 대해 L-O-V-E 대화를 이용하여, 부부가 무엇을 공유하고 있으며 어떤 점에서 이견을 보이는지 살펴보라. 각자의 시각들을 맞추어 보고 공동의 시각들을 기반으로 한 육아 방식들을 개발해 나갈 때에는 유연한 자세가 필요하다. 함께 양육의 기복을 맞이할 준비를 해 나가고, 확신이 서지 않을 때에는 서로에게 의존하면서, 당신이 자녀들을 위해 제시하는 안정감의 기반에 대해 상상해 보라.

## 중년기 부부

중년기에 삶이 때로 압도적으로 느껴진다면 이에는 그럴 만한 이유가 있다. 중년은 청소년기에 접어든 자녀들과의 관계를 재정립하는 것과 부모 세대를 돌보아야 하는 부담의 시기이다. 중년은 가족생활에서 가장 많은 등장과 퇴장을 포함하며, 이 모든 것은 곧 강한 정서적 부담이 된다.

### ✻ 청소년 양육

세월은 빠르게 흐르고, 학교, 교외 활동들, 늘어난 가족 구성원들 사이의 경계가 불확실하게 느껴질 수 있다. 부부가 힘을 합쳐 바쁜 나날을 즐기고 가족으로서 행복한 기억들을 많이 만들어 나가기를 바란다. 당신이 깨닫기도 전에 자녀들은 초등학교를 졸업하여 청소년기에 접어들게 될 것이다. 발달상의 변화들은 자연스럽게 새로운 문제점들을 야기하고 가족생활의 중심점을 옮겨 놓는다. 청소년기는 보통 양육 방식을 바꾸고, 서서히 통제를 줄여 나가면서 자녀의 책임감과 독립성을 늘려 나갈 시기이다. 전문가들은 청소년기의 자녀를 키우는 것이 그들의 자율성 추구를 독려할 수 있는 충분한 틀을 제공해 주면서도, 그들의 발달과 적응에 중요한 역할을 하는 가족관계를 유지하는 것을 필요로 한다는데 동의한다. 양육 방식에서 경계나 허락에 관련된 생각의 차이가 이 시기에 두드러질 수 있으며, 이는 불화를 만들게 된다. 하지만 새로운 연구에 따르면 부부가 팀으로서 함께 결정을 내리고, 자녀와 함께 여러 활동에 참여할 때 10대 자녀들은 위험한 행동이나 우울 증세를 덜 보이게 된다고 한다. 이는 가족 내에서 건강하지 못한 불화들과 편 가르기를 막을 수 있는, 보살핌과 자녀의 성장을 격려하는 부부 공동 전선의 중요성을 일깨워 준다. 흔히 관대한 부모가 더욱 호감을 사는 반면 엄격한 부모는 자녀로부터 점점 멀어지는 경우가 있다. 부모가 같은 시각을 공유하지 않고 문제들을 비일관적으로 다루게 될 때, 불필요한 관계 역동들이 나타날 수 있으며, 이는 부부가 스스로 양육자로서 하찮고 무시당하거나 과한 부담을 지고 있다는 감정을 갖게 할 수 있다. 10대 자녀들은 엇갈리는 메시지들을 전달받게 될 것이며, 이는 그들이 자신의 길을 만들어 나가는 데 더욱 어려움을 준다. 10대들은 어린이와 완전히 성장한 어른 사이에 있는 존재들이다. 그들은 격려가 필요할 때 기댈 수 있는, 애정 넘치는 안전한 장소로서, 그리고 세상을 탐구해 나갈 도약판으로서 단단한 기반이 되어 줄 가정을 필요로 한다. 표 13.2는 청소년기 자녀들을 키우는 데 도움이 되는 몇 가지 도움말을 제공한다.

## 변화하고 있는 중년기의 '빈 둥지' 증후군

경제적으로 어려운 현재와 불확실한 미래는 젊은 성인들이 직장 생활을 시작하고 자신만의 가족을 꾸려 나가기 어렵게 만들고 있다. 미국에서는 60% 가까이 되는 부모들이 성인이 된 자녀들에게 재정적인 도움을 주고 있다. 높아진 이직률과 힘들어진 취업으로 인하여 자녀들은 이전 세대보다 더욱 느리게 세상으로 나가고 있다. 젊은 성인 자녀들이 집을 떠난 뒤

**표 13.2 청소년 자녀를 둔 부모들을 위한 도움말**

- 부모로서 부부 대화를 시작하고, 각자의 두려움과 걱정들에 대해 공유하며 새로운 방법들이나 해결책을 떠올리기 위해 함께 노력하라.
- 10대 자녀를 대화에 같이 참여시키고, 자녀들의 시각이나 감정을 지적하지 말고 일단 들어 주어라.
- 양육 방식을 고쳐 가고, 부모로서의 관점을 통합시키며 또한 자녀의 변화한 요구 사항에 대응할 준비를 하라. 유연성 있고 견고하면서도 타협할 자세를 갖추어라.
- 어떤 경계들은 단호하게, 하지만 애정스럽게 유지되어야 한다. 자녀와 함께하고 교감하는 것은 당신이 엄해야 할 때, 그 제한하는 경계선을 더욱 쉽게 받아들일 수 있도록 도울 것이다. 그것에 대해 그들의 감정을 존중하는 것을 잊지 말자.
- 가족으로서 같은 시각을 공유하고 기운을 북돋아 주는 것은 자녀에게 안정적인 기반을 마련해 주고 그들의 정서를 진정시켜 줄 것이다. 그러고 나면 10대 자녀들은 세상에서 자기 자신을 발견하고 자신이 누구인지에 대한 정의를 내리는 데 에너지를 집중할 수 있을 것이다.

다시 부모에게 돌아와 새로운 시작을 준비하는 것은 이제 흔한 일이다. 이러한 새로운 경향을 서구 미디어에서는 '부메랑 세대'로 표현하기도 한다.

동시에 의학의 발달로 연세가 든 부모들은 더욱 오래 살게 되었고 성인 자녀의 도움을 필요로 하게 되었다. 노화와 장수에 관한 연구를 진행하는 미국 메트라이프 노년사회연구소(Metlife Mature Market Institute)에 따르면, 약 25%의 성인들이 부모에게 개인적인 보살핌이나 재정적 지원을 하고 있다고 한다. 이 발표에 따르면, 이 수치는 최근 15년 사이에 세 배로 증가한 것이다. 당신도 짐작할 수 있듯이, 성인이 된 자녀의 자립을 도우면서 나이 든 부모를 보살피는 것은 중년 부부에게 큰 부담을 지우게 된다. 이 부부들은 또한 인지적 · 신체적 건강이 악화된 부모들과의 관계가 변화하는 것에 대해 충분히 대비하지 못했다고 말하기도 한다(예: 역할에 대해 재협상하기, 결정에 대한 지배권 가지기, 부모 의존을 견뎌내기).

그러면 중년 세대는 어떤 감정을 느끼고 있을까? 중년 부부들은 고뇌와 불확실함, 탈진감을 느낀다고 말한다. 중년들은 그들의 일상을 '시간에 쫓긴다'거나 '대기 상태'라고 표현하는데, 이는 나이 든 부모의 불확실한 건강 상태와 늘어난 재정적 부담, 양육에 대한 책임이 계속해서 유동적인 상태로 있어서 그들의 미래 계획들이 보류되기 때문이다. 이 시기는 특히 부부간의 교류가 필요한 시기인데, 부부가 정서적 · 신체적 탈진 상태를 경험하면서도 삶의 보상을 누리게 되기 때문이다.

> 최소 20분간의 L-O-V-E 대화가 당신을 뒷받침해 주고, 힘을 주며 재충전시켜 줄 것이다. 20분 동안의 일상 대화 속에서, 자신에게 일어난 일들과 감정들에 대해 이야기해 보자.

아이들이 집을 떠나고 부모가 세상을 떠나게 되면 슬픈 날이 찾아오게 될 것이다. 많은 부부들에게 성인 자녀들이 영원히 집을 떠나고 나이 든 부모가 세상을 떠나는 현실은 복잡한 정서를 유발한다. 이 시기의 끝은 상실감과 후회의 감정을 불러일으킬 수 있다. 그러나 이는 한편으로는 새로운 가능성을 열어 주는 경험이 될 수도 있다. 18년 동안 진행된 연구에서 40~60세까지의 여성들의 결혼 생활 만족도는 자녀들이 집을 떠난 이후에 증가되었다. 이 결과는 자녀들의 불확실한 미래에 대한 고뇌로부터 해방되고, 그들의 시간과 에너지를 요구하는 여러 일들이 사라짐에 따른 것이다.

## 원 부모를 여의는 것

가까운 사람의 죽음은 상실의 경험이 되며, 그와 더불어 슬픔, 공격성, 그리움을 경험하는 것은 자연스러운 것이다. 그러나 부모의 죽음은 특히 거대한 사건이 될 수 있는데, 이는 부모와의 관계가 딱히 친밀하지 않은 경우에도 그렇다. 세상을 떠난 부모와의 관계가 친밀하든, 복잡하든 간에 이는 당신의 안정감을 흩뜨리며 관계에 대해 상실감과 후회를 불러일으키고, 자기 자신의 죽음을 떠올리게 만들 수 있다. 만약 당신이 부모와 복잡한 관계를 가지고 있었다면, 이는 당신의 슬픔을 더욱 길고 힘든 것으로 만들 수 있다. 이러한 상실로부터 회복하는 것은 그 당시 다른 위기나 스트레스 요인들을 경험하고 있을 때 더욱 힘들어진다. 하지만 당신의 부모가 오랫동안 건강이 좋지 않았고 당신이 주요 간병인이었다면, 이제 고통이 끝났다는 점에 안도감을 느끼며 삶의 구심점이 변화하는 것을 기대하게 될 수도 있을 것이다.

이 시기의 부부는 서로에게 위로와 격려를 주는 독특한 역할을 깨닫지 못해서 무너질 수 있다. 이때는 친인척과 친구들에게 도움을 청할 때이기도 하다. 부모가 노쇠해지고 죽는 것은 삶에서 예측할 수 있는 부분인데도 불구하고, 여전히 일상생활의 요구들과 겹쳐 압도적이고 부담스럽게 느껴질 수 있다. 이렇듯 어려운 시기에 배우자로부터 친밀감을 느끼고 보살핌을 받고 싶은 마음은 자연스러운 것이다. 대부분의 사람들은 일상생활을 처리해 나가고, 중대한 결정을 내리며 부모를 잃을 때 강렬한 정서를 경험하면서, 배우자에게 기대고 의지할 필요를 느낀다.

배우자가 당신을 사랑한다고 해서 배우자가 당신의 요구 사항을 미리 알아차릴 거라는 기대는 하지 말자. 서로에게 다음과 같이 질문하라.

- 집안일, 돌아가실 부모를 보살피는 일, 장례식을 준비하기, 돌아가신 분의 일을 처리하는 것에 대한 실질적인 도움을 주기
- 친인척, 친구들, 이웃들에게 다가가는 것을 돕기
- 의학적 결정들과 다른 일들을 격려하기
- 이야기를 들어 주고, 안아 주고 위로해 주고, 힘든 감정들을 위로해 주기

사람들은 외롭지 않을 때 모든 노력을 할 수 있고 고통스러운 경험들을 이겨 낼 수 있다. 당신은 배우자가 느끼는 정서의 강도 때문에 위축되고 압도당할지도 모른다. 당신이 무력감을 느끼고 어떻게 배우자를 도와야 할지 모른다 해도 물러서지 말자. 배우자 옆에 머무르며 당신이 '곁에 있어 줄' 의향이 있다는 것을 표현하라.

당신이 상실감을 치유하고 긴 병에 대한 의무도 감소했다면, 당신의 부부관계는 직장 생활과 개인적 관심사와 함께 다시금 삶의 중심이 될 수 있다. 스스로에게 이 변화를 함께 헤쳐 나갈 기회를 주어라. 더 많은 자유를 얻고 난 뒤 당신의 삶이 어떻게 보이는지에 대해 이야기해 보자. 당신의 두려움과 희망, 기대를 표현함으로써 부부는 합심하여 함께 미래를 만들어 나갈 수 있을 것이다.

## 노년기 부부

가족생활 주기에 따르면, 나이가 들면서 은퇴 및 부부가 자신과 서로를 돌보는 것은 역할과 책임, 관계에서의 마지막 변화라고 볼 수 있다. 노부부들은 은퇴와 건강 문제를 마주하게 된다. 다음은 당신의 관계를 노년기에도 건강하게 유지하기 위한 제안들이다.

### ✻ 은퇴

당신의 정체성, 생활 방식, 역할과 우선순위를 바꾸어 놓는 중대한 변화이다. 빈 둥지 증후군을 살펴보면서 알 수 있는 점은, 요즘 은퇴는 단 하나의 사건이 아닌 단계적으로 일어나는 것으로 보인다는 것이다. 많은 사람들은 그들의 첫 직장을 그만두고 자신의 장기적 취미나 관심사를 반영하는 다른 직업이나 봉사 활동을 한다. 어떤 사람들에게 은퇴는 자유의 '황금기'로 여겨지며, 이는 가족에게 더욱 집중하는 등 특별한 관심사를 추구할 기회를 주는 것이다. 건강상의 이유나 구조 조정의 문제로 은퇴하는 다른 이들은, 직장이 제공하는 틀이나 정체성이 없어져 상실감을 느끼게 될 수 있으며, 부부 중 어느 한쪽이 더 일찍 은퇴하게 될 때 더욱 그러하다.

더 적어진 역할과 책임으로 노부부는 더 많은 시간을 함께 보내게 되는데, 이는 변화하는 삶과 관계에 대해 대화하는 것을 더욱 중요하게 만든다. 은퇴에 대해 조사하는 연구진들은 갓 은퇴한 남성과 여성들은 은퇴 직후 잠시 동안 관계의 질이 낮아진다고 말하는 것을 발견했다. 하지만 2년 안에 관계는 다시 개선되며, 그 사이에는 힘들 수 있지만 대부분의 부부는 은퇴의 변화를 행복하게 받아들일 수 있다는 희망을 제시하고 있다. 또 다른 흥미로운 점은 맞벌이 부부들 중 부부가 동시에 은퇴하는 경우 가장 높은 관계 만족도를 보인다는 것이다. 은퇴라는 변화를 함께 겪는 것은 부부가 삶을 더욱 쉽게 맞추어 나갈 수 있도록 하는 것이다. 보다시피 관계의 질과 은퇴 이전의 교류는 미래에 함께 경험해 나갈 변화들에 대한 행복에 중요한 영향을 미치게 된다.

그렇다면 당신은 어떤 감정을 느끼게 될까? 은퇴 이후는 각자 직장생활과 가정생활로 바빴던 부부가 다시 소통할 수 있는 행복한 시기가 될 수 있다. 하지만 함께 많은 시간을 보내며 서로 친밀감을 느끼게 되는 것에 우려를 가지게 되는 것도 당연한 일이다. 이러한 걱정 때문에 배우자 없이 혼자 너무 바쁘게 지내려고 하지 말라. 또한 "이제 나는 은퇴했으니까, 내가 요리를 다 할 거야."처럼 배우자의 영역이었던 가정생활에 마구잡이로 끼어들어서도 안 된다. 노인학자 크리스틴 프라이스Christine Price는 부부의 은퇴에 대한 기대와 시각이 서로 맞지 않을 때 실망감이 생겨난다고 말한다. 예를 들어 부부 중 한쪽이 은퇴 후 함께하는 시간이 더 늘어나고, 같이 여러 활동을 하리라고 기대한 반면, 다른 쪽은 사업처럼 시간을 많이 필요로 하는 개인적인 관심사를 추구하게 되는 경우가 있다. 이때 부부가 어려움을 겪는 분야들은 여가 생활, 친밀감, 재정 문제들이라고 볼 수 있다. 미리 두려움과 희망, 목표에 대해 이야기해 보는 것은 부부가 미래에 대해 같은 시각을 가질 수 있도록 도울 것이며, 이는 부부의 삶을 한데 모으고 개인으로서의 여유를 마련해 주기도 할 것이다. 표 13.3에 나타난 주제들에 대해 L-O-V-E 대화를 사용해 이야기해 보는 것이 부부간의 이해를 더욱 도울 것이다. 서로를 위해 더욱 관대한 자세를 갖추고, 상대를 설득시키려 하지 말고 서로의 차이를 이해하려는 마음을 가져라.

### ✻ 노화에 적응하기

은퇴와 더불어 노년기는 건강과 기동력에서 신체적인 변화를 가져온다. 비록 노화는 피할 수 없는 삶의 부분이지만, 자신의 신체적 한계와 자립성의 상실 때문에 슬퍼지는 것도 당연한 일이다. 신체 기능의 악화를 진정한 상실로서 경험하는 것은 자연스러운 일이다. 보살핌은 노년기 부부 사이의 상호작용에 중요한 영향을 미칠 수 있다. 어떤 부부는 노쇠하거나 장애를 가진 배우자를 돌보는 데서 보람을 느끼지만, 다른 부부들은 간병인과 환자 모두가 부담을 느끼기도 한다. 노부부에 대한 연구는 두 가지 문제의 가능성을 제시한 적이 있다. 과보호를 하는 보살핌(예: 몸이 건강한 배우자가 상대가 충분히 혼자 해 낼 수 있는 일들도 대신 해 주는 것)과 생색을 내는 듯한 의사소통이나 보살핌(예: 몸이 건강한 배우자가 상대의 요구 사항을 '자기가 제일 잘 아는 것처럼' 도맡아서 행동하기)이 그것들이다. 아

**표 13.3 은퇴에 대한 대화를 위한 점검 목록**

- 우리는 언제 은퇴할 것이며, 은퇴 뒤에 무엇을 할 것인가?
- 우리는 정체성 상실과 직업의 역할과 활동에서 오는 충족감을 잃는 것에 대해 어떤 감정을 느끼는가?
- 우리가 공통으로 가진 목표는 무엇인가? (예: 공통의 관심사 개발하기, 더 친밀해지기, 신체적 친밀감을 높이기)
- 개인적 목표들과 열정의 대상은 무엇인가? (예: 건강과 행복, 특정 취미, 한 분야를 골라 공부하기, 장기적 관심사를 추구하기)
- 결합에 신경 쓰면서도 어떻게 개인적 목표와 공동의 목표를 추구할 것인가? 우리가 할 수 있는 구체적인 활동에는 무엇이 있는가?
- 우리는 어떻게 함께하는 시간과 개인적인 여가 시간의 균형을 맞출 것인가?
- 우리는 은퇴 후 집안일을 어떻게 분담할 것인가? (즉, 우리는 이전과 같은 역할들을 담당할 것인가? 집안일은 공평하게 분담될 것인가?) 집안일을 어떻게 나눌지에 대해 구체적인 사항들을 들어 틀을 짜고 결정하라.
- 우리의 재정적 목표와 고려사항에는 무엇이 있는가? 우리는 이를 어떻게 충족시킬 것인가?
- 우리는 어떻게 친구관계를 유지하고 사회적 관계들을 지속시킬 것인가?
- 우리는 어떻게 함께 하는 시간들을 지켜낼 것인가? (즉, 부부관계를 보호하기 위해 가족과 친구들 사이에서, 공통적인 목표와 활동 사이에서 경계선을 설정할 것)

무리 의도가 좋더라도 어떤 보살핌들은 거슬릴 수 있으며 상대방이 불필요하게 의존적으로 느끼도록 만든다. 사려 깊게 들어 주고 소통하지 않는 것 역시 자기 존중을 무너뜨릴 수 있다. 긍정적인 점은, 의미 있고 중요하게 여겨지는 활동들에 참여하여 노년기의 삶의 질을 높임으로써 노인으로서의 삶을 더 잘 받아들일 수 있다는 연구도 있다는 점이다.

친밀한 관계에서 사랑과 수용, 헌신은 노인들이 고통스러운 현실을 마주하고 건강과 기능의 변화에 적응할 수 있도록 해 준다. 당신의 관계는, 서로가 격려해 줄 때 힘이 되어 줄 것이다. 배우자, 친인척, 친구들과 함께 당신의 고민을 나누고 도움과 위로를 받아들여라. 강한 지지망을 통해 당신은 이제 다가오고 있는, 피할 수 없는 변화를 받아들이고 당신의 세계를 탐구할 새로운 방향들을 찾아낼 것이며, 미래의 생활을 계획해 나갈 힘을 얻을 것이다. 서로 가깝게 지내면서 유연한 자세와 새로운 상황에 적

**표 13.4 보살핌을 주고받기**

- 배우자가 필요로 하는 것들에 대해 열린 마음으로 들어라.
- 배우자가 스스로 할 수 있는 것들은 혼자 하게 두면서 곁에 있는 것과, 도움을 주는 것 사이의 균형을 맞추어라.
- 도움이 필요한 것에 대해 대화를 나누어 보고, 도움을 받았을 때 감사를 표시하라.
- 당신의 흥미를 끌면서, 일상생활에 의미를 부여할 수 있는 활동들에 참여하라.
- 원가족 및 친구들과의 시간을 즐겨라.

응하는 의지는 노년기에 높은 삶의 질을 누리는 열쇠이다.

미래를 내다보는 것을 통해 당신이 인생 발달 주기에 따른 변화들과 문제점들에 대해 예상할 수 있었기를 바란다. 발달 주기의 변화들이 기대감과 걱정을 불러일으킬 수 있지만, 이것이 개인과 관계의 욕구들을 돌아볼 수 있는 계기가 되었기를 바란다. 이는 진정으로 돌아보고, 연결되고, 더욱 가까워질 기회이기 때문이다.

# 끝내는 말

『부부관계 회복을 위한 정서 중심 워크북: 우리 두 사람』을 마치면서, 우리는 전문가의 도움을 받아서든 아니든 간에, 당신이 이 책을 고르고 읽어나가고 노력하면서 부부관계에 보인 헌신에 대해 감사하고 싶다. 이 워크북에 실린 성찰하기 문제들은 정서적 힘과 용기들을 필요로 하는 것들이었다. 이를 통해 당신이 부부관계의 친밀감과 신뢰, 안정감을 드높일 수 있었기를 바란다.

좋은 관계가 가져오는 가장 분명한 보상은 일생에 걸친 행복과 사랑 그리고 동지애다. 최근의 연구가 밝혀냈듯이, 이는 건강에도 많은 이점을 준다는 점을 알고 있었는가? 행복한 결혼 생활을 하는 부부는 그렇지 못한 부부들보다 심장병에 걸릴 확률이 더 낮으며, 더 강한 면역 체계를 가지고 있고, 병원도 적게 방문한다. 장기적이고 안정적인 관계를 가진 사람들은 정신 건강에서도 이점들을 보이는데, 이는 적은 불안감, 우울증, 약물 복용 그리고 과도한 음주를 막아 준다. 애정 어린 신체 접촉과 애정 표현들 역시 스트레스와 고통에 대한 신체 반응들을 낮추어 줄 수 있다. 이 모든 연구들은 종합해 보면, 견고한 애정 관계를 구축하는 것이 삶의 커다란 기쁨을 가져올 뿐만 아니라, 건강에도 좋다는 것을 알 수 있다.

사랑이 가져다주는 수많은 신체적, 정서적 이점들을 당신도 누리고 있기를 바란다. 만약 당신이 만족스럽지 못한 관계에 사로잡혀 있었다면, 이제 당신은 그 문제를 깨닫고 서로에게 알려 줄 수 있는 능력을 갖추게 되었을 것이다. 당신은 배우자를 잃었다는 느낌이 들거나, 관계에 있어서 어떤 점이 엇나갔다는 생각이 들면 이제는 그것을 깨달을 수 있을 것이다. 당신은 이 워크북을 통해 적어 둔 성찰하기와 노트들을 활용하여 당신의 감정과 욕구들에 대해 대화할 수 있게 되었고, 이를 통해 서로 다시 가까워질 수 있을 것이다. 당신의 욕구들을 각자의 결점보다는 서로에 대한 애착의 증거로 바라볼 수 있게 되었기를 바란다. 마지막으로, 당신은 이제 스스로를 표현하고 서로에게 대답할 수 있는 L-O-V-E 대화라는 틀을 가지게 되었다. 다시 말해 이제 당신은 서로게 자신의 정서, 욕구, 희망들과 갈망들을 관계 결합을 강화시키는 방식으로 말해 줄 수 있는 실질적인 도구를 가지고 있는 것이다. 서로 가까워지기 위해 투자한 노력들은 기쁨과 조화, 친밀감으로 보답 받을 것이다. 윌리엄 셰익스피어William Shakespeare가 말했듯이, '사랑은 비 온 후에 내리쬐는 햇빛과도' 같기에, 앞으로도 따뜻한 사랑이 당신에게 가져다줄 수 있는 것들을 경험하게 되기를 바란다.

# 참고 문헌


Adler, R., Rosenfeld, L. & Towne, N. (1992). *Interplay: The process of interpersonal communication*. Fort Worth, TX: Harcourt Brace Jovanovich.

Ainsworth, M., Blehar, M., Waters, E., & Wall, S. (1978). *Patterns of attachment: A psychological study of the strange situation*. Hillsdale, NJ: Lawrence Erlbaum.

Aron, A. (2003). Self and close relationships. In M. Leary & J.P. Tangney, (Eds.), *Handbook of self and identity* (pp. 442-461). New York, NY: Guilford Press.

Blier, M.J. & Blier-Wilson, L.A. (1989). Gender differences in self-rated emotional expressiveness. *Sex Roles, 21*, 287-295.

Bowlby, J. (1969/1982). *Attachment, Vol. 1 of Attachment and loss*. New York, NY: Basic Books. (p.119)

Bowlby, J. (1979). *The making and breaking of affectional bonds*. London: Tavistock.

Bowlby, J. (1988). *A secure base*. New York, NY: Basic Books.

Brennan, K., Clark, C. & Shaver, P. (1998). Self-report measurement of adult attachment. In J. Simpson & S. Rholes (Eds.), *Attachment theory and close relationships* (pp. 46-75). New York, NY: Guilford Press.

Carter, B. & McGoldrick, M. (Eds.). (1999). *The expanded family life cycle: Individual, family, and social perspectives*. Boston, MA: Allyn & Bacon.

Clore, G. L. (1994). Why emotions are felt. In P. Ekman & R. Davidson (Eds.),

*The nature of emotion: Fundamental questions* (pp. 103-110). New York, NY: Oxford University Press.

Collins, W.A., Gleason, T. & Sesma, A. (1997). Internalization, autonomy, and relationships: Development during adolescence. In J.E. Gyrusec & L. Kuczynski (Eds.), *Parenting and Children's Internalization of Values: A Handbook of Contemporary Theory* (pp. 78-99). New York: Wiley.

Dankoski, Mary. E. (2001). Pulling on the heart strings: An emotionally focused approach to family life cycle transitions. *Journal of Marital and Family Therapy*, *27*, 177-187.

Darwin, C. (1872/1955). *The expression of the emotions in man and animals*. New York, NY: Philosophical Library.

Edwards, H. & Noller, P. (2002). Care giving and its influence on marital interactions between older spouses. In P. Noller & J. Feeney (Eds.), *Understanding Marriage* (pp. 437~464). Cambridge: Cambridge University Press.

Ekman, P., Friesen, W. & Ellsworth, P. (1982). *What are the similarities and differences in facial behavior across cultures. Emotion in the human face* (2nd ed., pp. 128-143). Cambridge: Cambridge University Press.

Enright, R. (2001). *Forgiveness is a choice*. Washington, DC: APA Life Tools.

Feeney, J. A. (2004). Hurt feelings in couple relationships: Towards integrative models of the negative effects of hurtful events. *Journal of social and personal relationships*, *21*, 487-508.

Feeney, J., Alexander, R., Noller, P. & Hohaus, L. (2003). Attachment insecurity, depression, and the transition to parenthood. *Personal Relationships*, *10*, 475-493.

Feeney, J. A. (2008). Adult romantic attachment and couple relationships. In J. Cassidy & P. Shaver (Eds.), *handbook of attachment* (pp. 456-481). New York, NY: Guilford Press.

Fincham, F. D. (2000). The kiss of the porcupines: From attributing responsibility to forgiving. *Personal Relationships*, *7*(1), 1-23.

Fitness, J. (2001). Betrayal, rejection, revenge, and forgiveness In M. Leary (Ed.),

*Interpersonal rejection* (pp. 73-103).

Greenberg, L. & Johnson, S. (1988). *Emotionally focused therapy for couples*. New York, NY: Guilford Press.

Greenberg, L. & Goldman, R. (2008). *Emotion-focused couples therapy: The dynamics of emotion, love, and power*. Washington, DC: American Psychological Association.

Greenberg, L., Warwar, S. & Malcolm, W. (2010). Emotion-focused couples therapy and the facilitation of forgiveness. *Journal of Marital and Family Therapy*, *36*, 28-42.

Golden, P. (2011) Parents financially supporting adult children. National Endowment for Financial Education. Retrieved August 10, 2013, from: http://www.nefe.org/press-room/news/parents-financially-supporting-adult-childrent.aspx

Golden-Walker, J., Johnson, S., Manion, I. & Cloutier, P. (1996). Emotionally focused marital intervention for couples with chronically ill children. *Journal of Marital and Family Therapy*, *28*, 391-399.

Gordon, K.C., Burton, S. & Porter, L. (2004). Predicting the intentions of women in domestic violence shelters to return to partners: Does forgiveness play a role? *Journal of Family Psychology*, *18*, 331-338.

Gottman, J. (1994). *What predicts divorce?* Hillsdale, N: Lawrence Erlbaum.

Halchuk, R.E., Makinen, J.A., & Johnson, S.M. (2010). Resolving attachment injuries in couples using emotionally focused therapy: A three-year follow-up. *Journal of couple & relationship therapy*, *9*, 31-47.

Halford, W.K., Petch, J. & Creedy, D.K. (2010). Promoting a positive transition to parenthood: A randomized clinical trial of couple relationship education. *Prevention science*, *11*, 89-100.

Hazan, C. & Shaver, P. (1987). Romantic love conceptualized as an attachment process. *Journal of personality and social psychology*, *52*, 511-524.

Johnson, S. M. (1998). Listening to the music: Emotion as a natural part of systems theory. *Special edition of Journal of Systemic Therapies*, *17*, 1-17.

Johnson, S. (2004). *The practice of emotionally focused couple therapy: Creating connection* (2nd ed.). New York, NY: Routledge.

Johnson, S. (2008). *Hold me tight*. New York, NY: Little, Brown.

Kaminer, D., Stein, D.J., Mbanga, I., & Zungu-Dirwayi, N. (2000). Forgiveness: Toward an integration of theoretical models. *Psychiatry*, *63*, 344-357.

Kowalski, R. M., Walker, S., Wilkinson, R., Queen, A. & Sharpe, B. (2003). Lying, cheating, complaining, and other aversive interpersonal behaviors: A narrative examination of the darker side of relationships. *Journal of Social and Personal Relationships*, *20*, 471-490.

L'Abate, L., &Baggett, M. (1997). *The self in the family: A classification of personality, criminality, and psychopathology*. New York: Wiley.

Laumann, E.O., Gagnon, J.H., Michael, R.T. & Michaels. S. (1994). *The social organization of sexuality: Sexual practices in the United States*. Chicago, IL: University of Chicago Press.

Leary, M. R., &Springer, C. A. (2001). Hurt feelings: The neglected emotion. In R. Kowalski (Ed.) *behaving badly: Aversive behaviors in interpersonal relationship* (pp.151-175) Washington, DC: American Psychological Association.

LeDoux, J. (1996). *The emotional brain: The mysterious underpinnings of emotional life*. New York, NY: Simon & Schuster.

Leith, L. & Baumeister, R. (1998). Empathy, shame, guilt, and narratives of interpersonal conflicts: guilt-prone people are better at perspective taking. *Journal of personality*, *66*, 1-37.

Macaskill, A., Maltby, J. & Day, L. (2002). Forgiveness of self and others and emotional empathy. *The Journal of social psychology*, *142*, 663-665.

Makinen, J.A. & Johnson, S. (2006). Resolving attachment injuries in couples using emotionally focused therapy: steps toward forgiveness and reconciliation. *Journal of consulting and clinical psychology*, *74*(6), 1055-1064.

Masten, A.S., Hubbard, J.J., Gest, S.D., Tellegen, A., Garmezy, N. & Ramirez, M. (1999). Competence in the context of adversity: Pathways to resilience and maladaptation from childhood to late adolescence. *Development and psychopathology*, *11*, 143-169.

MetLife Mature Market Institute (2011). *The MetLife study of caregiving costs to working caregivers: Double Jeopardy for baby boomers care for their parents*. West, CT: MetLife.

McCarthy, B. & McCarthy, E. (2003). *Rekindling desire*. New York, NY: Brunner Routledge.

McCullough, M., Worthington, E. Jr, & Rachal, K. (1997). Interpersonal forgiving in close relationships. *Journal of personality and social psychology, 73*, 321-336.

Menaghan, E. (1983). Marital stress and family transitions: A panel analysis. *Journal of Marriage and the Family, 45*, 371-386.

Moen, P., Kim, J. & Hofmeister, H. (2001). Couples' work/retirement transitions, gender, and marital quality. *Social Psychology Quarterly, 64*, 55-71.

Petch, J., Halford, W.K., Creedy, D.K. & Gamble, J. (2012). A randomized controlled trial of a couple relationship and coparenting program (Couple CARE for Parents) for high-and low-risk new parents. *Journal of Consulting and Clinical Psychology*, 80(4), 662-673.

Pingleton, J. (1989). The role and function of forgiveness in the psychotherapeutic process. *Journal of Psychology and Theology, 17*, 27-35

Pinel, J. (1997). *Biopsychology*. Boston, MA: Allyn & Bacon.

Pines, A. M. (1992). Romantic jealousy: Five perspectives and an integrative approach. *Psychotherapy: Theory, Research, Practice, Training*, 29, 675-683.

Plaut, S. M., Graziottin, A. & Heaton, J. (2004). *Sexual dysfunction*. Oxford: Health Press.

Rachman, S. (2004). *Anxiety*. Hove: Psychology Press.

Sandage, S., Worthingon Jr, E., Hight, T. & Berry, J. (2000). Seeking forgiveness: Theoretical context and an initial empirical study. *Journal of Psychology and Theology, 28*, 21-35.

Shaver, P. & Fraley, C. (2008). Attachment, loss, and grief. In J. Cassidy and P. Shaver (Eds.), *Handbook of attachment* (pp. 48-77). New York, NY: Guilford Press.

Sprecher, S. & Sedikides, C. (1993). Gender differences in perceptions of emotionality: The case of close heterosexual relationships. *Sex Roles*, *28*, 511-530.

Sprecher, S. & Cate, R.M. (2004). Sexual satisfaction and sexual expression as predictors of relationship satisfaction and stability. In J.H. Harvey, A. Wenzel & S. Sprecher (Eds.), *The handbook of sexuality in close relationships* (pp. 235-256). Mahwah, NJ: Erlbaum.

Sternberg, R. J. (1986). A triangular theory of love. *Psychological review*, *93*, 119-135.

Takaku, S. (2001). The effects of apology and perspective taking on interpersonal forgiveness: A dissonance-attribution model of interpersonal forgiveness. *The Journal of Social Psychology*, *141*, 494-508.

Treas, J. & Giesen, D. (2000). Sexual infidelity among married and cohabiting Americans. *Journal of marriage and family*, *62*, 48-60.

vanOyenWitvliet, C., Ludwig, T. & Vander Laan, K. (2001). Granting forgiveness or harboring grudges: Implications for emotion, physiology, and health. *Psychological Science*, *12*, 117-123.

Walrond-Skinner, S. (1998). The function and role of forgiveness in working with couples and families: Clearing the ground. *Journal of Family Therapy*, *20*, 3-19.

Weiner, B. (1995). *Judgments of responsibility: A foundation for a theory of social conduct*. New York, NY: guilford Press.

Williamson, G. & Christie, J. (2009). Aging well in the 21st century: Challenges and opportunities. *Oxford handbook of positive psychology*, (pp. 165-169). Oxford: Oxford University Press.

Zuccarini, D., Johnson, S.M., Dalgleish, T.L. & Makinen, J. (2013). Forgiveness and reconciliation in emotionally focused therapy for couples: The client change process and therapist interventions. *Journal of Marital and Family Therapy*, *39*, 148-162.

# 찾아보기

## [ㄱ]



## [ㄴ]



## [ㄷ]



## [ㅁ]



## [ㅂ]

## [ ㅌ ]



## [ ㅍ ]



## [ ㅎ ]



## [ 기타 ]

## 역자 소개

**■ 서미아**

현재 단국대학교 상담학과 교수로 재직 중이며 부부 및 가족상담 전문가이다. 지난 20여 년 간 부부갈등, 가족갈등, 이혼위기, 청소년 문제, 정신장애가 있는 개인과 부부, 가족을 대상으로 상담을 해 왔다. '서울가정법원 이혼전문 상담위원' '여성가족부 공정사회 위원회 위원' '정부업무평가 자문위원' 'EBS 〈부부가 달라졌어요〉의 전문상담사'를 역임하였으며 현재 단국가족사랑상담실장을 담당하고 있다. 국제 정서중심치료학회와 한국가족치료학회 정회원으로 활동하고 있으며, 부부 및 가족을 대상으로 정서중심상담을 실시하고 있다. 「중년기 부부갈등이 부부적응에 미치는 영향」「이혼위기 부부에 대한 정서중심집단치료 효과」「애착손상을 경험하는 부부에 대한 정서중심치료가 부부애착에 미치는 효과」 등 다수의 논문을 저술하였으며 「전문적 정신 상담 기술」「버림받음, 고통, 그리고 희망-여성을 위한 회복 안내서」 등의 저서 및 역서가 있다.

**부부관계 회복을 위한 정서 중심 워크북: 우리 두 사람**

발 행 일 | 2016년 11월 7일 초판 1쇄 발행
저 자 | 베로니카 캘로스-릴리 · 제니퍼 피츠제럴드
역 자 | 서미아
발 행 인 | 구본하
발 행 처 | 도서출판 **박학사**
주 소 | 서울시 마포구 월드컵북로5길 33 동아빌딩 2층
전 화 | (02)3142-3764~5
팩 스 | (02)3142-3766
웹 사 이 트 | www.pakhaksa.co.kr
등 록 번 호 | 제10-2230호

**정가 15,000원** ISBN 978-89-98521-58-5

♣ 역자와의 합의하에 인지첨부는 생략합니다.
♣ 이 책은 본사의 허락 없이 어떠한 형태로든 일부 또는 전부를 무단복제 또는 무단전사할 수 없습니다.